楼兰啊，楼兰

高洪雷 著

人民文学出版社

图书在版编目(CIP)数据

楼兰啊,楼兰/高洪雷著.—北京:人民文学出版社,2017
ISBN 978-7-02-013533-2

Ⅰ.①楼… Ⅱ.①高… Ⅲ.①楼兰—地方史 Ⅳ.①K928.6

中国版本图书馆 CIP 数据核字(2017)第 284108 号

责任编辑　付如初
装帧设计　陶　雷
责任校对　李　雪
责任印制　王重艺

出版发行　人民文学出版社
社　　址　北京市朝内大街166号
邮政编码　100705
网　　址　http://www.rw-cn.com

印　　刷　三河市鑫金马印装有限公司
经　　销　全国新华书店等

字　　数　280千字
开　　本　680毫米×1000毫米　1/16
印　　张　18.25　插页　3
印　　数　18001—23000
版　　次　2018年1月北京第1版
印　　次　2019年5月第4次印刷

书　　号　978-7-02-013533-2
定　　价　45.00元

如有印装质量问题,请与本社图书销售中心调换。电话:010-65233595

世上没有任何事物可以永恒。如果它流动，它就流走；如果它停滞，它就干涸；如果它生长，它就渐渐凋零。

——题　记

目　录

第一章　月亮般荒凉的地方 …………………………………… 3

伊宁的灯光 / "大清地图有误" / 唱反调的人 / 徒弟们的对决 / 石破天惊 / "游移湖" / 远道而来的美国人 / 文物大盗 / 他太兴奋了 / 日本和尚 / "北极熊"的行踪 / 斯坦因又来了 / 中国不该愤怒吗？/ 逼出来的"合作" / 发现居卢仓 / 一条新线索 / 小河墓地 / 意外的惊喜 / "楼兰美女" / 楼兰墓被盗记 / "小河公主"找到了 / 3800年前的疑问

第二章　掀起你的盖头来 …………………………………… 89

地球的一个意外 / 从西方打马走来 / 巨人杀手 / 来自北方的"狼" / 开城投降 / 倒霉的张骞 / 歪打正着 / 楼兰道 / 兵发楼兰 / 墙头草 / 不一样的刘彻 / 王子被阉了 / 他得了"狂犬病" / 刺客登场 / 国王被杀 / 易名鄯善 / 举国南迁 / 韬光养晦 / 凤凰涅槃 / 安的烦心事 / 国王哭了 / 风高放火天 / 班超东归 / 是进是退？/ 名将之死 / 向西转 / 成为"地头蛇" / 拦住孔雀河 / 哭楼兰 / 败将会被处死吗？/ 听命于苻坚大帝 / 那片缭绕的佛火 / 他不甘心 / 谎言般的美丽瞳仁 / 她是谁？/ 洗心革面 / 故态复萌 / 他的两种死法 / 连锁反应 / 乌云当空 / 身后的弃婴 / 出城迎降 / 零落成泥

第三章　落寞千年的背影 …………………………………… 231

北魏撤走 / 改姓"吐谷浑" / 路断人稀 / 康国大首领 / 古城间的鬼影 / 威尼斯商人 / 突然现身 / 罗布首府 / 新阿不旦 / 乡关何处 / 罗布麻 / 罗布泊之死 / 壮哉，彭加木 / 三张红牌

重点参考书目 …………………………………………………… 274
跋 ………………………………………………………………… 285

凄凉而鬼魅的楼兰荒漠

第一章　月亮般荒凉的地方

没人知道历史曾在此走过，留下英灵化入树干而滋生。

——穆旦

一、伊宁的灯光

人是天生的政治动物。

——亚里士多德(Aristotle)

清光绪二年(1876)的一个午夜，黛色天幕上白云依稀可见，小叶白蜡树影矗立成端庄的剪影，远处传来几声清晰的犬吠，窄窄的街道空无一人——今晚斑驳的月光、恍惚的油灯连同新疆(Sinkiang)北部小城伊宁(Kulja)，属于一名俄国人。

他叫尼科莱·米哈伊洛维奇·普尔热瓦尔斯基(Nikolai Mikhaylovich Przhevalsky)，时年37岁，一头卷发，一身戎装，留着俄式胡须，两道浓眉下镶嵌着一双桀骜不驯的眼睛。他出生于白俄罗斯(Belarus)贵族家庭，16岁应征入伍，22岁考入俄国总参谋部军事学院，因爱好地理考察被推荐为皇家地理学会(Royal Geographical Society)会员，24岁担任中尉，退役后来到波兰华沙军事学院教授地理。

他之所以成为俄罗斯19世纪最著名的探险家，主要基于两点品质：一是勇敢无畏。他认定，探险家必须拥有亡命徒的气概，否则只能像一介书生那样待在古籍里。前往青海湖途中，探险队遭遇了近百名全副武装的匪徒，向导建议赶快回头，但他对六名探险队员说："我们的路只有两条，要么战死，要么前进。眼下的处境很危险，只能把全部希望寄托在土匪的怯懦上。"探险队持枪前行，土匪果然退却。二是心无旁骛。他把一

普尔热瓦尔斯基像

生奉献给了中亚(Central Asia)探险事业,终身未娶。他宣称:"我要重新奔向荒漠,在那里,有绝对的自由和我热爱的事业;在那里,比结婚住在华丽的殿堂里要幸福一百倍。"

世上许多事情即便是亲眼所见,也未必就是真相。尽管他头戴探险家桂冠,说得比唱得还动听,但我不得不披露一个残酷的事实:作为一名退役军官,他来新疆探险的主要目的,是受俄国陆军总参谋部的委托,绘制军事地图。俄国对积贫积弱的大清一直虎视眈眈,同治三年(1864),已经通过《中俄勘分西北界约记》强占了巴尔喀什湖(Balkhash Lake)①以东以南的大片领土,而新疆的其他部分无疑也在其侵吞计划之内。俄国的一贯做法是,在占领任何觊觎已久的土地之前,派遣商业间谍和探险者以双重身份进行踏勘。据说,他们画的地图精确度极高,不放过每一条细小的河流,每一处移动的沙丘,每一个几户人家的村落。普尔热瓦尔斯基多次深入大清的蒙古②、青海③、西藏④,尤其是新疆,广泛考察上述地区的地形、气候、矿藏,还提出过一份对大清作战以及在喀什噶尔(Kashgar)⑤

---

① 中国古称夷播海,位于今哈萨克斯坦东南部,1864因《中俄勘分西北界约记》脱离大清。
② 意为"永恒之火"或"永不熄灭的火"。
③ 意为"青色的海"。
④ 意为"西部圣洁之地"。
⑤ 简称喀什,维吾尔语意为"玉石聚集之地"。

展开军事行动的报告——《关于对华战争新设想》。总而言之,他是一名不折不扣的间谍。

不知为什么,这名"间谍"对西藏分外痴迷,历次"探险"都把拉萨(Lhasa)①作为目的地。但极具宿命色彩的是,除一次受阻于距拉萨230公里的小镇,只得直接派信使向达赖喇嘛②陈情,并被对方坚拒外,他的一切探险成就都与西藏毫不相干。他在探险界的名声主要与罗布泊(Lop Nor)③的位置有关,其次就是发现了后来被俄国沙皇以他的名字命名的野马——普尔热瓦尔斯基马。

说起来,这是他第二次闯入大清了。六年前,他从恰克图(Kyakhta)④出发,经库伦(Kulun)⑤来到北京,为紫禁城的东方气度所深深陶醉。离开北京后,他经呼伦湖(Hulun Lake)⑥、包头(Baotou)⑦、鄂尔多斯(Ordos)⑧,辗转抵达"鸟的天堂"——青海湖。那触目可及的大雁、天鹅、丹顶鹤,那不绝于耳的鸟鸣,那随处可捡的鸟蛋,让自称"业余生物学家"的他流连忘返。此后,他深入柴达木盆地(Qaidam Basin)⑨,继而登上了巴颜喀拉山(Bayan Har Mountains)⑩,成为向黄河和长江上游挺进的欧洲第一人。他本想前往魂牵梦萦的拉萨,但是不仅经费所剩无几,而且时令进入冬季,雪域高原已经大雪封山,他只得带着深深的遗憾踏上归途。回国后,他将这次探险整理成游记《蒙古,党项人的国家,以及北西藏的荒漠之地》。游记的出版在欧洲引发轰动,他也在一夜之间成为名人。

这一次,他没有舍近求远,而是从中亚直接进入天山北麓的伊宁。入夜后,客舍的油灯仍未熄灭,他一心一意地研究起500年前出版的《马可·波罗游记》。他此行的目的地仍是西藏,但他准备先去塔里木河(Tarim

---

① 藏语意为"圣地",今中国西藏自治区首府。
② 意为"德行像大海一样的上师",藏传佛教格鲁派两大宗教领袖之一。
③ 古名蒲昌海、盐泽,又名罗布淖尔,蒙古语意为"多水汇集的湖泊"。
④ 俄语意为"有茶的地方",位于俄蒙边境,原属大清。
⑤ 蒙古语意为"寺院",今蒙古首都乌兰巴托。
⑥ 又名达赉湖、呼伦池。呼伦,蒙古语意为"水獭"。位于内蒙古自治区新巴尔虎右旗境内。
⑦ 蒙古语"包克图"的谐音,意为"有鹿的地方"。是内蒙古自治区工业中心。
⑧ 蒙古语意为"众多的宫殿",内蒙古自治区下辖地级市。
⑨ 柴达木,蒙古语意为"辽阔"。位于青海省西北部,中国三大内陆盆地之一。
⑩ 蒙古语意为"富饶青色的山",位于青海中南部,是长江与黄河源流区的分水岭。

River)①、丝绸之路(Silk Roads)古城以及烟波浩渺的罗布泊。

他清楚,如果顺利抵达那里,他将是马可·波罗之后第一个考察罗布泊的西方人,一个崭新的记录就将诞生。想到这里,他那疲惫的眼睛突然亮了起来,寂寞难耐的长夜顿时也变得可堪玩味起来。那恍惚迷蒙的灯光,如盛开的昙花。

第二天,他和考察队员带着20名全副武装的哥萨克(Ataman)②护卫,踌躇满志地踏上了危险而艰辛的途程。他们沿伊犁河(Ili River)③谷地前行,翻越天山,进入了新疆南部小城库尔勒(Korla)④。

但是,一进南疆,他就遇到了麻烦。

二、"大清地图有误"

> 许多人自以为在思考,其实只是安排自己的偏见。
>
> ——希腊谚语

按说他最不该在这个时候踏进新疆,因为此时,已经占领了大半个新疆的阿古柏⑤与大清西征军前敌总指挥、湘军统领刘锦棠激战正酣。而且,刘锦棠率湘军刚刚攻陷了阿古柏在天山以北最后的堡垒——玛纳斯(Manas)⑥南城,吐鲁番(Turpan)⑦危在旦夕,塔里木的门户库尔勒已经从阿古柏的陪都,变成了战线纵深的防御枢纽。

心大到"用半只蚯蚓就能钓起整条塔里木河来"的阿古柏,是一个名副其实的中亚狂人。作为原中亚浩罕汗国(Khanate of Kokand)官员,阿古柏一直在打亲英与亲俄两张牌,他在新疆立足的基础,就是背靠英俄,对抗大清。考虑到最近战局不利,阿古柏随时有可能请躲在背后的俄国人出面调停。所以,他此时肯定不能冒犯普尔热瓦尔斯基,可他也绝不放

---

① 塔里木,维吾尔语意为"脱缰的野马"。塔里木河是中国最长的内流河。
② 突厥语意为"自由人",是生活在东欧草原上的游牧民,以骁勇善战著称。
③ 伊犁,维吾尔语意为"将庭院犁平整耕种,把里巷扫荡成废墟"。
④ 维吾尔语意为"眺望"。新疆巴音郭楞蒙古自治州的首府。
⑤ 本名穆罕默德·雅霍甫(Mohammad Yaqub Beg),出生于塔什干(Tashkent)。
⑥ 蒙古语意为"巡逻者"。古丝绸之路北道重镇,有乌鲁木齐"西大门"之称。
⑦ 维吾尔语意为"富庶丰饶之地"。天山东部山间盆地,又称"火洲"。

心让这支全副武装的所谓考察队,接近自己空虚混乱的战区。于是,闻听普尔热瓦尔斯基进入南疆,他便派出精通俄语的亲信扎曼伯克,前往"陪同"俄国考察队。阿古柏给扎曼伯克交代的任务是:一直陪着他,不能让他接近我们的防区,最好把他引到偏僻荒凉的罗布泊周边去。

扎曼伯克带领几十名随从一到,普尔热瓦尔斯基就失去了自由,不但考察路线需征得"陪同者"同意,就连与当地居民交谈,都要由"陪同者"亲自翻译。

对此,普尔热瓦尔斯基只能耸耸肩,表示接受。好在,这位"陪同"精力充沛得吓人,他在陪同普尔热瓦尔斯基的几个月里,竟然在罗布荒原里一连娶了四次亲,其中最稚嫩的"妻子"才九十公分高,年仅十岁。除了自己忙活,"陪同"也看出,普尔热瓦尔斯基对战争毫无兴趣,也就给了他一定的自由活动空间。这样一来,普尔热瓦尔斯基渐渐摆脱了对方的纠缠,开始一心一意地从事自己钟情的考察事业。

这支庞大的考察队伍,从库尔勒涉过塔里木河,对塔里木河下游地区进行了认真而细致地考察。塔克拉玛干(Taklimakan Desert)①沙漠东南的许多古城,是他首先标注在地图上的,如且末的阔那沙尔古城、若羌的瓦石峡古城等。他还推测,米兰遗址(Minlan)②就是马可·波罗到访过的罗布城。后来,马尔克·奥莱尔·斯坦因(Marc Aurel Stein)否定了他的这一浪漫假说,因为米兰遗址根本没有元代文物,最晚的遗存属于唐代。

期间,他在罗布荒漠里闯入了"一座极大的城市",但他是一个动物学家,对考古学兴趣不大。他继续走他自认为重要的路,从而把一个极其重要的发现权拱手让给了下一个探险者。

一天,他在阿尔金山(A-erh-chin Mountains)③北麓60公里的区域,见到了两处湖泊,当地人称"喀喇布朗"④和"喀拉库顺"(Kalakuxun)⑤。

---

① 古突厥语直译为"山下面的大荒漠",也译为"沙漠底下的家园"或"埋在沙漠里的城堡"。
② 蒙古语"米勒"的音译,意思是"马",古称伊循,位于今若羌县城东部40公里处。
③ 蒙古语意为有"柏树的山"。位于新疆东南部,为塔里木盆地和柴达木盆地的界山。
④ 今台特玛湖(Taitema Lake),意为"黑风海子"。
⑤ 蒙古语意为"地域",维吾尔语意为"黑部队""黑娄部落",黄文弼解释为"黑泥海子",指今喀拉库顺湖。

他躺在苇草上,眯着双眼,耳边仿佛能听到蚂蚁排队行走的脚步声,脑子却在不停地回旋:古史中的罗布泊,是一片碧波荡漾、群鸟翔集的巨大湖泊,可眼前的喀拉库顺深度只有一到两米,有的地方已经露出湖底。而塔里木河最终注入的,明明就是眼前的淡水湖——喀拉库顺。这里到底是不是罗布泊呢?

你可以怀疑一切,但总不能怀疑自己的眼睛吧?最终,探险家的直觉告诉他,眼前的喀拉库顺,就是自己孜孜追寻的罗布泊。

随后,考察队对"罗布泊"进行了地理测绘,结果发现,这座湖在阿尔金山北麓,其地理位置比《大清一统舆图》①上标注的纬度偏南大概一度,相差400公里。

回国后,普尔热瓦尔斯基出版了《从伊犁经天山到罗布泊》一书,声称找到了罗布泊,提出塔里木河的终点湖就是喀拉库顺。并且,他凭着俄国人一贯的自负和对大清的不屑,公开断言:"大清地图有误!"

他的"地理新发现",在国际地理学界激起了轩然大波。因为在欧洲地图上,从罗布泊向南直到昆仑山(Mt. Kunlun)②都覆盖着沙漠,根本没有什么阿尔金山。再加上他对罗布泊位置的"准确"测绘,等于纠正了地图上的一大错误。于是,欧洲地理学界颂声迭起。德国地理学家贝姆(Ernest Behm)博士在东方学杂志《通报》上撰文说:"笼罩在罗布泊上空的乌云终于被驱散,我们不久将看到地图上这个湖的位置和它的实际位置相一致了。谁曾料想到,这个湖泊的南边竟然是高耸入云的山脉?我们关于戈壁沙漠的概念也将随之改变。"

由于他对塔里木盆地的测绘符合俄军要求,加上他在地理学上的新发现,俄国给了他极高的荣誉——彼得堡科学院聘请他为名誉院士,甚至俄军竟然将他由一名退役中尉破格晋升为少将。这相当于一名因得不到晋升而退役的老连长,直接晋升为军长。这恐怕在世界军事史上都是绝无仅有的个案了。

就在他被丛丛鲜花包围的时候,有人扔来了一颗臭鸡蛋。

---

① 1863年刊行,又名《皇朝中外一统舆图》。
② 昆仑在古汉语中指天体,意思是"天体穹隆的形状"。昆仑山乃中国西部山系的主干,西起帕米尔高原东部,东至青海境内,全长约2500公里。

三、唱反调的人

人人手持心中圣旗,满面红光走向罪恶。

——伏尔泰(Voltaire)

扔臭鸡蛋的人,既不是孩子,也不是无赖,而是一位蜚声全球的地理学家,他叫费迪南·冯·李希霍芬(Ferdinand von Richthofen),1833年生于普鲁士王国(Kingdom of Prussia)①。留着弗里德里希·冯·恩格斯(Friedrich Engels)一般的大胡子,秃脑门,眼里透着不可一世的光。

道光二十年(1840)之后,随着第一次鸦片战争的失败和一系列不平等条约的签订,长期闭关锁国的大清无奈地打开了国门。1854年,日本也被迫开放门户,与美国签订了贸易协议。

不久,英国、俄国、荷兰等国援例而至,纷纷进入东亚②。

普鲁士政府坐不住了。它于咸丰十年(1860)派出庞大的外交使团前往东方,试图与大清、日本、泰国等建立外交关系,缔结商约。使团中,一位年仅27岁的地理学者接受了秘密勘测选址的任务,他就是毕业于柏林大学地质学专业的李希霍芬。期间,由于英法联军入侵大清、太平天国运动如火如荼,加上原先承诺资助他的汉堡银行家突然变卦毁约,他不得不临时改变计划,乘船横穿太平洋到了北美。1862年至1868年,李希霍芬对加利福尼亚的地理学考察和采矿业研究,竟带来了两个意外的惊喜:一是间接导致了美国西部的"淘金热"(Gold rush),并使他在同行和投资者中赢得了巨大声誉;二是加利福尼亚的银行家们慧眼识珠,表示愿意资助这个"能猜透西部秘密的普鲁士人",开展一项旨在发现商业机会的对华考察活动。这就好比一个人刚要打瞌睡,就有人送来了枕头。

李希霍芬不禁大喜过望,因为他很早就意识到大清"具有巨大的科学考察价值",还认定"对它的考察有望在学术上和现实中获取广泛的成

---

① 建于1701年,是德意志境内最强大的邦国。1871年,威廉一世(Wilhelm I)宣布建立以普鲁士王国为首的德意志国,德国实现统一。

② 亚细亚东部的简称,包括当时的大清、日本、朝鲜。

李希霍芬像

就"。按照约定,加利福尼亚银行控制的上海欧美商会给他提供旅华四年的经费,条件是:他必须把获取的地理和地质资料,以及物产、人口、交通、风土人情等社会经济概况,用英文及时向商会作专题报告。

同治七年(1868)秋,李希霍芬初次踏上了大清国土。为了入乡随俗,他特意在护照上加了个"李"字,这不仅更为中国化,还与权倾朝野的李鸿章"攀上了亲戚"。此后四年,他对大清18个行省中的13个做了地理、地质考察,足迹遍布大半个局势动荡的华夏大地。考察途中,他脖子上总是用绳子挂着一支铅笔,以便随手以绘画的形式将见闻记录下来。他一一画下路过的山脉和平原,并从地质学角度潜心研究。

他重点考察了胶州湾(kiaochow bay)①的地理优势和山东的资源状况,发现"潍县(今潍坊市)煤矿有着更重要的意义,这里蕴藏的煤矿非常丰富。如果考虑到附近不太远的胶州湾金家口港,潍县煤田的价值便会提升。据我所知,从胶州到潍县的路很平坦,人们可以在那里,而不是在芝罘(今烟台市)找到一条铁路的起点"。可以说,是他最早勾画了未来的胶济铁路,为日后德国割占山东半岛与胶州湾提供了地理与资源依据。他到访过江西景德镇,并将景德镇东北高岭山的陶瓷原料命名为高岭土

---

① 今青岛市境内的半封闭海湾。

(kaolin),以至于如今世界各地的瓷土都被称为高岭土。他到过四川都江堰,还将这个中国最长寿的水利工程详尽介绍给了世界,称都江堰浇灌方法之完美,无与伦比。他三次进入山西,根据当时世界消耗煤的水平,测算出山西的煤炭储量可供世界几千年的消费。

尽管李希霍芬的"游历"是合法的,但他进行的国土调查从未依法向大清官方报备。更不够意思的是,李希霍芬虽然大把花着上海欧美商会的银子,但在向"东家"汇报工作时却不露声色地留了一手——隐瞒了他认为事关普鲁士利益的重要信息或观点,比如山东胶州湾、浙江舟山群岛的战略地位等。作为普鲁士人,李希霍芬始终把本国的强大视为最高理想,即便在艰苦的大清乡村,即便必须将行装节减到最低限度,他也一直坚持着"如果还有一张桌子的话,就铺一面德意志国旗在上面"的做法。为此,李希霍芬曾秘密致函普鲁士首相俾斯麦(Bismarck),提出普鲁士"有必要发展海军以保护这些重要的利益和支持已订的条约;要求在万一发生战事时普鲁士商船和军舰有一个避难所和提供后者一个加煤站。"来到大清的第二年,李希霍芬就迫不及待地向普鲁士政府提议,夺取胶州湾及其周边铁路修筑权,将使华北的棉花、铁和煤等更为方便地为德国所用。这样一来,不但可就此将山东纳入势力范围,而且又拥有了广大的中国腹地。

回国后,他受到了德国皇帝威廉二世(Kaiser Wilhelm II)的嘉奖和赏识,先后出任柏林国际地理学会会长、柏林大学校长、波恩大学地质学教授、莱比锡大学地理学教授等。他用后半生大部分精力撰写了一部五卷本并带有附图的《中国——亲身旅行和据此所作研究的成果》。在1877年出版的《中国》第一卷中,李希霍芬首次把公元前114年至公元127年间连接中国、河中(Transoxiana)①以及印度以丝绸贸易为主的交通路线,有几分随意地称作Seidenstrassen(德文意为"丝绸之路"),并在地图上做了标注。然而,他对"丝绸之路"的使用相当有限,只是保守地将它运用在汉代贯穿东西大陆的一条道路上,并不打算把这个概念扩展到其他历史时期,以及欧亚间经济与文化交流的无限广泛的范畴中。但正是这一随意之举,使他在"丝绸之路先驱者"的众神殿中占据了一个显著的神龛。英

---

① 中亚河中地区,指中亚锡尔河、阿姆河以及泽拉夫尚河流域。

语的Silk Roads,法语的La Route de la soie,日语的娟の路,汉语的丝绸之路,都是从他定名的Seidenstrassen翻译而来。此后,"丝绸之路"这个名词受到世人青睐。1948年,《泰晤士报》的"炉边家庭问答:常识测验"栏目曾经刊载这样的问题:"丝绸之路从哪到哪?"标准答案是:"从中国边境到欧洲的诸多道路。"

除了命名"丝绸之路",他还最早提出了中国黄土的"风成论"和五台系(Wutai system)、震旦系(Sinian System)等地层术语;在中国北方构造图上,画了一条从兴安岭经太行山到宜昌的推断构造线——"兴安线";确定了罗布泊的具体位置,并指出这是一座咸水湖,旁边有楼兰(Kroraina)①遗址;命名了许多空白地带,中国祁连山(Qilian Mountain)②的德文名甚至采用了他的名字——Richthofen-Gebirge(李希霍芬山脉)。中国近代地质学家翁文灏甚至夸张地称其为"最先明了中国地文之伟大科学家"。

长达4年的大清之行,不仅为他赢得了巨大声誉,而且奠定了他在东方地理学上不容挑战的地位。这也就不难理解,当看到"小字辈"(比自己小6岁)的普尔热瓦尔斯基关于罗布泊的"荒唐结论"时,他为何沉不住气了。

他通过报刊发出了公开质疑,指出,普尔热瓦尔斯基所见的,并非中国史书上所说的罗布泊,而是塔里木河下游紊乱水系的一个新湖泽,真正的罗布泊应该在普尔热瓦尔斯基考察的湖泊以北,只是流入罗布泊的河流最近改道了。再说,中国史册上称罗布泊为"盐泽",是个咸水湖,而普尔热瓦尔斯基所见到的是一个淡水湖,两者怎么可能是同一湖泊呢?在质疑的基础上,李希霍芬提出了三大假说和五个论点,每一个推论都针针见血。

考虑到对方的承受力,他在论文最后说:"尽管我们应该高度评价普尔热瓦尔斯基对罗布泊的探险考察,尽管普尔热瓦尔斯基为此曾经受了如此多的艰难困苦。但是,我们却不能认为罗布泊问题已经一劳永逸地解决了。"

---

① 佉卢文含义为"城镇",西域绿洲古国、丝路名城。
② 匈奴语意为"天之山"。因位于河西走廊南侧,又名南山。

读到李希霍芬的论文,普尔热瓦尔斯基如同挨了当头一棒,用"恼怒"二字表达毫不过分。同一年,普尔热瓦尔斯基就对李希霍芬的质疑给予了"答复",答复的言辞毫不客气:"为了解决中国人的看法和我的调查之间的差异,李希霍芬男爵推断在相对而言比较近的时期里,塔里木河的下游河段改道了。像塔里木河这样一条流速很快的河流,由于其在松软的淤积土地上流过,因而很容易改变河道。但我的观点是,在相对而言比较近的时期里,塔里木河下游河段并没有发生过如此重大的改道现象。李希霍芬男爵的推论,并没有得到迄今为止所获悉的事实的支持,更不用说有这样一条河道当地居民肯定会知道,有这样一个大湖也会或迟或早地告诉我。"对于湖水咸与淡的问题,普尔热瓦尔斯基的回答是:"流动的水是淡的,在这一片沼泽地和一片片盐碱沼泽滩中,即离东北方向较远的地方,不流动的水无疑都是咸的。"他最后强调:"总而言之,我认为我的责任使我应再一次重申,所有的当地人都说,除了他们居住的地方的那些湖泊外,在周围的沙漠地区中不存在其他任何湖泊。"

就在两人之间的口水战愈演愈烈的时候,欧洲探险家也"一窝蜂"加入了这场世界级争论,其中一部分人还作别亲朋,背起行囊,匆匆赶赴普尔热瓦尔斯基到过的地方。

1885年一伙慕名而来的英国旅行家,1889年法国亲王亨利·奥尔良(Prince Henri d'Orleans)、法国探险家加布里埃尔·邦瓦洛特(Pierre Gabriel édouard Bonvalot)等人,先后沿着普尔热瓦尔斯基走过的路线抵达了罗布荒漠。但这些旅行家们只是领略了茫茫沙海的粗犷线条和"罗布泊"的原始风光,并未进行深入细致的调查,也就没有为罗布泊周边地理增添新的材料,只是异口同声地证明,普尔热瓦尔斯基的观察是正确的,河水的确注入了喀拉库顺——罗布泊。

俄国人的下巴越抬越高,德国人的脸色越来越难看。似乎,这场争论可以鸣金收兵了,因为学界的舆论与新的考察结果几乎一边倒地支持俄国人。

但脸色难看不代表已经就范。在同行们的记忆里,李希霍芬从来就没有低过头,这一次焉能例外?不过,人们倒要看看,这个生性倔强的老头儿接下来还有什么新招数。

的确，如果把这场争论比作一场戏剧的话，此前的争论还只是序幕，戏剧的主角还没有登场，一场跌宕起伏、荡气回肠的大戏即将开演。可以说，正是俄国人与德国人对罗布泊位置的争执，引发了一场国际地理学大战，进而引发了持续至今的罗布泊热、楼兰热、丝绸之路热。

在幕后，李希霍芬絮絮叨叨地说："大清朝廷比较荒唐，并不代表他们的地图同样荒唐。经验与直觉告诉我，我是对的，事实也将证明这一点。我将马上派人前往罗布泊取证。"

那么，派谁前往呢？李希霍芬眉头一皱，想到了自己的得意门生。

四、徒弟们的对决

唯有味道和颜色无可争辩。

——法国谚语

李希霍芬的得意门生，名叫斯文·赫定（Sven Hedin），比李希霍芬小32岁，1865年生于瑞典（Sweden）。他身材矮小，着装讲究，留着八字胡，鹰钩鼻上架着眼镜，一副学究气。仅看小巧而文弱的外表，人们很难把他与一个百折不挠的探险家联系起来。

他茁壮成长的19世纪下半叶，是一个地理大发现的时代，整个欧洲陷入了向地图上的空白点进军的狂潮，征服极地的船队一支接一支驶出波澜不惊的港湾，前往充满凶险与刺激的海角天涯，一个个无名之辈，有可能因为测绘了某条河流，发现了某座遗址，标明了某座处女峰的高度，在一夜之间蜚声天下。斯文·赫定15岁时，目睹了极地探险家诺登瑟德（Nordellskiold）从北冰洋（Arctic Ocean）凯旋的盛况，心灵受到强烈震撼，从此决心成为一名世界级探险家。随后，他师从李希霍芬，对中亚那片无人走过的未知区域产生了浓厚的兴趣。在获得博士学位，学习了多种语言和方言之后，他没有听从老师的建议，通过继续学习熟练掌握地理学研究方法，而是把更多的精力投放到实地考察上，结果造成后来他不得不将探险收获交给其他科学家进行评估。尽管"不太听话"，李希霍芬还是没有减少对这位弟子的宠爱，甚至评价他"具有科学探险家的全部素质"。因此，在弟子前往中亚时，李希霍芬把对罗布泊进行实地勘测的重任毫不

斯文·赫定像

犹豫地交给了他。

事实上,这或许应该是李希霍芬一生最后悔的决定,因为这个决定,他的弟子将逐渐超越他,并最终遮盖他。

由于信息闭塞的原因,李希霍芬与斯文·赫定所不知道的是,在这期间,也就是1888年11月1日,他们的对手普尔热瓦尔斯基已经在前往中亚考察途中感染伤寒,病死在伊塞克湖(Issyk-Kul Lake)湖畔小城卡拉库尔(Karakol)①,死时年仅49岁,正当经验最为丰富的壮年。据同伴回忆,临死前,高烧不退的普尔热瓦尔斯基呻吟道:"好啦,这回我要躺下了……我死以后,一定要把我埋在伊塞克湖湖畔水波打不到的地方,墓碑上只需简单地写上'旅行家普尔热瓦尔斯基'。"消息传到圣彼得堡,刚刚在皇家专列出轨事件中受了风的沙皇亚历山大三世(Tsar Alexander III)一边咳嗽,一边叹息,随后下令将卡拉库尔更名为普尔热瓦尔斯克(Przhevalsk)。对此,沙皇手下那些不太听话的大臣们无人表示异议,因为奖励为领土扩张做出贡献的人,是俄国人始终如一的共识。

从1890年开始,带着老师赋予的使命,斯文·赫定先后六次前往中亚。光绪二十二年(1896)三月三十一日,他的驼队离开库尔勒,前往罗布

---

① 今吉尔吉斯斯坦伊塞克湖州首府,曾更名普尔热瓦尔斯克,吉尔吉斯斯坦独立后改回原名。

荒原。他决意"到普尔热瓦尔斯基未曾到过的地方去",做一次超越前人的探险,希望在下游东岸错综复杂的古今河道中,找到老师假设的流向罗布泊的分支。

在罗布人①向导陪同下,他对塔里木河、孔雀河(Konqi River)②下游河湖做了调查。通过20多天的调查证明,普尔热瓦尔斯基所谓的"罗布泊",是150多年前形成的新湖。而《武昌府地图》依据的是大清初年的测绘资料,那时的喀拉库顺正在聚水过程中,它北部的罗布泊——《史记》记载的蒲昌海,尚未完全干涸。大清地图没有错,错的是俄国人"刻舟求剑",忽略了塔里木河下游水系的变迁。与此相印证,他还在若羌县铁干里克③东南方向找到了一个湖群——阿拉干湖,并把这个湖当作中国地图上的罗布泊西部湖区。

此时,西方学界已经普遍接受了普尔热瓦尔斯基之说。斯文·赫定的调查成果,对已趋平息的罗布泊位置之争到底意味着什么?是釜底抽薪,还是火上浇油?

当徒弟把发现阿拉干湖——古罗布泊的消息传回德国,李希霍芬兴奋得彻夜难眠,很快就在柏林《地学杂志》上宣布了徒弟的发现,以此证明自己的观点是对的。斯文·赫定一回欧洲,便受到了德国地理学界的热烈欢迎,德国、英国、法国、瑞士(Switzerland)以及他的故乡瑞典的国家地理学会都授予他勋章,不少国家邀请他前往访问,美国总统富兰克林·德拉诺·罗斯福(Franklin D. Roosevelt)、英国国王爱德华八世(Edward VIII)、德国总统保罗·冯·兴登堡(Paul von Hindenburg)、日本明治天皇(Mutsuhito the Great)、意大利(Italy)国王翁贝托一世(Umberto I)、罗马教皇(Pontiff)利奥十三世(Leo XIII)、俄国沙皇尼古拉二世(Nicholas II)都以见到这位探险奇人为荣。1897年4月,他把历时4年的中亚探险成果以通俗读物的形式用瑞典文出版,书名叫《穿越亚洲》。很快,这本书就被翻译成了英文、德文、俄文。

如被公开扇了一记耳光,俄国人羞愤交加。为此,俄国皇家地理学会专门邀请斯文·赫定到圣彼得堡(St.Petersburg)发表演讲,名义上是让他介绍罗布泊考察成果,实际上是为俄国人的反击寻找靶子。就在斯文·赫

---

① 一般指世代居住在罗布泊周边、操维吾尔语罗布方言的土著居民。
② 原名昆其河,意为"皮匠河",清代误译为孔雀河。
③ 维吾尔语意为"刺草",因荆棘丛生而得名。今若羌县的一个乡。

科兹洛夫像

定在讲台上眉飞色舞、唾沫横飞的时候,台下一个和他年龄相仿的俄国人,正轻蔑地盯着他。

这个人名叫彼得·库兹米奇·科兹洛夫(Pyotr Kuzmich Kozlov),俄国探险家、考古学家,普尔热瓦尔斯基的学生,头发三七分,眉毛上扬,一眼圆睁,一眼微瞄,恰似一只猫头鹰。

他生于1863年,21岁就跟随老师在中国探险。老师意外病逝后,他继承了老师的衣钵,坚信老师关于罗布泊位置的结论是正确的,并于1893年开始独立率队,先后三次到罗布泊进行实地调查论证,取得了大量第一手资料。其中孔雀河的一个支流——库姆河(Kumeu River)①,就是他命名的。这是一个在中国近代考古史上名气很大的人。不过,他的名气不在于对罗布泊的考证,而在于他对中国西夏文物的疯狂掠夺。

一个偶然的机会,科兹洛夫从蒙古著作中知道了黑城遗址②,并且知道在那儿"拨开沙土可以找到银质的东西"。他受俄国皇家地理学会委派,于1908年3月来到大清。这位俄国人知道怎样俘获大清士官的心,他向巴登扎萨克③王爷和土尔扈特(Torgod)④达希贝勒(Beiler)⑤送上了留声

---

① 原意为"沙河"。
② 位于内蒙古额济纳旗达来呼布镇东南,建于公元9世纪,是丝绸之路北线上的一座古城。
③ 蒙古语意为"执政官",清代将蒙古族各旗旗长称为札萨克。
④ 蒙古语意为"强大""强盛"或"护卫""警卫",蒙古瓦剌四部之一。
⑤ 金代"勃极烈"的异译,清代用于贵族封号。

机、左轮手枪、步枪等珍稀礼物,然后由王爷的向导带领,到达了朝思暮想的黑城遗址。13天中,他将发掘出的佛像、书籍通过蒙古驿站,大摇大摆地运回了圣彼得堡。面对这些无人能识的文字,俄国的史学家们惊呆了:这是不是尘封已久的西夏文(Tangut,唐古特语)?西夏王朝的神秘面纱能否因此被揭开?

很快,皇家地理学会做出决议:立即派科兹洛夫重返黑水①,"不惜人力、物力、时间进一步发掘"。1909年5月,科兹洛夫二抵黑城,雇用当地民工进行大范围发掘,从一座高10米的佛塔中挖出大量藏书、经卷、佛画、簿册。他用40峰骆驼将举世罕见的文献和艺术品运回俄国,以至于俄国声称运回了一个中世纪的图书馆和博物馆。这些"破烂"一经展出,立即轰动了西方世界,西夏学(tangutology)在俄国随之兴起。以至于现代中国学者研究西夏史时,不得不去俄国查阅资料。在如今的俄罗斯科学院东方学研究所圣彼得堡分所和艾尔米塔什(Hermitage)②内,存有无数从黑城盗来的西夏文献,其中包括目前仅存的西夏文、汉文双语词典《番汉合时掌中珠》(1190年由党项人骨勒茂才所编)。

这是后话,我们还是把视线拉回1897年10月15日的圣彼得堡皇家地理学会演讲现场吧。

听完斯文·赫定的演讲,科兹洛夫嘴角泛起自信的微笑,因为他清楚,斯文·赫定只是一个醉心游历的探险家,在考古学上有着明显的短板,在演讲中出现了不少漏洞,而自己拥有探险家与考古学家的双重头衔,完全能够以己之长攻彼之短。不久,他就在俄国皇家地理学会杂志上发表了一篇极具挑战性的论文《1897年10月15日斯文·赫定先生在俄国皇家地理学会的演讲中的罗布泊》,对斯文·赫定的论据做了逐条反驳。这篇论文先是提出了一个设问:"斯文·赫定仅用20多天,连走马观花都算不上,能得出科学的论断吗?"然后,他用大量实地考察材料论证了罗布泊的位置,认为只有喀拉库顺才是"古代的、历史的、真正的地理学意义上的罗布泊,因为,这座湖已经持续了几千年,并将永远如此"。

看到科兹洛夫的论文,斯文·赫定明明不服气但却苦于理论水平不足,只有回到德国组织地理学家予以反驳。

---

① 又名黑河、弱水、额济纳河,发源于祁连山东麓,流经青海、甘肃和内蒙古。
② 冬宫博物馆,世界四大博物馆之一。

1899年，在圣彼得堡俄国总参谋部地形测绘局会议室，斯文·赫定再次受到包括科兹洛夫在内的多位地理学家的围攻。这次，科兹洛夫手上的武器，是他刚刚出版的一本装帧精美的小册子，其中一章专门讲述罗布泊，对斯文·赫定极尽挖苦之能事。

双方各执一词，德国与俄国两大地理学派的学术大战硝烟再起，惊涛不断。

期间，英国人也不甘寂寞地加入了争论。曾经将普尔热瓦尔斯基的著作翻译为英文的一位英国学者，对斯文·赫定的结论给予了无情的批驳。

在圣彼得堡两次稍显尴尬的遭遇以及英国同行的批驳，使得斯文·赫定深深认识到，要战胜"论敌"，必须取得更为充分、更为有力的论据，必须再次前往罗布泊，用充分的时间，对罗布泊进行全方位、多角度、立体化考察。而且，李希霍芬也督促学生再次前往罗布泊："一定要拿出令人信服的实证！"

五、石破天惊

想要有魅力，就要成为一个谜。

——可可·香奈儿（Coco Chanel）

1900年（光绪二十六年），一个没有记忆疲劳的年份。但对于大清来说，却是一个既无艳阳又无皎月的岁月。在八国联军从东部沿海的天津杀进北京，慈禧皇太后挟持光绪皇帝仓皇西逃的同时，一支由西方探险者组织的驼队也从西部边陲的喀什出发，大摇大摆地走向"荒凉得如同月亮上一样"的罗布荒漠。

骑在头驼上的斯文·赫定，头戴毡帽，嘴上叼着烟斗，向空中悠闲地吐着烟圈。他年方35岁，已经具有三次中亚考察经历。他此行得到了瑞典国王奥斯卡二世（Oscar II）和化学家阿尔弗雷德·伯纳德·诺贝尔（Alfred Bernhard Nobel）的资助，可谓经费十足、准备充分、计划周全。而他冠冕堂皇的任务，仍然是实地测量传说中的"中亚地中海"——罗布泊的准确位置，为老师李希霍芬与俄国人关于罗布泊位置的争论提供实证。

就像此前他不听老师的规劝学习理论一样,这一次,他没有按照老师的嘱托直接前往罗布泊,因为在他心目中,有着比打赢口水战更重要的东西。此前,他已在新疆和阗发现了两座沙埋遗址——丹丹乌里克(Dandan oilik)①古城和喀拉墩(karadong)②古城,收获了一批价值连城的文物。寻找民间传说中的大漠古城与财富,应该是他此次新疆之行难以言传的目的。

正是他的特立独行,使他走近了一个秘密——一个令世界目瞪口呆,并给他带来无上荣誉的秘密。

为了确保行程顺利,斯文·赫定在驼队组成人员上煞费苦心。驼队里,有吃苦而精明的罗布人向导奥尔得克,有富于野外生存经验的罗布猎人阿不都热依木,有老实可靠的维吾尔族驮夫帕皮巴依,还有机警勇武的哥萨克警卫切尔诺夫。

3月下旬,驼队从库鲁克塔格山(Kuluketage Mountain)南麓的阿提米西布拉克(Ati Misi Burak,今称阿斯廷布拉克)启程,由北向南进入土丘密布的罗布荒漠。

28日,罗布荒漠里一个难耐的日子。下午三时,他们经过一片黏土台地,见到了两间木屋子遗址(后来证实这是一座佛寺),发现了许多黏土祭祀钵、陶器碎片、古中国铜币和一种铜针,还有一些木雕。其中一块是头戴王冠的国王,另一块是戴着花圈的男子,还有一块是工整的莲花。对此,斯文·赫定没有在意,只是感到这是一处东去敦煌(Tunhuang)③古道上的驿站。又前行了20公里,斯文·赫定和队员们在沙漠中发现了一处长着几棵柽柳的低洼地。有植物生长的地方必定有水,斯文·赫定决定停下来挖水并在此宿营,但考察队仅有的一把坎土曼④被37岁的向导奥尔得克遗忘在刚才经过的废墟了。没等斯文·赫定埋怨,向导便在晚饭后,骑上一匹驽马匆匆北返,主动回去寻找铁铲。

东北季风,总会在每年的3月底、4月初光临罗布荒原。后半夜,一场暴风如期而至,向导在风中迷了路。似乎是一种天意,他为了避风,闯入

---

① 意为"移动的城"。位于策勒县达玛沟乡以北90公里的塔克拉玛干沙漠腹地。
② 意为"黑色的丘阜"。位于于田县大河沿乡西北24公里的沙漠腹地。
③ 有人认为是"吐火罗"的音译,有人认为是羌语"诵经地"之意。
④ 新疆当地一种类似铁铲的农具。

了另一个遗址,这个遗址里有一座塔,还有一片比白天路经的废墟规格更高的房屋遗址,而且遍地散落着木板、古钱和雕刻品。不可思议的是,他不但找到了铁铲,还特意带回了两块精美的木板。

向导回去寻找铁铲的那段时间,斯文·赫定一次次翘首企盼着,形同热锅上的蚂蚁。他并不知道,如雅典娜暗中助推着阿尔戈英雄们的船只,幸运女神正悄然向他走来。第二天黄昏,当向导带着意外收获——两块木板赶上南行的队伍时,苦苦等待的斯文·赫定惊呆了:面前的涡卷纹、树叶纹装饰木板具有典型的希腊艺术风格!探险家的直觉告诉他,这些精美的木雕,属于上一个千年的佛教(Buddhism)①文明,是某个来去无踪的神秘古国邀请探险家来访的国书。向导发现的一定是一座沙埋古城,自己有可能成为第一个揭开塔克拉玛干沙漠文明之谜的人。但只够维持两天的饮用水,使他控制住了激动的情绪,把对这片遗址的强烈悬念,留到了第二年冬天。

光绪二十七年(1901)三月初的新疆,山寒水瘦,天寂地寥。瑞典人果然又来了。但是,寻找遍地木雕的遗址的过程并不顺利,他几次产生了放弃的念头:骆驼在超负荷运作,人也到了承受的极限。

3月3日,数字整齐好记,又意味着吉祥,像是精心挑选的"黄道吉日"。这一天,驼队意外踏上了一条依稀可辨的古道。突然,一直在反刍的头驼停了下来,一个硕大的土堆挡住了去路。经验丰富的斯文·赫定认出,那不是千年强风雕琢而成的突兀土堆,而是一座印度式佛塔的遗迹。

他快步走上土堆,放眼望去,一座被沙漠掩埋已久的古城出现在视野中:一道人工河反射着夕阳的余晖,成片的古建筑分布在佛塔与运河之间。细沙之下的官署、寺庙、僧舍、马棚、街市、瞭望塔、生活用具、纸本汉文文书、汉文木简、佉卢文(Kharosthi)②文书静静地躺在那里。古城如同中了魔法一般沉睡着,异样的沉静使得他心潮涌动,惊诧莫名。似乎,城中居民刚刚离去,他们就接踵而至了。一辆马车的巨大木轮刚刚修补完

---

① 意为"觉者",世界三大宗教之一,2500年前由古印度迦毗罗卫国王子乔达摩·悉达多所创。
② 2至4世纪流传于鄯善、于阗一带的文字,又称尼雅俗语。

楼兰佛塔

好等待重装,一栋房舍柴扉半掩似乎主人知道有远客将临……那一刻,他仿佛听到了干涸已久的人工河最新的脉动,也似乎听到了千年前的绿洲古国鼓翼而过的声响。

除了佛塔,古城给人留下深刻印象的建筑物是由四堵厚实的墙壁分割成的三间房屋。后来,佛塔成为楼兰古城的象征。那座建筑物——东汉西域长史府故址则被称为"三间房",古城出土的重要文物大都出自"三间房"墙角下一处有两千年历史的垃圾堆。

命运女神既是无影无踪的虚无,也是有声有色的存在。虽然谁也没有见过她的倩影与芳容,但人们又仿佛时时能感受到她的足音、脉搏与呼吸。她是一般人难以接近的玄妙,也是只有强者与智者才能偶遇的奇迹。

有感于命运女神的眷顾,他先是面向澄明的蓝天做了一次虔诚的祈祷,然后在《亚洲腹地旅行记》中兴致勃勃地写道:"我们将那城的每一所房屋都掘开,最后只剩下一间土盖的房屋。我们在那屋里找到了36张有中国文字的纸,有文字的小木板。除此之外,我们还发现一些破衣、鱼骨、印有花纹的毛毡等。我相信这些毛毡是世界上最古老的。接着我们考察一座泥塔,但它却是实心的。我们只在它的旁边找到两管中国毛笔,两个瓦罐和无数的小钱……这就是当年繁盛一时的古城。古城以及我在那废址中极幸运所得的发现足足可以编成一整部书。"

透过考察资料,他认定这座古城是4世纪初失守的。在日记中,他想象的翅膀开始翔舞:"当城中战云密布时,官吏们并没有忘记公家的责任,他们仍尽心尽责,在战鼓与烽火中写完他们的报告。这些中国人的品行和勇敢精神令人感动。由此可知这个非凡的民族如何能统治半壁

楼兰古城三间房遗址

亚洲——这并非幻想力的创造物,也不是诗,这是赤裸裸的真实。那些信札在埋了1650年后,现在又给我们一个音信。它们的灾祸、忧患和喜乐终见天日。"

对于沉埋于遗址中的大量文书,作为探险家的他当然知道它们在历史地理研究中无法估量的价值,所以对临时雇来的民工宣布,凡找到文书资料的,一定在工资之外另加奖励,并立刻兑现。这一措施,使得既贫困透顶又毫无文物保护意识的民工们为了寻找文物,几乎进入了一种癫狂的状态。后来的斯坦因,也采取了同样的办法,当然同样收到了立竿见影的奇效。这也是西域大量古城遗址被别有用心的外国人和见钱眼开的中国人一起盗掘得面目全非的一大原因。

在难以言表的激动中,斯文·赫定将发掘出的文物运回西方。随他一道到达斯德哥尔摩的,除了157件汉文纸简、文书外,还有56枚五铢钱,许多佉卢文书,大量箭镞、铁斧、铜镜、甲片、珠饰、海贝、乐器、丝绢、锦、木雕饰、毛织物等。

考虑到自己没有熟练掌握地理学研究方法,所以他听从老师李希霍芬的建议,把全部材料与勘测数据交给了住在德国西部城市威斯巴登的汉学家卡尔·希姆莱(Karl Himly),并由希姆莱向世界宣布:"那城名叫楼兰,位于东经89°50′53″、北纬40°31′34″,占地10.8万平方米,在第三世纪极一时之盛。"

希姆莱去世后,材料转交到了住在德国东部城市莱比锡的中亚文字研究家康拉第(August Conrady,中文名孔好古)手上。他将这些文件译成德文,还写成了《斯文·赫定在楼兰所得的中国文书与其他发现》一书。他在书中介绍,纸片中有古籍《三国志》的残片,中国人在公元前105年发明造纸,那片文字是公元前150年至220年间所写,因此是迄今发现的最古老的纸张和纸上文字,比欧洲纸上文字早了700年;文书中有军事机关、粮局、驿站所发的信件、报告、告示和收据,有简单的习字帖和孩子们练习乘法表"二乘八得十六,九乘九得八十一"的拙书,还有署名超济的私人信件,信件字里行间弥漫着戍边将士对家乡亲人的深深眷念;物件中有魏晋钱币,有猎箭、战箭、火箭,有贝壳做的货币,有项链、耳坠、刻着赫尔墨斯(Hermes)[①]像的宝石,有衣绸、床单、毛毡、麻线、鞋子,还有来自叙利亚、古罗马的铜器、木器、铁链、玻璃杯。康拉第断言:"具有现代性的中国西域与西方的混合文化在楼兰很发达,因为那城是边境的锁钥,是亚洲中间古代大道——尤其是东方至中国和西方至波斯、叙利亚和罗马间往来运丝的大道的门户。"他还兴奋地说:"楼兰文书是一种叙事诗,是用世界历史的重大、狂暴、黑暗的背景描写的世情画。"

可惜,就在他埋头研究楼兰时,死神就叩开康拉第的门了。

于是,全面叙述斯文·赫定发现的楼兰的重任,落在了第三位德国汉学家阿尔伯特·赫尔曼(Albert Herrmann)身上。赫尔曼不但愉快地接受了任务,而且精心创作了名为《楼兰》的小册子,对楼兰的发现史、楼兰的历史与地位、楼兰与罗布泊的变迁、楼兰一名的来历、楼兰古城以及在楼兰发现的文物做了精辟的概述,成为向世界宣告楼兰再现的"白皮书"。

1600年前的丝路重镇——楼兰重现人间!

六、"游移湖"

人,全都是为"发现"而航行的探寻者。

——拉尔夫·沃尔多·爱默生(Ralph Waldo Emerson)

见到满载文物归来的斯文·赫定,老师李希霍芬问:"我交代你的任务呢?"

"当然不会忘。"学生满脸堆笑地回答,"不过,老师和俄国佬似乎都没有错。"

"何以见得?"那一刻,一向自信的老师呆住了,他那蜘蛛网般的皱纹

[①] 希腊神话中众神的使者,商业、旅者、畜牧之神。

不自觉地抖动起来,像遇到了一阵突如其来的大风。

学生慢条斯理地说:"发现楼兰是我的意外收获,我的主要任务还是按照您的要求,勘察罗布泊的准确位置。当我这次进入塔里木河下游考察时,在孔雀河古河床有了意外的发现。这条古河道宽90米,深6米,如此巨大的河床足以证明塔里木河在历史上曾向东注入孔雀河。我们在古楼兰城南的罗布荒原进行水准测量时,发现那里地势低洼,从而推断出塔里木河是经过这片洼地,最终注入古罗布泊的。后来,不知什么原因,塔里木河下游改为东南流向,注入了俄国佬所说的喀拉库顺。"

稍加停顿,学生接着说:"我有一个大胆的推断,位于罗布荒原南方的喀拉库顺是一个新的终端湖,而古老的、真正的罗布泊位于罗布荒原的东北部;罗布泊在楼兰城南的河湖与喀拉库顺之间南北游移,它是个'游移湖',游移周期大约1500年。"

听到这里,老师摇摇头,口里嘟囔着:"怎么可能呢?"

学生又说,我预测,喀拉库顺很快就会干涸,塔里木河必将重返北方的古老湖盆——古罗布泊。

老师再也无话可说,尽管他心中有一万个不甘,但自己毕竟年近70,实在没有能力前往罗布泊进行实地考察了。而斯文·赫定归来后,将自己深入探察的实践上升为严谨踏实的理论,形成了一部经得住历史检验的巨著——《1899—1902年中亚科学考察报告》。他还趁机痛打落水狗,对科兹洛夫进行了随心所欲的鞭挞。

如千流归入了大海,如群鸟飞进了巢穴,一场硝烟弥漫的口水战就这样骤然停息,俄国皇家地理学会全线后撤了。1902年1月,斯文·赫定应邀前往俄国皇家地理学会,就罗布泊最新考察成果发表了演讲。会后,俄国皇家地理学会副会长谢苗诺夫-天山斯基(Petr Semonov Tian-Shanskii)设家宴款待了他,多名俄国地理学家作陪,宴会气氛轻松而热烈,再也无人质疑他的结论。同年12月,他又应邀到英国皇家地理学会做了一次演讲,演讲内容仍是罗布泊考察的新进展。他分明看见,那位曾经质疑过自己的英国学者,在台下洗耳恭听。

殊不知,他的预言居然在数年后变成了现实。1921年,塔里木河在尉犁县穷买里村突然改道,使得原来向东南流入喀拉库顺的河流,改道东去,突破铁门堡一带的堤岸,汇入孔雀河,最终注入了罗布洼地,形成了现代的罗布泊。

七年后,正率领中瑞西北科学考察团在中国考察的斯文·赫定得到了这一消息,欣喜若狂,认定自己的"游移湖"理论已被证实,立即派出瑞典方队员赫默尔(David Hummel)和中方队员陈宗器勘测塔里木河改道后形成的罗布泊。据他们于1931年完成的实测地图显示,当时的罗布泊平面呈葫芦状,西岸位于东经90°以东20公里处,东岸位于90°45′附近,湖泊总面积达1900平方公里。

必须指出的是,斯文·赫定为了证明自己的推论正确,把全部注意力放在塔里木河改道后的罗布泊上,从而忽视了塔里木河改道的原因。原来,沙雅县的女巴依(bay,维吾尔语意为"财主")阿西罕·阿吉,为了给自家的12000头羊兴建草场,在穷买里村附近的塔里木河拦河筑坝,结果造成河水改向东流,冲入了干枯的孔雀河古河床。显然,这次河流改道是人为因素。

尽管斯文·赫定的"游移湖"理论没有得到所有专家的认可,反对者认为无论塔里木河如何变迁,终点湖都在罗布洼地,罗布泊从未变迁;但毕竟,"游移湖"是一个前无古人的推断,因为塔里木河下游流向不稳,南北摆动而造成下游湖泊游移的现象,是不争的事实。更不容置疑的是,汉代的盐泽、元代的罗布泊和大清地图标注的罗布泊不在同一位置。汉代的盐泽相当于今天的罗布泊,元代的罗布泊相当于唐代的蒲昌海,大清地图上的罗布泊应该是若羌县北部的阿拉干湖。

如两声平地惊雷在耳边炸响,令此前埋头旧纸堆的东方学者们震惊不已。被认为"没有新闻的""世界上距离海洋最远的"新疆,从此吸引了无数探险家和考古学家的目光。

光绪二十八年(1902),东方学家代表大会在汉堡召开,由各国东方学家组成的"西域和远东历史、考古、语言与民族国际考察委员会"正式成立。各成员国也相继成立了国家西域考察委员会。西域迅速升温为世界考古与探险的热点,成为一个世界性考古话题,并幻化为许多探险家永远不变的地平线。

同一年,他被推举为瑞典最后一个无冕贵族。他还是瑞典两个科学学院的成员,因此他在诺贝尔奖的科学和文学两项评选中拥有发言权。

从此,斯文·赫定——这个在瑞典几乎与诺贝尔齐名的人,为广袤的亚洲腹地深深吸引,将人生的目标全部倾注在对中国的探险事业上,以至于终生无暇娶妻。他曾无比骄傲地宣称:"我已和中国结婚了!"

这是一个令人震撼和沉醉的宣言,但每一个听到这句宣言的中国人反而感到脸红。因为早在光绪十五年(1889),新疆省第二任巡抚魏光焘,为强化新疆与河西的联系,派副将军郝永刚、参将贺焕汀、都司刘清和,对敦煌经罗布泊进入塔里木盆地的路线进行了探察,绘制了《敦煌县西北至罗布淖尔南境之图》。这幅在极其原始的条件下绘制的地图,不仅标明了玉门关、阳关通向罗布泊的路线,而且在罗布泊西岸清楚地标明了一座古代城址。可惜,郝永刚等人不是考古学家,并不知道也不会深究这座古城是历史上的哪座城市,有怎样的考古与学术价值,自然也就没有为这座古城命名。更遗憾的是,这幅珍贵的地图,一直沉睡在清宫高墙之内。大清统治集团现代地理、考古知识的极度贫乏,使得他们十分缺乏对国内文物古迹的保护意识。清末时局的混乱所导致的信息闭塞,又使得中国学术界被完全隔离在这场学术竞争之外。就这样,楼兰——大漠深处的"梦幻之都",错过了与中国学术界邂逅的机遇,中国随之也与楼兰冠名权失之交臂。

于是,楼兰古城的发现权,只能属于外国人——斯文·赫定,这也成为中国考古人心中永远难以抹去的耻辱记忆。

七、远道而来的美国人

> 最大的事物都是没有阴影的,比如大海和天空。
>
> ——冯骥才

光绪三十一年(1905)十二月二十三日,一支由四个人、五峰骆驼组成的科学考察队,从卡尔克里克(Charkilik)①启程,沿着马可·波罗的足迹向米兰行进。带队者名叫埃尔斯沃思·亨廷顿(Ellsworth Huntington),是一位秃脑门、小眼睛、学究气十足的美国气象学家。这是他第二次来到亚洲腹地了。两年前,他作为美国卡耐基学院探险队成员,对帕米尔高原(Pamirs)②的气候与地理条件进行了野外实地考察。在那里,他不但学会了柯尔克孜语与维吾尔语,而且与柯尔克孜人建立了亲密的关系。

---

① 维吾尔语意为"纺线车",指今若羌县城。
② 塔吉克语意为"世界屋脊",古名葱岭、不周山,平均海拔4000—7700米。

这一次，当他由美国国家地理学会（National Geographic Society）资助，再次深入亚洲心脏——塔里木盆地，便被眼前开阔的视野、壮观的景色、奇特的地貌深深吸引。他在出行前，就确定了此行的重点任务，那就是研究新疆地区气候与人类活动的关系。显然，他也受到了德、俄两国地理学会关于罗布泊位置之争的影响。

他在笔记中毫不掩饰出行的原因："事实是，在中国古代地图上，罗布淖尔位于它现在位置的北面。这引起了不少争论，争论的一方是普尔热瓦尔斯基及其他俄国人，他们坚持现在的湖——喀拉库顺一定是中国的大湖罗布淖尔。争论的另一方，李希霍芬和斯文·赫定则认为，这绝不可能。一个罗布淖尔在古代是不断扩大，还是在楼兰灭亡前就已消失的问题，摆在我们面前。为了能够找到解决这些问题的线索，我打算穿越罗布沙漠最宽阔的地段，去这个古代湖泊还没人探察过的部分做一次环绕旅行。"

圣诞节当天，本是西方的公共假日，也就是休闲、聚餐、欢庆的日子，他却不辞辛苦地进入了鄯善国陪都——米兰遗址。"遗址不仅大，而且建筑工艺已相当发达。主要构架建筑在以晒干的砖块为基座的坚实地基上，高达10英尺或20英尺……它只不过是一个镇，从那些沟渠到陶器窑址，占地面积至少有5平方英里。所有泥土筑成的房屋均已消失，其中只有两所房屋遗迹尚存。留下的13座建筑物，其中一个就是城堡，有400平方英尺；一座是寺庙，外墙上饰有黏土制成的佛像浮雕；两座是佛塔；另九座是土坯砌筑的矩形物，其屋顶通常是以类似墙的东西覆盖着，也许曾是僧侣的住所，或是佛教庙堂。从这些遗存不难看出昔日的繁荣。我们可以从古老坚实的城堡废墟中辨别出用轻薄脆弱的材料雕刻的各种栩栩如生的小物件。"

即使巨船已经锈迹斑斑，仍有三千铁钉诉说着昔日辉煌。显然，这是一座珍贵的城镇废墟，其中有无数价值连城的文物。后来专家们考证，它是世界上37个叫米兰的地名中最具历史与文化气息的古城。可以设想，如果亨廷顿是一个文物大盗，米兰将经历一场多么残酷的浩劫啊！

但亨廷顿是一个有良知的科学家，他知道这些文物属于当地人，因此把全部注意力放在探索气候与人类的关系上，对专事文物掠夺的西方同行不屑一顾。此后，他拜访了罗布人村庄阿不旦①，考察了楼兰遗址，利用4天时间从东南向西北穿越了罗布盆地，然后北上焉耆②、吐鲁番，继而

---

① 意为"水草丰美的地方"，罗布人聚居地。
② 因焉支山而得名。古名焉耆国、乌夷、阿耆尼，今为新疆焉耆回族自治县。

亨廷顿像

结束考察返程。

回国后,他进入耶鲁大学执教,于1907年出版了《亚洲的脉搏》一书。当时,人称塔里木为"亚洲的心脏",他则称这些河流为"亚洲的脉搏"。在书中,他提出了一个影响深远的学术结论:罗布泊是一个变化中的"盈亏湖"。他认为"干燥在罗布盆地并不是一个不变的过程。在绝大部分时间里,干燥曾经间断或不间断地出现,有时覆盖面大,持续时间长"。2000年前罗布泊面积很大,占据古今干河床,后来因气候变得干燥,湖面才逐渐收缩成如今的样子。他的"盈亏湖"之说,对于斯文·赫定的"游移湖"之说,无疑是一个新的挑战。后来中外专家经大量地理考察证明,罗布泊不论如何"游移",都从未离开那个巨大的湖盆,它的确是一个"盈亏湖"。

他还从气象学角度指出,公元6世纪之后,"似乎出现过一次极度干旱,这次干旱使许多古城,包括热瓦克①、喀拉墩、睹货逻②、楼兰以及其他我们迄今尚未知其存在年代的古城都遭到废弃,经过楼兰的商路也在这时被废弃,使得另一条更长的商路取而代之"。

---

① 丹丹乌里克遗址的主要部分。
② 葱岭西南的中亚古国,又名吐火罗(Tocharian)。

算起来,他是为数极少的不以盗掘文物为目的的外国人。为此,我应该向这位科学家深深地鞠上一躬。

八、文物大盗

金钱是能让我们去除了天堂以外的任何地区的一份护照。

——查尔斯·兰姆(Charles Lamb)

但亨廷顿前脚刚走,一个文物大盗便接踵而至。

他叫马尔克·奥莱尔·斯坦因,习惯于西装革履,嘴唇紧闭,一双深邃的眼睛透着狡黠与坚毅。他于1862年11月26日出生于匈牙利布达佩斯一个犹太人家庭。考虑到孩子的发展前途,他的父母让他接受了基督教洗礼。他从小就无限向往亚历山大大帝(Alexander the Great)①对亚洲的远征,加上受匈牙利人是匈奴后裔这一观念的影响,亚洲,特别是中国,对他有着无形而非凡的吸引力。

长大后,他先后在英国伦敦大学、牛津大学和剑桥大学从事博士后研究工作,主攻东方语言学和考古学。期间,他通过各种渠道接触能帮他实现目标的人,并幸运地遇到了两个恩主:亨利·罗林森(Sir Henry Rawlison)和亨利·玉尔(Sir Henry Yule)爵士。其中的罗林森曾把自己吊在悬崖上,荡来荡去地临摹大流士一世(Darius I the Great)②留下的1200平方英尺碑铭上的楔形文字(Cuneiform),并释读了那些文字;玉尔则跑遍了欧洲各大图书馆,精心研读马可·波罗关于东方的记述,出版了《前往契丹之路:中世纪有关中国资料辑录》和《威尼斯人、先知马可·波罗之书涉及的东方奇闻和王国》。对斯坦因来说,这两位导师不仅慷慨亲切,而且大权在握。斯坦因的学业一结束,两位导师就促成了他前往印度任职的计划。

1888年,斯坦因出任英属印度旁遮普大学注册官和拉合尔东方学院院长。之后的十年,他读到了公元5世纪的《鲍尔古本》,翻阅了斯文·赫定首次考察西域后写成的《穿越亚洲》,也获知了俄国正组织探险队赴新疆探险的消息……这些信息极大地刺激了斯坦因,一个赴新疆探险的计划

---

① 意为"人类守护者",公元前356年—公元前323年在世,马其顿国王。
② 公元前522年—公元前485年在世,波斯帝国第三代君主。

在他胸中生成。光绪二十四年(1898),他在呈报给英属印度旁遮普政府的探险计划书中写道:"我申请的项目是,要求地方政府和最高当局支持由我计划的一次对中国新疆和阗地区及其周围古代遗址的考古考察旅行。"英属印度中央政府内务与财政部批准了这一申请。

这是一个极具殖民主义倾向的人,他在同一年给友人的信中谈起了此次考察的目的:"我敢肯定,和阗和中国新疆南部,是英国考察的适当范围。用现代术语来说,它按理是属于英国的'势力范围',而且我们也不该让外人夺去本应属于我们的荣誉。"

光绪二十六年(1900)五月底,斯坦因从克什米尔(Kashmir)①启程,于7月20日抵达喀什。这个在考古专业上堪称世界一流的学者,精通匈牙利语、德语、法语、英语、希腊语、拉丁语、梵文、波斯语、突厥语等数种语言,却不懂中文,因此急需一个翻译。

聚集在喀什的外国考古学家有一个共识,就是千万不要与中国学者合作,理由是一到文物所有权等关键问题上,中国学者总会在心底产生"华夷之防"的敏感,给外国人带来种种阻碍。

然而,英国驻喀什总领事乔治·马卡尔特尼(George MaCrtney,中文名马继业)给他推荐了一个人,并且特别告诉他:"这个人与一般中国学者不同,只要带上他,你的考古一定顺利。"

于是,斯坦因拥有了中国翻译兼秘书——师爷蒋孝琬。

这是斯坦因为蒋孝琬拍摄的照片,他坐在马扎上,一身大清官员装

斯坦因像

---

① 意为迦西亚伯(Kasyapa,印度教创世神梵天之孙)的住所,今为印、巴争议地区。

蒋孝琬像

束,两手安放在膝盖上,脸庞清瘦而英俊,嘴角泛着自信的微笑。也许,这份自信的微笑中含有这样的认识:和洋人在一起,自己也成了洋人团体的一分子;一个此前不被关注的小人物,终于有了一份令人羡慕的职业;当上了外国人的翻译,终于可以不再对大清官员卑躬屈膝了。

看得出,这是一个受过教育的人,与其他师爷一样不缺智慧。而且,这是一个在中国考古史上令人扼腕的人物。他出生于湖南湘阴,是爱国将领左宗棠、外交家郭嵩焘的老乡,具有较高的职业操守。拿人钱财,替人消灾;谁出钱雇我,我为谁卖力,本无可厚非。问题的关键在于,当职业操守与民族良心发生矛盾的时候,你选择的是什么?

在此后的漫漫旅途上,他显然有些亢奋,话也比往常多,一直喋喋不休地给斯坦因讲述大清官场的办事规则与民间的处事方式,使斯坦因觉得"比再读几个学位更重要"。接下来,所有的联络、刺探、劝说之事,都由这位师爷出面。正是他,帮助斯坦因盗走了和阗与尼雅的大量文物。也是他,说服敦煌道士王圆箓将大量经卷卖给了斯坦因。

有了蒋师爷辅佐,斯坦因如鱼得水。两个月后,他们离开喀什,于10月中旬抵达和阗。一个月后,对于阗(khotan)①故都——约特干②遗址展

---

① 塞语意为"非常有力",梵语意为"后堂",突厥语意为"放牛的地方",藏语解释为"玉城",法国人解释为"葡萄",苏北海认为是"尉迟"的译写。
② 维吾尔语意为"王者之范"。位于和田市西10公里处的巴格其乡艾拉曼村。

开大规模发掘,获取文物近百件。

志得意满的斯坦因尚嫌不足。他知道,玄奘的《大唐西域记》中有一个名叫尼壤的古城,就在约特干东部不远的地方。

光绪二十七年(1901)一月,他们冒着严寒,匆匆奔赴尼壤。

在民丰以北70公里处,他们路过一个小绿洲——卡巴克·艾斯卡尔村(又称尼雅村)。斯坦因的驮夫从村里拿回了两块木板。斯坦因惊呆了,作为东方学专家的他马上认出,这是公元3世纪贵霜帝国(Kushan Empire)通用的字体,已经失传已久的西域古文字——佉卢文。

几经周折,他找到了木板的持有人易卜拉欣姆(Ibraheem)——一位年轻大胆的磨坊主。这个磨坊主介绍,一年前,他在大麻扎(Mazar)①外的古城破屋中寻宝,找到6块看似无用的木板。他将其中的两块随手丢在路上,另外4块拿给孩子们去玩耍,现在早已毁掉了。

大喜过望的斯坦因,立刻请易卜拉欣姆带路,冒着零下八度的低温,沿着干涸的尼雅河床行进,终于在卡巴克·艾斯卡尔村以北30公里处,找到了木简的出处。遗址位于民丰县城以北100公里处,散落在古尼雅河谷的沙丘链之间,以佛塔为中心,呈带状南北蜿蜒25公里,东西布展5至7公里。在这片狭长的区域内,散布着残存程度不一的住宅、墓地、佛寺、作坊、城墙、古桥、栅栏、果园、沟渠、池塘、田地、行道树等250多处遗址。遗址的年代横跨公元前1世纪到公元6世纪,最初是精绝国的都城,后来成为鄯善国的边境重镇,它在西域城市中属中等规模,但其他城市都因迁往新址或数度整修而了无踪迹,所以尼雅是残存遗址中规模最大的城郭。

面对这个消失千年的绿洲城邦,面对半埋在沙丘之间的古典建筑,他想到了公元79年8月,亚平宁半岛上的维苏威火山突然喷发,将美丽繁华的罗马名城庞贝深深掩埋的可怕情景。于是,一个新的名称脱口而出:"沙漠中的小庞贝!"

从1月28日开始,斯坦因一行对这个"沙漠中的小庞贝"进行了大规模发掘,共挖掘到佉卢文木牍764件,汉文简牍58件,简牍数量居然超过了以前人们所知的这类文书的总和。他还发掘到大量铜制品、玻璃器皿、

---

① 中国新疆伊斯兰教圣裔或知名贤者的坟墓,阿拉伯语原意为"陵墓"或"晋谒之处"。

水晶饰物、丝毛织物以及具有希腊风格的木雕艺术品,更有欧洲人从未见过的捕鼠夹、靴熨斗、弓箭、红柳木笔等,共装了12大箱。今天,这些珍贵文物仍毫无表情地躺在大英博物馆东方古物部和大英图书馆东方部里。

2月13日,发掘已持续了16天,参与挖掘的工人都疲惫至极,加上沙漠风暴的季节已经临近,斯坦因只好带上辉煌的战果,"离开这一个有希望更富于刺激的地方"。

满载着文物回到印度的斯坦因,开始埋头书写名为《古代和阗》的学术报告和探险游记。一天,报端传来了斯文·赫定发现楼兰的消息。这一震惊世界的探险成果,或多或少冲淡了斯坦因心中的喜悦。研究完斯文·赫定的考察报告,他那蔚蓝色的眼睛迥然放射出闪电般的光芒。他认定,斯文·赫定尽管具有极高的科学素养,但毕竟不是考古学家,其志趣主要在于填补现代地图的地理空白,楼兰附近的几座古城还没有被斯文·赫定涉及,那里应该拥有无数的古文物。于是,他迫不及待地开始筹备第二次西域探险的费用。

在得到大英博物馆的资助(前提是寻找到的文物必须交给博物馆)后,已经获得英国国籍的斯坦因于光绪三十二年(1906)四月开始了第二次西域之旅。为了保证此行"顺利",斯坦因护照上的官衔被肆意拔高为"大英国总理教育大臣",这也是斯坦因在大清考察期间未受到任何阻拦与限制的原因。

经克什米尔、喀什、和阗,他于10月抵达了上次"快快而返"的尼雅。很幸运,在上次发掘区域西部3公里的地方,他又发现了一片沙埋建筑遗址,清理出大量的佉卢文、汉文木简。这次发掘持续了14天,收获同样丰硕。

斯坦因的两次发掘,加起来一共30天。整整30天啊,对于一个人来说是被一刀一刀凌迟的30天,而对于一个规模有限的古城来说是被一锹一锹掏空的30天。这个千年古城受到了怎样的浩劫,不言自明。

光绪三十二年(1906)十一月,斯坦因终于带着驼队,牵着爱犬达西,满载着珍稀的文物,和蒋师爷一起向若羌走去,因为前方还有比精绝州高一级的鄯善国,以及鄯善的前身——楼兰等着他。

九、他太兴奋了

感官并不欺骗人,欺骗人的是判断力。
——约翰·沃尔夫冈·冯·歌德(Johann Wolfgang von Goethe)

闻听法国远征队的保罗·伯希和(Paul Pelliot)即将到达新疆,普鲁士皇家探险队也准备从吐鲁番南下,斯坦因立时变得焦躁不安,一再要求探险队加快东进的步伐。

12月上旬,探险队匆匆抵达荒凉的若羌县城。在这个"只不过是一个小村,物品异常有限"的地方,斯坦因招募了50名民工,准备了五星期的粮食,收集了21头骆驼,在后勤供应上做足了功课,几乎"把本地的物力弄尽"。

12月7日,探险队由阿布都尔猎人穆拉、托克塔阿浑带路,前往罗布荒原。他们首先来到米兰遗址展开了试掘,"知道此地的重要",只是担心法国、德国探险队抢在前面,才决定先去楼兰,明年1月底再来此地做彻底的发掘。

12月10日,探险队抵达阿布都尔——塔里木河畔最后的小渔村。鉴于蒋师爷不能做长时间旅行,所以被留在此地照看暂时不需要的驮马与行李。

斯坦因参照斯文·赫定手绘的路线图和经纬度,自南向北,终于在12月17日进入了楼兰古城。他在给友人的信中,谈了刚刚进入楼兰古城时的感受:"到处都见不到法国人、德国人的影子,因此,在从和阗出发的1000英里的赛跑中,是我取得了第一名……自从斯文·赫定到这里后,遗址尚未遭到寻宝人的破坏。而斯文·赫定带到此地的仅有6个人,也挖不出多少洞来。"斯坦因的兴奋,预示着楼兰古城的浩劫开始了。

寒风怒号,古城呜咽,在高大的佛塔下安营扎寨的斯坦因得意而繁忙。与较为注重发现的斯文·赫定相比,他更为注重发掘,因此,他步前者后尘所进行的发掘,带有更为明显的破坏性。即便是斯文·赫定发掘过的区域,他也进行了拉网式梳理,连前者发掘时形成的垃圾堆也绝不放过。

从12月18日开始,他组织民工用时11天,把楼兰古城以及周边遗址中所能找到的遗物全部清理出来,发掘出成批的写在木板与纸片上的中国文书、写在木版纸片和绢上的佉卢文书、具有希腊和罗马风格的木刻残片、青铜箭镞、汉代方孔式铜钱、古织品残余物等珍稀文物。仅仅在"三间房"西侧的古代垃圾堆中,他就得到了200多件文物,有汉文、佉卢文、印度语文书,还有一件粟特①文书。这是真正的"流沙坠简"啊,无论抓起哪一本一抖,就有千年的流沙淌下来,发出一种奇怪的近乎枯草在风中抖动的声响。

他所获得的大量汉文纸简文书,时间大多在公元263年至270年间,正当西晋末年与东晋初年。

其中一封书信,出自一位女子之手,全文如下:"羌女白:取别之后,便尔西迈。相见无缘,书问疏简。每念兹对,不舍心怀,情用劳结。仓卒复致消息,不能别有书裁,因数字值信复表。马羌。"透过这封情意绵绵的书信,我们仿佛能看到一位名叫马羌的内地女子,倚门眺望西方,泪眼婆娑地期待着在楼兰戍边的夫君归来。

最晚的一件文书,签署于"建武十四年"。其实,晋元帝司马睿的建武年号只使用了一年多,此时已是东晋第三位皇帝——晋成帝司马衍咸和五年(330)。斯坦因据此判断,"这一小站与帝国中央当局的交通已经完全断绝",所以改变年号这样的大事也无法及时通达边疆。孤悬塞外的楼兰,作为西域长史府驻地,已经岌岌可危,晋朝经营楼兰的历史已经翻到最后几页。

在楼兰,斯坦因还有两件意外的收获。一是他发现了斯文·赫定1901年遗失的金属卷尺,后来斯坦因在英国皇家地理学会的一次宴会上还给了他;二是在圣诞节前夕,和阗的邮差吐尔迪带来了英属印度驻喀什噶尔代理领事马继业的信和他来自海外的家信。当晚,斯坦因拿出所有的美味宴请了邮差,然后安静地坐在帐篷中,借着摇曳的烛光,读那充满浓浓深情的来信,尽情感受严冬里暖人心胸的情谊之火。夜深了,他仍用几乎冻僵的手给远方的好友阿伦(Perey Stafford Allen)回信:"邮差吐尔迪从被风蚀沟壑包围的迷宫中带着一个大邮包出现了。他于12月15日在安迪尔河(Andir River)②离开我去和阗,我真无法理解他是怎样在这么短的时间里往返1300多英里的。你寄来的这些信使我拥有了一个愉快

---

① 即索格狄亚那(Sogdiana),中亚古国和民族名,位于阿姆河、锡尔河之间。
② "安迪尔"突厥语意为"横向展开的平地"。

斯坦因和爱犬在发掘文物间隙,斯坦因左边为蒋孝琬

甜蜜的圣诞节。"

之后,他委派患病的测量员雷兰生,通过探险队用锥形石堆标出的"沙漠道路",将古物押送回设在阿布都尔的营地仓库,然后自己带领人马,将贪婪的目光对准了此前试掘过的米兰遗址。

大漠的冬季,寒风刺骨,滴水成冰。兴奋而急切的斯坦因哪管什么严寒?光绪三十三年(1907)一月二十三日,斯坦因率领大批雇佣民工闯入米兰遗址。

米兰,是一片长满苇草、绵延十里的古建筑群遗址,这里城堡巍然,寺院众多,佛塔林立,古墓处处,水渠纵横。他先是进入了一座吐蕃(Tibet)①人的古戍堡,从中获取了上千件吐蕃文书,证实此地曾被吐蕃长期占领过。然后,他进入古堡附近一座坍塌的佛寺,挖掘出几尊泥塑的佛头,许多梵文贝叶书。在古堡西方1.6公里的土堆群中,挖掘出一座圆顶佛寺——米兰大寺。当清理到离地面4英尺左右时,一面绘着有翼神像的护墙板显现出来,他"不禁大吃一惊,在亚洲腹地中部荒凉寂寞的罗布淖尔岸上,我怎样能够看到这种古典式的天使呢?"

大量描写佛教故事的精美壁画被他挖下,连同泥塑佛头一起仔细装箱。斯坦因在书中不无骄傲地说:"我十分满意的是,两年后打开这些箱子的时候,因为装箱时的十分谨慎,所有绘画的泥版遗物竟能安全到达不列颠博物院。于是我的忠实的朋友助手安德鲁斯先生能够用混有膨胀性铝的石膏粉很巧妙地托在壁画残片后面,把原物好好地保存下来。"

---

① 古代藏人的自称,意为"大蕃",有人解释为"上部"或"山南"。

被斯坦因盗走的有翼神像,现存大英博物馆

斯坦因从这里盗走的有翼神像,后来被他认定是希腊神话中的爱神阿弗洛狄忒(Aphrodite),并错误地将其冠名为"有翼天使",其实那是佛教有翅人物迦陵频迦。他在书中毫不掩饰自己的激动:"这种天使像一共存有七尊,都很安全地运了回去,现在分存于不列颠博物院和新德里我的收藏品处。"

为了剥离和运走这些壁画,他可谓费尽心机。因为整个墙体都已酥软,稍一碰,壁画就会碎裂。为此,斯坦因将产自和阗的一种十分柔韧的桑皮纸贴在壁画表面,用锡片插到绘画层和墙壁之间,小心而缓慢地将壁画从墙体上剥离下来,画面向下装入特制的填有棉絮的大木框之中,木框又被装入塞满芦苇的木箱,然后由驼队、火车、轮船接力,经喜马拉雅山①山口、克什米尔、孟买②,在三年后运抵大英博物馆。

他原计划在米兰挖掘4到5天,实际上却不分昼夜地劳作了18天,出土品之丰富,令人叹为观止。他从阿布都尔送往喀什的文物装满了6峰骆驼,写在木片上的手稿则由他随身携带。他清楚,这些手稿的价值,足以值得他生死与共。如此巨大的收获,令他不止一次地想起玛雅传承已久的说法:"人类的秘密藏在塔克拉玛干沙漠里"。他清楚,这里的确隐藏着人类的许多秘密,其中部分秘密正由自己解开。他不清楚的是,这里到底还藏有哪些秘密,玛雅人为什么蒙得这么准?

在楼兰收获颇丰的他,仍意犹未尽。他带上休息够了的蒋师爷,继续向东奔赴600公里外的敦煌,去收买那位外表猥琐的莫高窟③道士王圆箓。

---

① 藏语意为"雪的故乡",位于青藏高原南巅边缘,是世界海拔最高的山脉。
② 意为"美丽的海湾",马哈拉施特拉邦首府,是印度最大的海港,素有"西部门户"之称。
③ 原名漠高窟,意为"沙漠的高处"。位于敦煌东南25公里处,中国四大石窟之一。

关于斯坦因、蒋师爷、王道士在敦煌联袂上演的见不得人的历史丑剧,请看余秋雨先生的历史散文《道士塔》。

十、日本和尚

> 凡是追逐不靠自身而依赖外界才能获得的幸福的人,命运总是和他作对。
>
> ——安德烈·莫罗阿(Andre Maurois)

斯文·赫定和斯坦因的意外成功,恰如绘制了一张消失千年的"藏宝图",召唤着一批批外国探险家先后光顾楼兰,为揭开楼兰的神秘面纱并顺便抢夺文物展开竞赛。于是,楼兰成为亚洲腹地著名的考古与探险焦点之一。

作为中国东邻的日本向来不甘寂寞。门户开放后,欧美基督教传教士高调进入日本,对日本传统佛学形成了强大冲击。为此,日本佛教净土真宗(Shin Buddhism)①愿派总寺院——西本愿寺(位于日本京都)先后派出几位僧侣前往欧洲学习,其中西本愿寺第22代法主大谷光瑞(Otani Kozui),也来到英国求学。

求学期间,大谷光瑞顺便考察了英、德、法、俄、瑞典等国家,参观了多个欧洲博物馆。他既受到了欧洲学术氛围的强烈感染,也为亚洲腹地的探险与考古热深深吸引,尤其是斯文·赫定和斯坦因在西域发现遗迹的新闻刺激了他,于是,他主持创建了日本中亚考察队,以调查佛教东渐的史迹为幌子,悍然加入了抢夺大清文物,特别是佛教经卷的行列。

光绪二十八年(1902),大谷光瑞率队从伦敦出发,经俄国抵达新疆喀什。尽管当时英、日结成了反俄同盟,但英国为了独占新疆与印度的利益,还是对日本探险队设置了重重阻挠。很遗憾,他的首次探险就这样无果而终。

光绪三十四年(1908),也就是日俄战争结束三年后,大谷光瑞再次派出探险队进入西域。考察队只有两人,一人名叫橘瑞超(Tachibana

---

① 意为净土教理的精髓,其教理以常住在西方极乐净土的阿弥陀佛为中心,是日本最大的佛教教派。

大谷光瑞在英国伦敦

Zuicho),出生于名古屋市的真广寺,年仅18岁,像画上的人物,面目清秀,身材瘦小,梳着三七分,穿着日式西装,是本愿寺的小和尚,堪称古今籍载的年龄最小的西域经行者。在大谷光瑞眼里,"橘瑞超像个姑娘似的,前往西域,即使多么残忍的匪贼也不会忍心杀害他"。另一个人名叫野村荣三郎(Nomura Eizaburo),据日本驻加尔各答领事馆介绍,他是大谷光瑞所辖寺庙里的秘书(俄国人说橘瑞超、野村荣三郎分别是日本海军军官和陆军军官,英国人也认为他们可能是日本间谍)。临行前,大谷光瑞交代两个"弟子",你们的公开使命是探察佛教东渐的遗址和搜集佛教梵文原典,同时调查内蒙古喇嘛教、新疆伊斯兰教及当地民族奉教状况。就在两个"弟子"出发后的1908年11月,大谷光瑞给身在印度的斯文·赫定发了贺电并邀请对方到日本访问。12月2日,斯文·赫定应邀来到日本京都,当晚就住进西本愿寺。期间,大谷光瑞必然和斯文·赫定谈到,自己的弟子橘瑞超正在中亚细亚旅行,想让他们进入楼兰,怎样才能抵达那里呢?当然,这时的楼兰已经不是秘密,再加上对方的盛情款待,于是客人仔细回答了主人的所有疑问。12月13日,大谷光瑞给身在吐鲁番的橘瑞超拍了一封电报,告诉他,楼兰的位置是东经90°、北纬41°。

宣统元年(1909)一月,两位探险队员从吐鲁番出发,经焉耆到达库尔勒。在库尔勒,两人约定,橘瑞超负责考察丝路南道,野村荣三郎负责考察丝路北道。

橘瑞超像

2月21日,橘瑞超从库尔勒南下若羌。在若羌稍事休整和准备后,他北上进入了罗布泊旧湖畔的楼兰废墟,进行了为期一个月的探险调查。

据橘瑞超回忆,那是一个寂寞而无趣的清晨,也就是橘瑞超到达楼兰古城的第五天,他组织民工翻遍了斯文·赫定挖掘过的每一个角落,除了找到几片木简、一些丝织品、麻鞋和一个陶灯外,没有足以让他激动的重大发现。带着些许怅然,揉着干涩的双眼,他再次来到西域长史官衙"三间房"及土塔附近,重新细心地搜索着每一处异常。突然,他发现在一堵土坯墙下部离地面约十厘米的地方,有一道不足两指宽的缝隙。他捡起地上的一段干树枝,伸进很深的缝隙,在一阵紧张的探索性搅动之后,一个被揉皱的纸团随着树枝滚了出来。他把这个纸团小心地铺展开来,发现是几张墨迹清晰、书法优美的汉文文书,它就是后来轰动世界的楼兰象征物——《李柏文书》。

《李柏文书》的出土在国际上引起了巨大反响,但随之出现了一个到目前都无法解决的问题:《李柏文书》的出土地点在哪里?王国维等考古专家根据文书中出现的"海头"字样判定,《李柏文书》的出土地应该是东晋时期罗布泊地区的第二大城市海头,也就是斯坦因所标注的距离楼兰50多公里的"LK"古城。对此,橘瑞超并未公开提出异议。然而,橘瑞超于1968年清楚地告诉日本学者金子民雄,称《李柏文书》是在楼兰佛塔附近发现的。为了证实此事,橘瑞超还出示了土塔的照片。

《李柏文书》共有三张麻纸,是一封书信的三次草稿,写信人是进驻楼兰的前凉国西域长史李柏,收信人大概是焉耆王龙熙,时间是前凉建兴十

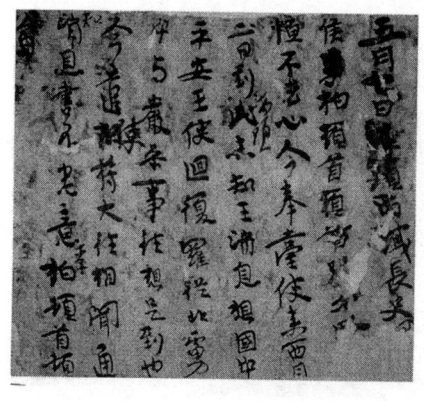

《李柏文书》第二稿

六年（328）五月。当时，西域长史李柏奉命征讨反叛的戊己校尉赵贞，为了取得焉耆王对前凉讨逆的支持，所以李柏在信中对焉耆王表现得毕恭毕敬。

书信第一稿为残纸，只能看清十几个字，饱蘸浓墨，笔画粗重，字体以隶书为主，透出少许行书的意蕴。

书信第二稿长23厘米，宽27厘米，共9行，为当时尚未定型的行书和草书合体书法。书写较第一稿随意，连笔较多，但气势畅达，用笔飞动，分行布白，参差错落，既夹杂着一些隶书的点画，又显露出东晋行书的风貌，还有章草余绪。信中说："五月七日，海头西域长史、（关内）侯李柏顿首顿首。别□□□①恒不去心，今奉台使来西，月二日到此（海头），未知王消息，想国中平安，王使回复罗，从北房中与严参事往，想是到也。今遣使苻大往相闻通知消息，书不悉意。李柏顿首顿首。"

书信第三稿长23厘米，宽39厘米，共12行，此信写道："五月七日，西域长史、关内侯柏顿首顿首。阔久不知问，常怀思想，不知亲相念便见忘也。诏家见遣，来慰劳诸国。此月二日来到海头，未知王问，邑邑！天热，想王国大小平安。王使□□②俱共发，从北房中与严参事往，不知到未。今遣使苻大往通消息，书不尽意。李柏顿首顿首。"此稿用笔尖书写，尽管墨色渐枯，满纸飞白，但古拙老辣，神采飞扬，与颜真卿的《祭侄文稿》有异曲同工之妙。

我试着还原当时的情景：第三张书信写完，那一砚墨也用完了，李柏望着眼前三张墨迹未干的书信，微笑着点了点头，然后伸了伸几近麻木的

①② 原文不详。

42

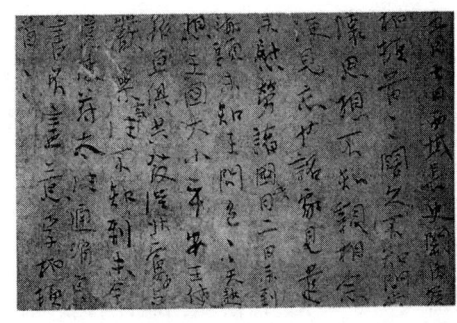

《李柏文书》第三稿

双臂。他似乎若有所思,他也许想到了与他同时代的王羲之,也许想到了焉耆王收到这封信时的表情,但他没有想到的是,这封信压根就没有送出去,更想不到这些书信会在千年之后落入外国人之手。

这套出自一人之手但又字体不同的文书,不仅为了解前凉经略西域提供了第一手资料,而且为研究魏晋行书的演进与发展提供了实物标本,和璧汉玉不足方其珍,凤毛麟角无以喻其贵。

此后,橘瑞超沿丝路南道西行,经若羌、和阗、叶尔羌(Yarkand,今莎车),在喀什与野村荣三郎会合,然后辗转到达印度。在印度,他向学界公布了在楼兰发现的古文书,他也因此被推荐为英国地理学会会员。离开印度后,作为奖赏,大谷光瑞陪他游览了埃及、罗马、伦敦的风光,会见了著名同行斯坦因、斯文·赫定。我想,当两位大名鼎鼎的欧洲同行见到这个弱不禁风的小和尚时,一定唏嘘不已。是啊,凭着他这副身板,怎能自由出入大漠,怎能从自己翻过数遍的地方捡到珍贵的《李柏文书》?

宣统二年(1910),大谷光瑞发起了第三次西域探险。橘瑞超和英国助手霍·布斯(Ho Buss)从伦敦出发,经俄国,于10月进入新疆。12月2日,他与霍·布斯分手,孤身一人离开吐鲁番,经六十泉进入罗布荒漠。这一次,他在楼兰好像没有取得重大收获,唯一拿得出手的"收获",恐怕就是在米兰获取了斯坦因前几年发现而未带走的壁画,而且有一部分已经破碎了,这些文物后来协商转让给了朝鲜总督府博物馆,现存在韩国首尔国立中央博物馆内。而他的"损失"可以说是巨大的,一是他得到了恩师大谷光瑞的妻子九条筹子(Kujyo Kazuko)①病逝的消息,二是他的忠实助手霍·布斯在当地患天花死去。

---

① 日本贞明皇后(大正天皇嘉仁的皇后)九条节子的姐姐。

他的精神沮丧到了极点。

事实上,岁月只对那些自认为聪明的人无情,大谷光瑞师徒的厄运才刚刚开始。1914年,西本愿寺执行部卷入疑狱案件,寺院爆发攻击大谷光瑞挥霍浪费、不善理财的骚乱,大谷光瑞无奈地辞去法主职位,变卖了自己的豪华别墅。作为大谷光瑞忠实弟子的橘瑞超也受到反对派僧侣的迫害。次年,橘瑞超随大谷光瑞移居中国旅顺,常常靠变卖西域文物度日,经济分外拮据,生活相当清苦。也因此,探险队西域之行获取的文物,分别流散在了日本、朝鲜和中国旅顺。失去了资金支持的橘瑞超,从此只能在梦中前往给他带来无尽荣光的楼兰。

难道,这是佛陀对"盗取"楼兰文物的日本和尚的惩罚?

十一、"北极熊"的行踪

> 征服者的荣誉是一种残酷的荣誉,因为它是建立在对人类的毁灭之上的。
>
> ——切斯特菲尔德(Chesterfield)

不久,"北极熊"——俄国也加入了争夺楼兰文物的行列。

俄国人不仅加入了争夺,而且一出手就与众不同,因为他们派出的领军人物太引人注目了。

这个人曾两次得到列宁的接见,是19世纪末20世纪初俄国东方学界的核心人物。接下来,让我们翻看一下他的简历:谢尔盖·奥多诺维奇·奥登堡(Sergei Odonovich Oudenburg),生于1863年,毕业于圣彼得堡大学东方语言系梵文波斯文专业,34岁获聘教授,37岁成为俄国科学院研究员,41岁任科学院常务秘书,45岁当选科学院院士。

他有着宽阔的额头,浓密的银色胡须,一双秀美而有神的大眼睛,满脸透着书卷气,一看就是一位文质彬彬的学者。20年后,他曾因触怒了斯大林,差点被处死。

殊不知,在他文质彬彬的外表下,藏着一颗专事文物掠夺的心,恰如一头憨态可掬但嗅觉敏锐的北极熊。

早在光绪十七年(1891),奥登堡就提请俄国考古学会东方部,敦促俄

奥登堡像

国驻喀什领事收集中亚古物并尽早派遣考察队前往中亚做考古调查。期间,俄国驻喀什领事尼古拉·彼得罗夫斯基(Nikolai Petrovsky)收集的中亚文物和文献,一般都送他加以研究。

宣统元年(1909),也就是奥登堡当选科学院院士的第二年,他干脆亲自出马,组织了第一次中国突厥斯坦①19考察队,在新疆展开了大规模考察。他们沿丝绸之路北线,考察了喀什、库车(Kuqa)②、吐鲁番,于宣统二年(1910)二月底到达罗布泊。据美国学者达伯斯(Byrce)的《中国突厥斯坦探险史》介绍,普鲁士皇家探险队的阿尔伯特·格伦威德尔(Albert Grünwedel)曾与奥登堡在楼兰相遇。

他在到达吐鲁番后,公开谴责了德国人整批搬走艺术品的做法。他主张把它们留在原处,用照相、绘画和丈量的方法对它们加以记载。这也是他在中国考古学黑名单上,未能名列前茅的主要原因。

但自己的口管不住自己手的怪事,在西方探险界似乎比比皆是。事实上,他也并未空手而归,他把几件已经破损或腐朽的样品,十分小心地带了回去,他为自己找的理由是,"这至少可以为学术研究把它们保存下来"。

---

① 19世纪,俄国地理学家别有用心地将俄国占据的中亚河中地区称为"俄属突厥斯坦"或"西突厥斯坦",将大清新疆地区称为"中国突厥斯坦"或"东突厥斯坦"。

② 维吾尔语意为"悠久""长久"。古名龟兹,位于塔里木盆地北缘。

1914年，他又组织了第二次赴中国西部的考察，重点考察了敦煌等地，获取了大乘佛教(Mahayana)①早期的许多汉藏文写本。

他从楼兰盗走了多少文物，其中细节至今不得其详，但有人在俄国科学院东方研究所圣彼得堡分所里，见到了一批佉卢文经济文书。

他为什么对此讳莫如深，是感觉到在楼兰的收获拿不出手？还是为了故意隐瞒对楼兰文物的掠夺？我感觉，越是语焉不详，越是含糊其辞，越说明背后藏着难以启齿、怕见阳光的真相。但他已入土80年，无法向我们坦白。

期间到访的另一个俄罗斯探险家马洛夫(Malov)倒是直率得多，他不但声称自己来到了米兰古城，还到处宣传自己获取了大批古藏文简牍。

十二、斯坦因又来了

当你已经使人认为你可恶之至的时候，无论你怎样的改头换面，也还是原形毕露，而且你的遭遇可能就和蛇一式一样。

——克雷洛夫(Krylov)

与此同时，还有一个人惦记着楼兰，他就是在盗掘中国文物竞赛中一直领先的斯坦因。他于1909年1月返回伦敦时，共带回了93个装满珍贵中国文物的箱子。对中国文物近乎疯狂的掠夺，为他带来了无上的荣誉。他先是被授予"印度帝国骑士"(C.I.E.)称号并受到英国国王乔治五世(King George V)的接见，继而被乔治五世封为"印度帝国高级爵士"(K.C.I.E.)。英国皇家地理学会授予他金质奖章，牛津与剑桥大学赠予他名誉博士学位，匈牙利吹捧他为立了大功的好儿子。就连那位帮了他大忙的蒋师爷，也获得了渴望已久的奖励：当上了英属印度驻喀什噶尔领事馆的汉文秘书。就在这一年，英国媒体评选出影响世界的15位世界探险家，斯坦因、斯文·赫定赫然上榜。斯坦因每一周，甚至每一天的行踪，都以电报文字出现在《泰晤士报》上，并成为伦敦大街小巷热议的话题。

然而，即便是在授勋的场合，他也没有忘记楼兰。他在日记中说，由

---

① "大的车乘"之意，指能将无量众生度到彼岸，佛教两大教派之一。

斯坦因拍摄的米兰大寺遗址

于气候原因,自己对楼兰的挖掘是不彻底的、不充分的,范围也划定得小了一些,因此一定要再去楼兰。

时光刚刚溜进虎年——1914年,人们已经嗅到了硝烟的味道。在国内,宋教仁已被刺杀,国民党被袁世凯强令解散,反袁起义此起彼伏。在国际上,一场引发第一次世界大战的刺杀行动即将实施。混乱的时局,恰恰是探险者掠夺文物的好时机。此时,斯坦因已从印度辗转进入中国。

斯坦因刚从和阗到达若羌,就收到了英属印度驻喀什噶尔总领事马继业的一封信,说乌鲁木齐(Urumqi)①当局明令禁止斯坦因测量战略要地,而马继业已立即致电英国驻北京公使朱尔典(John Newell Jordan),请他与亲英的袁世凯交涉此事。斯坦因深知中国政府的办事效率,因此并未受到这封信的影响,立即率探险队离开若羌前往米兰。在米兰,他将上次考察时未能带走的精美壁画全部剥下,共剥得壁画十一块,然后装上背垫,放进六个大箱中。等他干完这些事,马继业的第二封信也到了,信上说,中华民国政府外交部已致电新疆省政府令其勿妨考古,还告诉他普鲁士皇家探险队的阿尔伯特·冯·勒柯克(Albert von Le Coq)由于疾病和中国当局的反对,未实现突袭米兰的计划,已于2月底灰溜溜地回到喀什噶尔。

读完来信,他脸上浮现出狡黠的笑。因为普鲁士皇家探险队的突然撤退,给了52岁的斯坦因独霸丝绸之路的机会。他在给友人的信中写道:"我无比轻松地感到,已经进入外来干扰和阻挠全都达不到的地方。不管今后会发生什么,我深信单是凡人的力量,不能阻止我对罗布淖尔一带未知地域的考察,也不能挡住我去探寻那条自公元前120年就有军警、

---

① 蒙古语意为优美的牧场,大清和民国年间名叫迪化,今新疆维吾尔自治区首府。

商人前往西域的道路……"

2月10日,夜已经很黑,骆驼也不愿行进了,他仍然驱赶着疲惫的驼队,越过连绵不断的台地,迫不及待地抵达楼兰,然后将帐篷扎在高高的佛塔下。

这一次,他扩大了发掘半径,拉长了发掘时间,加大了对民工发现文物的奖励筹码,因而能从容不迫、肆无忌惮地坐享成果。他为了说明这次开掘时间之长,曾不无自豪地说:"驼队的母驼在佛塔下产下幼崽并哺育成长起来,以至于完全不需要别人照顾,就能跟随驼队走出滚滚的流沙。"

由于扩大了发掘半径,加上一个年轻画图员充分发挥了聪明才智,他们很快就搜寻到了几处古迹。最激动人心的是,他们在距离楼兰遗址四英里的一座离风蚀地面35英尺高的孤立土台上,发现了一处东汉时期的公共墓地,洞穴中满是古代文物,有各式各样的生活用品,有美丽的彩绢、地毡及其他毛织品,有花纹精巧的铜镜,有木制兵器模型,有写在木板纸上的中国文书。而这么多美丽的织锦图案和色彩能重见天日,无疑为纺织艺术的历史翻开了新的一页。

斯坦因继续扩大战果,得意之态,差不多到了忘乎所以的地步。他甚至一脸坏笑地写道:"我们的运气似有神助,接二连三地发现中国古钱、武器、饰物等等,它们好似神秘的路标一样引导着我们。如果迷信的话,我真会以为是那些勇敢、坚韧的中国人的精灵在为我们指路。"

在台地的东北方向,他发现了一座汉代的堡垒。从布局上看,它应该是汉代的卫戍之所,最典型的标志是那座傲然孤立的烽火台。就在烽火台的北墙附近,他们发现了有纪年的汉文文书,标明这些军人驻扎烽燧的年代为3世纪以后。

就在这个烽燧附近,他还发掘了一处古墓葬。

大肆搜刮之余暇,他利用当时世界最先进的设备——德国卡尔·蔡司股份公司(Carl Zeiss AG)的地形测量仪器,装模作样地对楼兰古城进行了精确测量,将他去过的楼兰各个遗址逐个编号,从LA编到LT,共20处。LA是楼兰古城,LB是奥尔德克丢失铁铲的佛寺遗址,LC是古墓群,LK是海头……然后把坐标公布给了世界。似乎,世界特别是中国还要感谢他,感谢他"揭开了楼兰文明的全貌"。

期间,他再一次来到米兰。当他踏进那座无比熟悉的废墟,不禁大吃

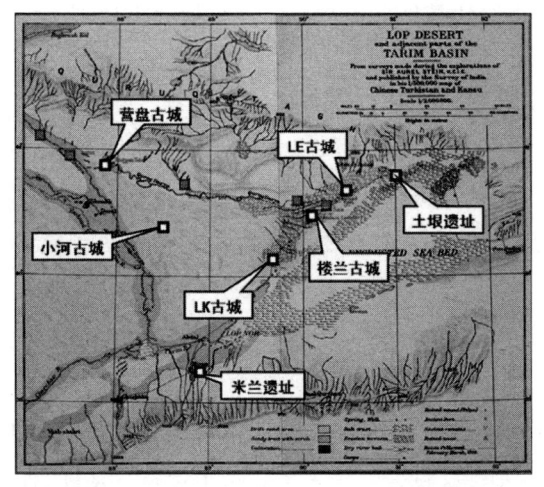

楼兰考古遗址图

一惊——彩色泥塑的碎片随处可见。为此,他在《中亚旅行记》一书中,公开指责橘瑞超是"一个徒有考古热情而缺乏准备、技术与经验的日本青年"。

1915年,当他喜不自禁地发送他的45头满载着壁画和其他文物的骆驼,踏上两个月的旅程前往喀什噶尔时,他根本没有意识到,这将是他从中国搬走的最后一批文物。

1930年,中华民国政府颁布了《古物保存法》,其中第七条规定"埋藏地下及由地下暴露地面之古物,概归国有";第十三条规定"凡外国人民,无论用何种名义,不得在中国境内采掘古物"。此法颁布后,中华民国官员与国民开始表现出一定的文物保护意识。

已被聘为美国哈佛大学荣誉研究员的斯坦因,又一次肩负着美、英两国的利益,于这一年第四次来到新疆。但令他懊恼的是,中华民国知识分子强烈要求取消他的签证,中华民国报纸则要求将他驱逐出境。尽管他是一个难以对付的人,在中华民国地方官员中有许多关系密切的老朋友;尽管他想尽一切瞒天过海的办法,被允许进入了尼雅废墟,并成功挖掘出包括26枚汉代木简在内的159袋文物。但他此次新疆之行的最终结果是,他所找到的每一件东西必须交由中华民国当局进行检查,特别是他在尼雅获得的少量汉简必须留在喀什噶尔。

1931年春,中央行政院电令新疆省政府:"立将司代诺(斯坦因)押送出境并检查如携有古物及照片等件即予扣留。"一直赖在喀什不走的斯坦因,尽管表现得相当愤怒,反复以外交部并没有取消其护照相责问,还希望在新疆多停留一段时间,但经喀什行政长官马绍武的一再催促,最终于5月18日拖着疲惫的身子离开喀什,经蒲犁①关卡返回印度。离开喀什前夕,他在给阿伦的信中沮丧地说:"我最后一次跟我最爱的古代遗址道别了,在那里我能触及已亡的过去,只有这最能让我感到自己活着。"

11月21日,英国驻喀什总领事拜访了马绍武,将斯坦因留下的文物全部交了出来,并叮嘱马绍武妥为保管。在中华民国外交史上,驱逐斯坦因并将他搜刮的文物留在境内,无疑是扬眉吐气的事件。但非常离奇的是,如今,人们无论如何也找不到1931年斯坦因留在中国的那批文物。

紧接着,觉醒的中国人对这只老狐狸永远扎紧了篱笆。从此,他再也未能进入中国,直到12年后在阿富汗荒野里孤独地死去。

十三、中国不该愤怒吗?

> 国家的尊严比安全更为重要,比命运更有价值。
> ——托马斯·伍德罗·威尔逊(Thomas Woodrow Wilson)

到中国人最后阻止长达半个世纪的盗窃风潮为止,斯坦因、斯文·赫定、橘瑞超等世界级探险家从楼兰及其他沙埋城市和石窟中搬走的壁画、手稿、塑像等文物,可以说数以吨记。

使中国人民怨声载道,令中国学者怒火满腔,也让笔者捶胸顿足的是,按照英国作家彼得·霍普科克(Peter Hopkirk)《丝绸之路上的外国魔鬼》中的说法,这些文物今天至少分散在13个国家的40多处博物馆和文化机构里,其中一部分已毁于第二次世界大战的战火,还有一部分因管理不善已面目全非。尽管这位英国人有着世界学者的良知,但这本书完成于1935年,当时信息还相当闭塞,因而他提供的数据与事实相去甚远。据联合国教科文组织(UNESCO)近期提供的数据,在全世界47个国家的200多家博物馆中,有中国文物164万件,这还不包括各国私人收藏的几

---

① 维吾尔语意为"石头城",今塔什库尔干(Taxkorgan)。

大英博物馆收藏的由斯坦因盗取的吐鲁番"菩萨头像"壁画

倍于此数字的中国文物。

收藏中国文物的"冠军",是老牌世界霸主"日不落帝国"。仅大英博物馆就藏有中国文物2.3万件,其中就有斯坦因从楼兰古城、米兰佛寺、吐鲁番、尼雅及敦煌盗走的文物;大英图书馆藏有部分楼兰皮革写卷和木牍文书;剑桥大学费茨威廉博物馆、牛津大学阿什莫林博物馆、皇家苏格兰博物馆也是收藏中国文物的大户。

屈居"亚军"的,是与"英吉利"一起闯进圆明园的另一个"强盗"——法兰西。卢浮宫①藏有中国文物3万件以上。法国国家图书馆仅盗取的敦煌文物就达1万多件,多数乃探险家保罗·伯希和所为。吉美博物馆(Guimet Museum,又名吉美国立亚洲艺术博物馆)的中国文物达数万件之多。

两次世界大战的发起者——德国在收藏中国文物方面丝毫不落下风。探险家阿尔伯特·冯·勒柯克等人从伯孜克里克②千佛洞、克孜尔③千佛洞锯下的精美壁画,多数收藏在柏林东亚艺术博物馆和柏林民族学博物馆中。科隆东亚艺术博物馆、斯图加特林登博物馆等处也藏有大量中国文物。

俄国探险家克莱门茨(D.A.Klementz)、奥登堡、科兹洛夫从伯孜克里克千佛洞、黑城等地盗走的中国文物,多数收藏在俄罗斯科学院东方学研究所圣彼得堡分所中。如果您想读懂西夏文,只能前往俄国查阅世界仅

---

① 世界四大博物馆之一,始建于1204年,位于巴黎塞纳河畔,原为法国王宫。
② 维吾尔语意为"山腰",一说意为"装饰""装潢"。位于吐鲁番市东北40公里的火焰山峡谷木头沟河西岸。
③ 维吾尔语意为"红色"。位于拜城东南60公里处。

吉美博物馆收藏的敦煌绢画《观音经变图》

存的《番汉合时掌中珠》。

具有"菊与刀"双重性格的日本,表面上看不起他的文化母体中国,私下里又拼命收集中国文物。他们的一千多座博物馆里都收藏着中国文物,数量达几十万件。探险家橘瑞超盗走的楼兰文物收藏在京都龙谷大学图书馆和东京国立博物馆中。

化学家诺贝尔和影星葛丽泰·嘉宝(Greta Garbo)的故乡瑞典,尽管只有一千万人口,但得益于斯文·赫定、安特生(Johan Gunnar Andersson)等世界级探险家,也收获了大量中国珍品。读者如果有幸前往斯德哥尔摩,请到瑞典东亚博物馆一睹楼兰文物和仰韶文化(以河南仰韶村出土的彩陶和石器为代表的新石器时代文化)的熠熠风采。

印度、韩国是西方文化掠夺的受害者,但因为曾经匍匐在殖民者脚下,如今印度国家博物馆仍藏有斯坦因偷走的敦煌、楼兰文物,韩国国立中央博物馆里也藏有橘瑞超从楼兰带走的藏品。

作为经济与文化上的后起之秀,美国又岂能甘居人下。世界四大博物馆之一的美国大都会艺术博物馆、波士顿美术博物馆、纽约现代艺术博物馆、堪萨斯城纳尔逊艺术博物馆、芝加哥艺术博物馆都藏有大量中国文物。旧金山的亚洲艺术博物馆以收藏中国文物为主。华盛顿哥伦比亚特区的弗利尔艺术馆有一半收藏品来自中国。中国文物收藏者名单里当然也少不了大名鼎鼎的哈佛大学,美国总统西奥多·罗斯福(Theodore

柏林民族学博物馆收藏的由勒柯克割取的伯孜克里克千佛洞第32窟《誓愿图》壁画

Roosevelt)的女婿——哈佛大学考古学家兰登·华尔纳(Landon Warner)用一种特殊的化学溶液粘下的26幅敦煌壁画,连同用区区70两银子从王道士手中得到的328窟盛唐彩塑供养菩萨(bodhi-sattva,菩提萨埵的略称,意为求道求大觉之人、求道之大心人,观音、文殊、普贤、地藏是大乘佛教四大菩萨)像,就收藏在哈佛大学福格艺术博物馆里。兰登·华尔纳的同伴——宾夕法尼亚大学的霍勒斯·杰恩(Horace Jain)带走的文物,则放进了宾夕法尼亚大学博物馆。

必须指出的是,由于兰登·华尔纳揭取壁画的方式极其原始、拙劣与粗暴,导致他剥离后的壁画完全破碎,敦煌壁画受到了空前绝后的严重摧残,因此,他与其服务的哈佛大学一起,被觉醒后的中国人民钉在了世界文化遗产保护的耻辱柱上。我想,所有心怀梦想进入或者已经有幸进入哈佛这座世界一流大学的中国孩子们,有机会都要去福格艺术博物馆,瞻

由大谷光瑞探险队从库车苏巴什佛寺盗取的《舍利龟兹乐舞图》

哈佛大学福格艺术博物馆收藏的莫高窟第323窟佛教史迹壁画局部"僧人乘船运送佛像"

仰一下本该静静地躺在中国敦煌的那些文物,并牢牢记住中华民族这个醒目的伤疤。

可以说,正是楼兰、西域以及中国文物的吸引,许多西方国家才成立了专事考古的研究机构、学术团体;许多西方大学才开设了研究考古及相关国家语言的独立学科,如德国许多大学开设了阿拉伯语、突厥语、波斯语、梵文、汉语等专业,哈佛大学依托福格艺术博物馆开设了博物馆学,英国剑桥大学、牛津大学、伦敦大学都设有东方语言学专业,法国成立了国家语言东方文化研究院,巴黎大学甚至专设了中国学院,中国吐火罗语(Tokharian)研究第一人季羡林就是在德国哥廷根大学先后师从瓦尔德史米特(Waldschmidt)教授、西克教授(Sieg)掌握吐火罗语的;从事探险和考古在西方成为一种风潮,大量的考古学家、地理学家、探险家、文物家应运而生;许多国王和实业家给了以收集文物为目的的探险家们以巨额资金支持,如瑞典国王奥斯卡二世、瑞典化学家诺贝尔、德国皇帝威廉二世、德国军火大王阿尔弗雷德·克虏伯(Alfied Krupp)。正是在此基础上,西方国家为了安置从世界各地搜刮来的文物,开始大量兴建博物馆,法国甚至将王宫卢浮宫腾出来安放藏品。据统计,如今美国有博物馆8000余座,德国有6200多座,法国、日本各有5000多座;拥有800万人口的伦敦有博物

被兰登·华尔纳剥离局部后的莫高窟第323窟佛教史迹壁画

馆250多座,平均3万人一座;而人口只有100万的斯德哥尔摩有博物馆105座,平均不到1万人一座;西方各个发达国家,平均10万人左右就拥有一座博物馆。而中国改革开放初期的1978年,仅有博物馆300多座;发展到今天,全国博物馆数量仍未超过平均300万人一座,况且许多博物馆的古代藏品少得可怜,与世界文明古国的地位严重不符。不妨设想,如果没有来自五大文明古国——古埃及、巴比伦、古印度、玛雅、中国——特别是西域的文物,欧洲数千座建于上世纪初的博物馆,可能只有从希腊、罗马城墙和哥特式建筑上拆下来的几块砖吧!

而"拿走"这些中国稀世珍宝的人,对于自己的强盗行为反而沾沾自喜,引以为荣。尤其是派遣他们并为他们提供探险经费的政府和文化机构,不但不反躬自省,反而把这些人奉为英雄,授予称号、勋章与爵位,说他们为保护世界文化遗产做出了卓越贡献,为中亚和中国学术研究提供了伟大发现。撇开当时的中国人为何允许他们带走这些文物,也撇开当时的官员因为愚昧或受贿的原因为他们提供了方便不说,我只想说,在今天所谓的中国文化人中,并不是完全没有西方国家的同情者。至于这一小撮人是如何被探险者"表面"的理由和"伟大"的发现所蒙蔽的,我百思不得其解。

有一种声音认为,历史文物是全人类的财富,应该存放在一个最有利于其保护的地方,而不应该纠结于国籍。但从另一个角度讲,历史文物其实并不仅仅是人类先祖留下的遗物,它记载着一个民族文明演进的历程。每一件文物都是这个漫长历程中的一个篇章、一个段落、一句方言、一个音符,每一件文物都承载着这个民族历史长河中一段不能抹去的文化基因、伦理基点和思想坐标。对于他国来说,这些文物或许只是价值连城的稀世珍宝、著书立说的研究对象,但对于所属国来说,却是无法替代的有形遗产、文化家谱和精神寄托。

时过境迁,如果这些壁画、塑像、手稿及其他文物仍存放在原来的地方,而没有被西方文物大盗整个地锯下、成箱地运走的话,那么其中还有多少能够幸存下来,读者自己可以做出理性的判断;另外,我还忍不住设问这些曾经派出探险家的国家:对于永久地剥夺中国人民的文化遗产这件事,无论当时的西方探险者提出的"拯救"遗产的动机如何"合理",如今您还这样心安理得吗?如果你们国家像伊拉克、埃及、阿富汗一样偶然发生了战争和动乱,您能允许别国探险家前去锯下你们的壁画,搬走你们的雕塑,运走你们的博物馆吗?

十四、逼出来的"合作"

> 防止民众犯错误不是政府的功能,而阻止政府犯错误才是民众的作用。
>
> ——罗伯特·H·杰克逊(Robert Houghwout Jackson)

有时候,"更好"是"好"的敌人。对于外国同行们步自己后尘所取得的一系列成就,斯文·赫定心中五味杂陈,三分是自豪,七分是苦涩。因此,只要一有机会,他便想尽千方百计旧地重游。

1926年11月,斯文·赫定第五次来到中国。起因是汉莎航空公司为开辟一条从柏林经北京到上海的欧亚民用航空线路,决定资助在中国西北有着丰富探险经验的斯文·赫定来中国,从北京经内蒙古到新疆做一次实地考察,为他们收集开辟航线所需的气象和地理方面的相关资料。斯文·赫定之所以愉快地接受了这一任务,当然还有一层深意,那就是顺便进行地质学、考古学、气象学、动物学、植物学考察,借机寻找自己想要的东西。期间,他先后拜会了地质调查所所长翁文灏,外交部部长、代理国务总理顾维钧,以及主政北京的奉系军阀张作霖。经过斡旋,北洋政府的外交与军事部门,同意斯文·赫定在中国进行无条件考察。

半个世纪以来,世界列强所派出的考察、探险队,在中国西北地区大肆盗掘、收买、骗取文物的行径,特别是清朝以及中华民国政府的软弱可欺,令经受了"五四运动"洗礼的中国爱国知识分子义愤在胸,扼腕难忍。北洋政府批准"文物贩子"斯文·赫定无条件考察的消息一经传出,如同向人群里扔了一束炸弹,中国文化圈立刻群情激昂。1927年3月5日,由北京大学研究所国学门发起,北京大学考古学会、国立历史博物馆、故宫博物院、北平古物陈列所、画学研究会、北平图书馆、中华图书馆协会、中央观象台、中国天文学会、国立京师图书馆、地质调查所、中国地质学会、清华研究院等14家学术单位的代表近20人,在北京大学研究所集会,决定在中国古物保护法、古物出口法、古物采集法未出台的情况下,成立北京学术团体联席会议(不久改称"中国学术团体协会")。一方面,监视外国人在中国进行的任何探险、考古行动,不准其随意挖掘、购买或假名窃取我国文物及学术上稀少之物品;另一方面,各学术机关应积极配合、补助,自觉主动地发掘、采集、保存学术材料开展研究。集会者于3月10日在《晨报》发表联合声明,反对以外国人为主对中国西北进行考察,提出中国的古生物、考古、地质资料应由中国人自己考察研究。

3月19日,刘半农(北京大学研究所国学门导师)、袁复礼(农商部地质调查所技师,时任清华大学教师)等人代表北京学术团体面见斯文·赫定,对他签署的考察协议提出了反对意见和限制性建议,要求他在两天后予以答复。对此,斯文·赫定采取了置之不理的态度,并于22日安排11名团员按原计划从北京赶赴包头。第二天,斯文·赫定就收到了一封措辞严厉的来信,信中指责他违背诺言,并说整个学术界都将起来反对他的考察,信件落款处郑重写着"刘半农"的名字。很快,抗议活动从北京波及全国,反抗声一浪高过一浪,抗议团体还致电绥(绥远省)、甘(甘肃省)、新(新疆省)地方军政长官,要求阻止斯文·赫定一行入境。外交部也警告斯文·赫定,如果学术界极力反对,政府将收回已经签发的允许考察的证明。

是中途搁浅,还是寻求妥协?一个巨大的难题摆在斯文·赫定面前。这位"老狐狸"当然不甘心空手而归,于是,他被迫与中国学术界展开了交涉。

谈判过程艰苦而富有戏剧性,有当面交锋,有私下倾谈,有书信往来,就连中国学术团体协会成员也分成两派:一派较为激进,主张禁止外国的一切考察活动;另一派以曾在美国留学并有中外合作考古经验的李济(清华大学研究所国学门人类学讲师)、袁复礼为代表,他们充分认识到了国际合作对发展中国科学事业的重要性,主张在保障中国主权前提下与对方合作。

为给斯文·赫定施加足够压力,中国近现代史上一批里程碑式的人物站了出来,除了刘半农、李济、袁复礼,还有周肇祥(北平古物陈列所所长、书画家)、沈兼士(故宫博物院文献馆馆长、语言文字学家)、马衡(故宫博物馆维持会常务委员,金石考古学家)、李四光(北京大学地质系主任)、徐炳昶(北京大学教务长、哲学教授)……

据近代学者魏建功回忆,作为一个"老狐狸",斯文·赫定当然不甘心就范,他向主持谈判的刘半农声称,自己是诺贝尔奖评委,想为中国作家争取一个获奖名额。诺贝尔文学奖作为世界上影响最大的文学奖项,地球上的每一个著名作家都梦寐以求,对彼时尚属空白的中国作家圈更是一个难以抵御的诱惑。当时,有人向刘半农建议推荐梁启超,但刘半农认为鲁迅才是最合适的人选。快人快语、口无遮拦的刘半农怕在鲁迅那里碰钉子,便委托台静农向鲁迅函询。想不到,鲁迅在回信中不仅表示了自己的谦逊风度,还严正而坚决地拒绝了"戴着学者面具的文物大盗"斯文·赫定的"诱惑"。这就是后来被媒体一再炒作的所谓"鲁迅参评诺奖"的由来,也是斯文·赫定的阴谋没有得逞的原因。

连这样的"糖衣炮弹"都打不倒中国文人,斯文·赫定只能徒唤奈何。

1927年4月26日,已经是双方的第九次谈判会了。会议当日主席周肇祥与斯文·赫定代表双方签字,终于议决了《中国学术团体协会为组织西北科学考察团事与瑞典国斯文·赫定博士订定合作办法》,由瑞典考古学家和中国学术团体协会联合组团考察,名称为"中瑞西北科学考察团",考察工作由中瑞双方团长共同负责。瑞典方团长为斯文·赫定,成员有瑞典人那林(Erik Norin,地质学家)、拉尔生(F.A.larson,探险家)、沃尔克·贝格曼(Warlock Bergman,考古学家)、赫默尔(David Hummel,医学专家)、乔格·生瑞恒(George Soderbom,翻译)、丹麦(Denmark)人亨宁·哈士伦

西北科学考察团纪念邮票

(Henning Haslund,传教士)、德国人郝德(Waldemar Haude,气象学家)、米伦威(Herr Fritg Muhlenweg,会计)、李伯冷(Herpaul Liberen,摄影师)及德国飞行员马学尔(Reherr Marschall von Bieberstein)、华志(Majir Walz)、钱默满(E. Zimmermann)、海德尔(Walter Heyder)、韩普尔(Claus Hempel)、戴特曼(Hans Dettmann)、马森巴合(Eugen von Massenbach)、冯考尔(Bodo von Kaul);中方团长为徐炳昶,成员有袁复礼(地质学家,曾任中方代理团长)、黄文弼(北京大学研究所国学门助教、考古学家)、丁道衡(北京大学地质系助教、地质学家)、詹蕃勋(华北水利委员会地图测绘工程师)、龚元忠(摄影师),有北京大学学生李宪之、刘衍准、马叶谦、崔鹤峰,还有采集员白万玉、庄永成、靳士贵,以及后来加入的地磁学家陈宗器、植物学家郝景盛与刘慎谔、气象助理胡振铎与徐近之。采集的科学标本归中国所有,瑞典方可获地质学副本。考察经费由斯文·赫定负责筹集。

这就意味着,如果有人再去挖掘,那就是为中国而挖掘。如果外国人再有发现,那也只能是为中国而发现。这次联合考察,开创了外国人来华考察必须与中方签约的先例,被参加交涉的刘半农称之为:"开我国与外人订约之新纪元!"还被称为近代以来第一个"翻过来的不平等条约"。准确地说,这是近代史上中国学者维护国家学术主权并赢得胜利的第一个记录。为此,中华民国政府于五年后发行了纪念邮票。

笔者以为,这应该是中国人的一个节日啊,名称应该叫"中国文物保护节",因为它曾经让无数爱国学子奔走相告,欢欣鼓舞。

听到这个消息,远在南国的鲁迅也难得地笑了。那时,鲁迅刚刚因为学生被抓愤然辞去了中山大学文学系主任兼教务主任职务,恋人许广平也不在身边,他正处于情绪的最低潮,刚刚与"猪"打过一架。

其实,鲁迅早在日本留学时期就发表过《中国地质略论》,其中写道:"中国者,中国人之中国。可容外族之研究,不容外族之探险;可容外族之赞叹,不容外族之觊觎者也。"

十五、发现居卢仓

> 把简单的事情考虑得很复杂,可以发现新领域;把复杂的现象看得很简单,可以发现新定律。
>
> ——艾萨克·牛顿(Isaac Newton)

5月9日中午,北京西直门火车站,中瑞西北科学考察团首批成员由徐炳昶、赫默尔带队前往包头。搭乘考察团专列同去包头的,还有38岁

考察团首批去包头的中方成员合影,左起丁道衡、黄文弼、詹蕃勋、袁复礼、徐炳昶、白万玉、崔鹤峰、庄永成

中瑞联合考察团在沙漠中行进

的李四光教授和他的4个学生,他们都为不能参加西北科学考察团深感遗憾。但人生何处不辉煌?正是带着这一遗憾,李四光创立了地质力学,确立了新华夏构造体系的概念,为中国原子弹、氢弹的研制成功立下了奇功,还在新中国地质部部长岗位上找到了大庆等一系列油田,成为享誉全球的地质学家。

按照最初的协议,考察团历时两年,但实际考察断断续续地持续了8年。考察团组建的初衷,是为了开拓贯通东西方的现代化交通路线,因此考察范围涉及内蒙古与新疆的大多数区域。这是一支规模空前的考察队伍,28名正式队员每人配备了一支来复枪、一支手枪和800发子弹。他们和助手、仆人、驮工、蒙古族随从护卫人员加在一起将近200人,并拥有400多峰骆驼。出发时,队伍恰似一条黑色的长龙。露营时,安扎在旷野上的一大片帐篷活像一个喧闹的村寨。到了这个"村寨",几乎是到了18年后的联合国,这里通行汉语、蒙古语、瑞典语、德语、丹麦语、英语。

很快,战果就纷至沓来。中方团员丁道衡发现了中国北方最大的铁矿——白云鄂博①,袁复礼在新疆发现了近百具恐龙化石,陈宗器对罗布泊湖底进行了探测和地磁学研究,李宪之、刘衍淮在气象学领域取得了一系列成果。外方团员沃尔克·贝格曼在额济纳河②流域调查居延③烽燧遗址时,采集了约1万支汉代简牍。

中方团员中收获最大的,当属黄文弼。

---

① 蒙古语意为"富饶的神山",位于内蒙古包头市北部,今为包头市下辖的县级市。
② 党项语"亦集乃"的音转,意为"黑水"或"黑河",古称弱水。
③ 意为"气候温暖、水草丰美",在今内蒙古额济纳旗东南。

黄文弼,湖北汉川人,生于光绪十九年(1893),1918年毕业于北京大学哲学系,1919年在北京大学国学研究所国学门任教,研究目录学,转治考古学,对西北史地学情有独钟。他平时留着小平头,戴着近视镜,胡子常常来不及刮,一脸的严谨与认真,是中方团员中唯一敢顶撞斯文·赫定的人,因此受到了对方的多次诋毁。他于1930年初从柳中城(今鄯善县鲁克沁)南下,穿越库鲁克塔格山,抵达阿提米西布拉克(六十个泉),准备循着斯文·赫定走过的老路进入楼兰考察。

4月14日,一个在迷信的人看来不祥的日子,他在烟波浩渺的罗布泊北岸遥望,突然远远望见湖泊对岸有一座方形城墙,"城墙似为土筑,有水冲洗之迹"。这一座隔水望见的"方城",给这位37岁的年轻学者所带来的,是一种常人无法想象的诱惑与期待。在他的心目中,前方应该就是古城楼兰。

他将带来的4个油桶绑成筏子,在上面铺上木板,用铁锹划水,试图尽快到达远远望见的"古城",可惜没有成功。实际上,他所看到的,不过是一处形似城垣的雅丹①,楼兰城距离此地尚有30公里。

尽管没能进入想象中的"楼兰古城",但黄文弼在寻觅道路的过程中,却意外发现了土垠——汉代居卢仓遗址。

那一刻,他镜片后面的小眼睛放射出惊异的光。他拧开装水的新疆土葫芦,一边大口地饮水,一边欣赏自己的伟大发现:遗址位于罗布泊北岸一处伸入铁板河湾的半岛上,即北纬40°46′20″,东经90°12′15″处。它东西南三面环水,只有北面有光平的古道通向陆地。在南北长约110米,东西宽80至100米的范围内,是地势开阔的广场,南北端有用于防卫的壕沟。广场东部房址,是西域都护府左部左曲侯或后部曲侯的治所——衙署区;广场西部的一列土堆则是仓储遗址,土堆下是5间地穴式房屋,内有粮食留存。西边还有一段残存的城墙,中间是烽燧亭,烽火台上竖立着5根木杆,木杆上端凿有方孔,显然是用来举烽表的。

期间,黄文弼发掘出72支西汉木简,大量五铢钱、青铜镞,还有铁器、漆杯、毛麻织物、丝织物等。

尤其令他兴奋的是,近代在西域发现的汉晋时期的汉文木简、纸文书

---

① 维吾尔语"雅尔丹"的变音,意为"陡壁或险峻的土丘"。

数量不菲,但明确有西汉纪年的文字,却只见于土垠遗址。这72支木简中,纪年最早的是汉宣帝黄龙元年(前49),最晚的是汉成帝元延五年(前8)。其实,公元前8年汉成帝已将年号改为绥和元年,但土垠路途遥远,将士们无从得知。不管怎么说,这些木简足以证明,那时的土垠承载着四大功能:第一,它是楼兰道各烽燧的粮仓和官衙;第二,它是西域汉军的后勤补给中心、大本营;第三,它承担着交通、邮递、接待等繁重任务,还曾经是汉军的水运码头;第四,它是进入楼兰古城前的最后一道关口。

黄文弼对土垠遗址的发现,并不比进入楼兰古城者逊色。

十六、一条新线索

> 不寻常的现象总能给人提供一些线索,而没有什么特征的案子却是难以侦破的。
>
> ——阿瑟·柯南·道尔(Arthur Conan Doyle)

1933年6月,中瑞西北科学考察团已年满六岁。侵华日军已经越过长城,兵进冀东,对北平形成了三面包围之势。与此同时,由甘肃河州回民首领马仲英发起的"河湟事变"愈演愈烈,新疆督军金树仁被迫下台,金树仁手下的张培元、盛世才为争夺督军一职发生内讧,已接受国民政府改编的马仲英正准备带领新编36师再入新疆。

此时,69岁的斯文·赫定在北平结识了中华民国外交部常务次长刘崇杰。当双方谈到因"河湟事变"引发的新疆内乱时,斯文·赫定警告说,通往新疆的道路,国民政府必须尽快修筑,不然,新疆很可能分裂出去。而从经济角度出发,穷困的大西北,也需要与外界沟通。他建议,从长远考虑,修筑一条铁路最好,在铁路尚未修通前,可以先修两条简易公路。为此,他还拟定了一条经绥远穿过戈壁沙漠进入新疆,另一条沿官道穿过河西走廊到达新疆的公路修筑备忘录。

写到此处,我不由自主地搁笔沉思:斯文·赫定,一个局外人,在抗日烽火即将燃红长空之际,站在国民政府的高度,提出这样一个令人无法回避的合理化建议,到底是为了什么?是对自己往日的所作所为心存愧疚?是为延续在中国的考察博取一点资本?还是为再赴新疆设计一个冠冕堂皇的理由？

无论他此举出于何种目的,仅就建议本身而言,的确显示了一个世界级探险家令人叹服的敏感度、洞穿未来的前瞻性和不容置疑的政治智慧。如果没有他在中国文物流失方面犯下的那些不容饶恕的罪行,我恐怕会有点喜欢这个精力充沛、智商超群的干巴老头了。

以上设想,后来在新中国都得到了实现,中央政府迅速织就了纵贯东西的新疆公路网,长达2400公里的兰新(兰州至新疆)铁路于1962年全线通车,数条公路线、铁路线、空中航线将新疆与内地紧紧连接在一起,"根,紧握在地下;叶,相触在云里。每一阵风过,我们都相互致意"。

当时,他这些理由充分、事关大局的建议,也引起了国民政府上层的高度重视。8月,斯文·赫定应邀赴南京,会晤了行政院院长汪精卫、外交部部长罗文干等。国民政府决定正式聘请斯文·赫定为"铁道部顾问",委托他负责勘探绥新(内蒙古至新疆)公路、甘新(甘肃至新疆)公路路线,并支付勘探队薪金5万元。

于是,"铁道部顾问"斯文·赫定带领中瑞西北科学考察团来到新疆,履行勘测公路路线的职责。

当时,新疆新任督军盛世才与回族将领马仲英激战正酣。斯文·赫定探险队的四辆卡车被溃逃的马仲英强行征用,马仲英得以顺利逃往库车。因为涉嫌"帮助马仲英脱逃",他们被盛世才请来的苏联红军扣押在了库尔勒。

1934年4月1日,属于斯文·赫定的一个好日子。他们在库尔勒被扣押两个月后,终于获得了自由。探险队被马仲英征用的汽车也返回驻地。

据斯文·赫定在《游移的湖》一书中回忆,苏联红军将领转达了盛世才的命令:"你们应该朝东移动,到罗布泊附近的沙漠地区考察待命,两个月内先不要去省府乌鲁木齐,因为路上仍会遇到马仲英部的逃兵和劫匪,很不安全。"就这样,由于一个歪打正着的命令,斯文·赫定得以再次亲临塔里木河下游返回旧河道之后的罗布泊。

他们从库尔勒启程,车队扬起漫天的尘埃,跌跌撞撞地行进在覆盖着野草、起伏不定的松软土地上,一会儿陷进水洼,一会儿压塌小桥,费尽周折方才抵达孔雀河沿岸的尉犁。

鉴于汽车一再陷入泥潭,探险队在尉犁县地方长官和昆其村民的帮助下,得到了14艘独木舟并雇用了11位船夫,然后他们登上满载着粮草的船只,沿孔雀河及库姆河顺流而下,"前往未曾有人类进入过的秘境"。

春天的孔雀河像运河一样平静而温顺,两岸芦苇摇曳,红柳俯仰,偶尔还能看到俄罗斯画家伊里亚·叶菲莫维奇·列宾(Ilya Yafimovich Repin)笔下美丽的胡杨林。斯文·赫定坐在两条小船之间铺就的木板上,充当写字台的木箱上摊开着地图,地图上放着指南针、日记本与铅笔。在船夫们此起彼伏的歌声中,他时而测量船队所在的位置,时而用铅笔创作素描,忙碌而惬意,难怪他称这次考察为"牧歌般的旅程"。

下午6点钟的时候,太阳挂在地平线上,灌木、树干、河岸披上了一层暗紫色的霞光。斯文·赫定船头的桨手萨迪克突然大叫:"奥尔得克①——开勒迪②!"

斯文·赫定急忙抬头,以为遇到了此次航行中的第一只野鸭子。他顺着萨迪克手指的方向望去,才发现河岸上有两个骑手正纵马追来,其中一个白髯老人正是自己从前的向导奥尔得克,另一个人是奥尔得克的儿子。

斯文·赫定急忙让船夫靠岸,奥尔得克快步滑下将近6英尺的河岸,一步跨到船上,张开饱经风霜的大手,眼含热泪向斯文·赫定走来。

在斯文·赫定离开新疆的32年里,奥尔得克已经变成了71岁的老人。他瘦弱干瘪,额上刻着深深的皱纹,长长的胡须打着绺挂在胸前,头上戴着一顶破旧皮帽,腰间扎了一根布带子,身上的袷袢褪色且破烂,岁月在他身上留下了太多无情的痕迹。

"奥尔得克,我们分手后你过得怎么样?"

"我过得还算舒心,但早已断了再见到您的念头。"

"你怎么知道我今天从这里经过?"

"32年前我们在喀什噶尔分手时,您曾答应我们,总有一天要回来的。我们等呀盼呀,您过去的好多仆人都去世了。差不多一个月前,有人到我英库勒(今尉犁县塔里木乡英库勒村)的家里告诉我,您来到库尔勒了。从那以后,我就一直不停地找您。"

说这些话时,两双大手一直紧紧握在一起。

在野外宿营地,奥尔得克向斯文·赫定讲述了两人分手后的生活,两

---

① 维吾尔语意为"野鸭子"。
② 维吾尔语的意思是"来了"。

斯文·赫定当时为奥尔得克所画的像

人还共同回忆起发现楼兰那激动人心的日子,奥尔得克则记得寻找铁铲的每一个细节。

篝火照亮了他们的脸,也燃烧起两人对大漠探险的无穷力量。

突然,老向导说:"我还有一个新的发现,我感觉应该告诉你,这也是我一直想再次见到您的原因。"

"什么样的发现?"

老向导说,楼兰城的发现,使自己忍不住总想再去碰碰运气。大约十年前,也就是1924年,自己从现在已经干涸的阿乌鲁库勒湖东行,结果走进了一座像船一样排列有序的有一千口棺材的小山,棺材内侧有精美的雕刻与彩绘,棺材里除了裹在丝袍中的干尸,还有写着奇怪文字的卷宗……那是谁也不知道的古迹。墓穴附近有一幢房子,狭小的窗户里透出耀眼的光芒,考虑到那有可能是鬼神,自己一直没敢靠近。

老向导还说,从墓穴向东,他发现了两座高大的烽火台;再往东走,还见到了一座可能是楼兰时期的菩萨庙。

斯文·赫定的眼睛又一次亮起来。

我们的问题是,他会再一次深入大漠吗?

十七、小河墓地

> 如果我们过于爽快地承认失败,就可能使自己发觉不了我们非常接近于正确。
>
> ——卡尔·波普尔(Sir Karl Raimund Popper)

斯文·赫定认定,老向导这些奇异而诱人的讲述至少应该是有一定根据的,因为凭着对这位忠厚向导的了解,他没有必要对自己撒谎。但是,他又不能完全相信对方,因为从这天晚上开始,老向导常常跑到斯文·赫定的帐篷前讲述刚刚想起的内容。斯文·赫定听出,这些新内容掺杂了大量夸大与想象的成分。看来,这个向导真的老了!1900年的意气风发和坚韧不拔已离他而去,他的记忆力在减退,已无法分辨梦境、期望与现实。

每个人在人生转折时期都面临着两条路,一条是迎合众人期望的路,能较顺利地获得计划中的赞许和掌声;一条是顺应自己内心的路,或许经历了挫折并无人喝彩,或许在风雨之后能获得意外的成功。此时的斯文·赫定面临着同样的选择:是继续完成兰新铁路的测绘,赢得中国政府的尊重?还是再次深入大漠,去尝试一次新的可能是两手空空的冒险?

遗憾的是,他选择了第一条路,把发现另一个重大遗迹的机会"慷慨地"送给了同伙。是慷慨吗?也许,斯文·赫定并不认为那"一千口棺材"有什么重大价值,或者说他认定时过境迁,大漠里的沙丘随时移动,自己的助手压根就找不到什么棺材。

在做出决定后,他对31岁的助手沃尔克·贝格曼说,探险队一分为二,我委托你带领一部分人,由奥尔得克做向导,前去寻找"有一千口棺材"的古墓;而我则带领另一部分人,前去从事兰新铁路的测绘。

接下来,斯文·赫定率测绘队离开营地乘独木舟继续航行,驶向新罗布泊。

正如他预先设想的那样,测绘工作进展顺利,其成果得到了中国政府的首肯。他于1935年2月到达南京,国民政府主席林森接见了他,行政院院长汪精卫率领250名官员听取了他的演讲。他还赶到汉口向军事委员会委员长蒋介石汇报了考察成果,蒋介石夫人宋美龄为他做了翻译。

与斯文·赫定分手后,沃尔克·贝格曼、生瑞恒、奥尔得克以及3个当地人,于民国二十三年(1934)五月乘独木舟顺流而下,在雅丹布拉克下面很远的地方停下来,前往沙漠深处寻找那个巨大的古墓群。

在奥尔得克导引下,考察小组渡过孔雀河,在沙漠里像狗熊一样整整转悠了15天。

奥尔得克记忆中,那座有棺材的小山在孔雀河支流库姆河以南地区,但渡过库姆河后发现,这里布满了雅丹、沙丘和柽柳墩,如同一个巨大的迷魂阵。艰难跋涉了一上午,结果,他们来到的竟然是昨天到过的地方——小湖湾。

当晚,大漠夜色显示出浓郁的面孔,稀稀拉拉的星辰如同一个个找不到家的幽灵。奥尔得克的一个同伴病了,他也在半夜被噩梦惊醒,说是看到了可怕的幽灵。

面对探险队员们的责问,一半是为了自赎,一半是感到茫然,奥尔得克开始像《一千零一夜》中的王后山鲁佐德(Mountain LuZuoDe)一样不停地讲故事,说那座布满坟墓的小山已经消失在新形成的湖泊中,再也找不到了。又说那是一个有"魔鬼守候的地方,任何靠近它的人都要遭受灭顶之灾"。

"我开始怀疑是否有这样一个地方,或者他是否真的去过那里。"沃尔克·贝格曼后来回忆说。

但奥尔得克答应,第二天和船工、罗布人塔依尔一起骑马去那里,但他要求带上枪,因为魔鬼惧怕枪。沃尔克·贝格曼也要求前往,经过再三犹豫,奥尔得克终于同意了。转了整整一天,他们倒是遇到了几座高大的沙丘,但仍一无所获。

沃尔克·贝格曼不再相信奥尔得克,他派出人员四处打听关于古墓群的消息。

当地人倒是提供了一些有价值的信息,但古墓群的具体方位仍无人说得清楚。沃尔克·贝格曼决定做最后一次尝试,他率队离开设在雅丹布拉克西南大约10公里的库姆河左岸的营地,意外拐向了库姆河支流——一条宽度20米、流速缓慢的无名河流,考察队员随口把它称为"小河"。6月2日,考察队沿着小河边测量绘图边前进。沙漠里特别热,所有的人汗流浃背,周围的牛虻又闻味而动,"可怜的人们几乎要发疯了"。

远眺小河五号墓地

日影慢慢偏西,直到成为斜阳。在小河以东4公里的地方,一个浑圆的小山包兀立在沙漠之中,山顶满是长长的木柱,如同一片干枯的森林。奥尔得克指着山包大叫:"那——就是它!墓地!"沃尔克·贝格曼和队员们兴奋地扑上山包:"小河墓地找到了!"

"徜徉于此,脚下时时会绊到饱经岁月风霜的人骨。环顾四周,随处可见骷髅、被肢解的木乃伊以及厚毛织物碎片。"在童话般的岚气里,他仿佛看到一个金发披肩的少妇,用红靴子走出了灵巧的脚印。兴奋之余,沃尔克·贝格曼将它编作"五号墓地"。出于对老向导的敬意与感激,他将"小河五号墓地"命名为"奥尔得克的古墓群"。

他们还在小山东半部见到了奥尔得克记忆中"可怕的房子":房子的墙和顶部由木板构成,房顶覆盖着牛皮和黏土,房子内墙涂成红色,房子正中挖出一口棺材,内存一具女尸,房子里还发现了9颗玛瑙珠。

他们一直工作到6月8日,发掘了12座墓葬,带回了200件文物,用沃尔克·贝格曼的话来说,就是"收获之多,可以想见!"

随后,他们沿小河南行,前去考察了老向导记忆中的烽燧,然后又返回小河上游,勘察了河西岸的"六号墓地"和附近1.7公里处的"七号墓地"。

为此,一个考古专业毕业的毛头小伙一举成名。因为小河墓地的发现,世界考古史雕进了这个此前默默无闻的名字。

记得沃尔克·贝格曼将200件文物装车运走时,老向导眼中露出的是满足与惬意,因为他心事已了,终于可以无憾地离开人世了。今天的我,实在难以对这位慈眉善目的老人品头论足,在他看来,把心中的秘密告诉

沃尔克·贝格曼在考察途中

披着"文明"外衣的外国学者,让这些被忽视的"旧物"为世界所知,为自己的家乡和祖先罩上一道绚烂的光环,似乎无可厚非。但站在中国角度上讲,这无疑是中华文明的一场劫难。诸如此类的劫难还有很多,如莫高窟道士王圆箓将大量经卷贩卖给斯坦因,土尔扈特人帮助科兹洛夫盗掘黑城遗址等。而站在人类的高度洞察,许多考古发掘本身就是劫难,因为历史文物一旦出土,就不可避免地走向氧化、风化,如秦始皇兵马俑身上的彩色已逐步退去,马王堆女尸身上的丝织物已经脱落,定陵(明朝皇帝朱翊钧的陵墓,在今北京昌平)里的诸多文物在"文化大革命"中遭到破坏。窃以为,文物保护机构更应该把精力放在现有出土文物的保护和不得不进行的抢救性发掘上,而不是一味地追求什么"新发现"之类的"业绩"。对此,现代伟人邓小平在处理两国争端问题上的一句话也可以用在考古上:"我们这一代人处理不了的,就留待后人去解决。"秦始皇墓暂时不去发掘,的确是一个明智之举。

收获巨大的沃尔克·贝格曼也有遗憾,那就是考虑到运输与保存上的困难,没有带回"七号墓地"A号墓中那具神秘的干尸。

但他在向西方世界介绍他的惊世发现时,特别介绍了这具干尸:"一具女性木乃伊面部那神圣端庄的表情永远无法令人忘怀!她有着高贵的衣着,中间分缝的黑色长发上面冠以一顶具有红色帽带的黄色尖顶毡帽,双目微合,好像刚刚入睡一般。漂亮的鹰钩鼻、微张的薄嘴唇与微露的牙齿,为后人留下了一个永恒的微笑。这位'神秘微笑的公主'已经傲视沙暴多少个春秋,聆听过多少次这'死亡殿堂'中回荡的风啸声!而又是在什么时候,她面对明亮、燃烧的太阳,永远地合上了双眼?"

任何人的笑只是短暂的一瞬,而她的笑,在感悟了星光、月光与日光,在凝聚了朔风、尘沙与春晓之后,借助干燥的沙漠化为了永恒,向世界展示了她的一握柔情。

沃尔克·贝格曼眼中的"微笑公主",后来被诗意地称为"小河公主"。

十八、意外的惊喜

最明亮的欢乐火焰大概都是由意外的火花点燃的。
——塞缪尔·约翰逊(Samuel Johnson)

如同一道彩虹,"小河墓地"在惊世一现后,就沉入沙漠,再无声息。第二年,考察工作因为中国时局混乱而中止。从此,斯文·赫定、沃尔克·贝格曼再也无缘回到令他们魂牵梦萦、扬名世界的罗布泊,遥远的"小河"步入了漫长的冰冻期。外人根本不知道它的方位与坐标,甚至不知道"小河"是否真的存在过。

想来,是本地人和外来人共同"抢劫"了它,他们就像所有凶手一样,"事成"之后便擦去了所有的指纹与脚印,然后销声匿迹,溜之大吉。

新中国成立后,罗布泊又因为核试验成为一块禁区。处于罗布泊区域内的"小河",当然不允许任何人进入。对此,读过沃尔克·贝格曼著作的中国考古学家们心急如焚。

"找到小河墓地,一直以来都是中国考古学家的夙愿。"新疆社会科学院考古研究所所长王炳华信誓旦旦。

1979年,丝绸之路热由日本传入刚刚开启国门的中国,日本放送协会和中国中央电视台决定合作拍摄《丝绸之路》。因为罗布泊地区是中国的原子弹试验禁区,所以这里的探路、拍摄工作只能由中国人完成,于是,中国召集了一批西域问题研究专家,负责为摄制组探路。

当年11月,联合考察队成员云集试验工程后勤基地——马兰。成员有新疆考古研究所的王炳华、侯灿、托克逊·艾沙、伊弟利斯·阿不都热苏勒、邢开鼎、常喜恩、艾尔肯、吕恩国、刘玉生、陈树德,中国科学院新疆分院的彭加木、夏训诚,中国科学院地理研究所的黄盛璋、王守春,新疆气象局的李江风,中国画报社的陈和毅等。

据领队王炳华回忆,前往坐标明确的楼兰不成问题,问题是他还想在楼兰周边发现些什么。此前,他研究过斯文·赫定、斯坦因、沃尔克·贝格曼的考古报告,报告中关于楼兰的遗址他们都找到了,唯一的空白是沃尔克·贝格曼报告中所说的"一千口棺材"。用一句英国诗人的话来形容他的心情就是:到处都是水,但没有一滴能解渴。

他决定前往寻找"一千口棺材",特别是古楼兰干尸,以便揭开古楼兰文明模糊而又遥远的面纱。

期间,一名基层军官提供了一条珍贵的信息。他谈到,军队在孔雀河北岸施工时,地陷路断。战士们曾在河谷北岸的台地上发现了一处墓地,那里有大量的木材与人骨。当时,战士们用这些木材作了垫路的材料。那里距离"老开屏"不远,既没有居民,也没有地标,因此战士们随意称之为"古墓沟"。这一信息,无疑大大缩小了联合考察队的调查半径。

在马兰基地停留两天后,王炳华带队经甘草泉、破城子、翻越荒山,抵达了古罗布泊西北、库鲁克塔格山南麓的孔雀河下游河谷。在一处空置的土房,考古队扎下了营盘。

为了安全,他们两人一组,在孔雀河北岸台地进行了拉网式踏勘。彼此间可互闻其声,但有时难见其身。周围没有树,没有动物,没有人烟,有的只是板结的河床、沉重的脚步、无限的期待和悠远的思考。

短短几天,他们就在孔雀河北岸第二台地上发现了一片石器分布点。此地茂盛的植被状如开屏的孔雀,俗称"老开屏"。还在"老开屏"以西20公里的河谷,发现了新石器时代的三处遗址,采集到数十件打制石器,证实早在距今4000年前至10000年前的新石器时期,这里有古人类居住。继而,他们又在河谷北岸的一处低地丘顶,发现了一座人骨完好、锦绢尚存、葬有铜镜的东汉墓。

4天后,当他们搜索到与东汉墓相距7公里(罗布泊以西70公里、"老开屏"以东10公里)的孔雀河北岸台地时,发现了一片地势较高的小沙丘,黄沙之上有一些木棍露出一点点尖儿,木棍的间距相同,似乎有人工

太阳墓地

作用的痕迹。

  大自然的皱褶里,总是沉潜着若干神秘;历史最精彩的笺页,往往匿藏得很深很深。考古学家的缜密与敏锐,使得王炳华没有放过任何的蛛丝马迹,实践证明,正是这些小棍泄露了小河文明的天机。

  王炳华决定:挖开来看一看!于是,马兰基地调来了一个排的军人,几十名身强力壮的军人用手推车推了15天的沙子,结果,沙子下面的秘密让所有考古学家倒吸了一口气,6座墓以其独特的摆放形式让所有人目瞪口呆:墓穴东西宽约35米,南北长约45米,面积约1600平方米。墓葬地表是规整的环列胡杨树桩,最内圈直径约2米,似一轮太阳,人被埋于"太阳"之中;以"太阳"为中心,又有七圈粗大的树桩呈放射状排列,井然有序,似太阳放射出的光芒。6座墓,6个太阳面向蓝天,一个连着一个裸呈在干净细软的黄沙之中。

  那一天,所有在场的人都表情怪怪的。是啊,这是每一个考古人一辈子都难以碰到的奇迹,它就是令国际考古界为之疯狂的古墓沟"太阳墓地"。

  太阳墓并非古墓沟墓地的全部,除了这6座太阳墓,其余32座墓只是在墓室的两端各插一根立木,类似于今天的墓碑。

  墓地埋葬的全是白种人,"都拥有金黄色毛发,眉脊稍高,脸型瘦长,头戴尖顶毡帽,毡帽上插着禽鸟的翎羽,每人随葬有草编的小篓"。即便读者没有想象力,也能一下子联想到远古丛林里的猎人土著。

  墓地没有文字,没有陶器,没有丝绸,没有马与车,有的只是毛毡、毡帽、毛毯、毛线、皮衣、皮鞋、木器、骨器、玉珠、铜饰品及56粒小麦。似乎,这里既看不到汉文化的影响,也找不到古印度、希腊、罗马文明的印记。据碳-14测定,它距今3800年左右,属于青铜时代。坐标为东经88°55′21″,北纬40°40′41.2″。那时,丝绸之路还没有开通,古老得深不可测,似前生杳渺的记忆。

十九、"楼兰美女"

命运给予我们的不是失望之酒,而是机会之杯。
——理查德·米尔豪斯·尼克松(Richard Milhous Nixon)

借中国中央电视台拍摄《丝绸之路》之机,王炳华的继任者——新疆考古研究所所长穆舜英,做出了联合组成大型探险考察队去罗布泊地区考察古丝绸之路和探寻古楼兰城的决定。

为了确保探险考察成功,联合考察队先进行了两次探察和尝试性先遣考察,由穆舜英、彭加木分别率队完成。

正式考察是1980年4月1日从敦煌开始的,由穆舜英这个队中的唯一女性带队。他们从敦煌出发,沿着汉代丝绸之路,经玉门关、后坑、疏勒河①谷、库姆塔格沙漠②北部的风蚀土堆群、流沙河、盐谷、八一泉、愚公墩向西挺进。经过半个月的跋涉,考察车队穿越了楼兰道上最恐怖的白龙堆雅丹,到达了罗布泊北部的龙城雅丹及龙城范围内的土垠遗址。

狼烟不再,箭镞难觅,历史在大漠中静静地栖息。徜徉在土垠遗址两边的烽火台下,穆舜英仿佛看到了铁马秋风的戍守,翠华摇摇的车队;听见了铿锵而来的马蹄,横渡朔漠的呐喊;也仿佛行进在2000年前的丝路古道上,古老的车辙如同一曲交响乐的音符,谱写了一个民族不可抹杀的自豪。

考察队在罗布泊北端逗留了4天,不仅详细考察了土垠遗址,而且认真探访了郦道元所说的"姜赖之墟"——龙城。

南北朝奇书《凉州异物志》记载,很早以前,这里有一个胡人建立的国

---

① 疏勒,蒙古语意为"多水",河西走廊的内陆河,远古时期曾流入罗布泊。
② 维吾尔语意为"沙子山",位于甘肃、新疆交界处。

家——姜赖,它的国王恒溪为政无道,残暴野蛮。一天,天帝化作一个游方僧人来到姜赖,想亲自见证一下恒溪的做派。他假装向恒溪乞求施舍,面对这位僧人可怜的眼神,恒溪根本没有什么恻隐之心,随便用一把盐打发了他。天帝大怒,施展佛法使蒲昌海突然溢出了滔天巨浪,在一瞬间湮没了这个国家。巨浪退去后,此地满是板结的盐块,那是国王用盐打发天帝得到的报复,这里从此被称为"姜赖之墟"和龙城。

为了弄清历史的真相,考察队员分头到"龙城"中寻找人类居住的遗迹。结果令人大失所望,考察队没有找到任何的文化遗存,从而断定这座"城"是大自然的产物,是罗布泊千年风沙形成的一个酷似城市的风蚀雅丹群。

失望的尽头往往包含着希望,好比一个垂头丧气的人一脚踢出钻石一样,他们在土垠遗址西南两公里处的铁板河湾有了意外的发现。

这里遍布着典型的雅丹地貌。在一个离地面高达七八米的风蚀台地的崖壁上,考察队员发现了一些外露的树枝,这些黑色的树枝在灰黄色的土崖上显得分外突兀。在寸草不生的地方,怎么会有干枯的树枝呢?穆舜英一下就看出了玄机——这是一处开露的遗迹。

对于常人看来毫无异常的地貌,有人却能凭借直觉看出玄机,就像温度计里的水银感觉大气一样。这也是衡量一名考古学家是否优秀的一个砝码,穆舜英正好具备这一点。

考察队开始停下来清理这座遗迹,刘玉生负责摄影,艾尔肯、伊弟利斯、穆舜英和司机陈树德一起动了手。结果发现,这是两座年代久远的古墓。一座墓里的尸体已经被风刮得荡然无存,另一座墓里的古尸却奇迹般保存完好。

这是一具女尸,没有棺材,尸体直接置于一米深的土穴内,面部盖着一块羊皮,羊皮上面盖有一个用芨芨草和香蒲草编织的扁筐,然后一层树枝一层土、一层芦苇一层土地掩埋起来。出土时,她仰卧在一座风蚀沙质土台中,一条粗质毛布交裹着上身,相叠于胸前的部分用削尖的树枝别住,且别得很有味道;下半身裹着一块经过处理的光板羊皮,柔软而光滑;她足蹬皮靴,靴子底面用毛线缝合,毛翻在外面,没穿袜子;一尺多长的黄棕色长发卷压在尖顶毡帽中,毡帽上插着两根雁翎;手上拎着一个草编小篓,里面盛放着生前的食物。她眼大窝深,睫毛翻卷,鼻梁高削,下巴尖

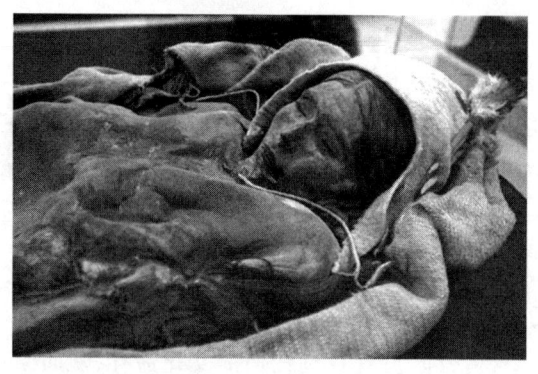

铁板河女尸

翘,具有鲜明的欧罗巴人种①北欧类型特征。

穆舜英把铁板河女尸运回了乌鲁木齐。她并未意识到女尸会带来什么轰动效应,她只是感觉发现一具完整的古尸十分难得。

时间是柔软的,而生命有它无可比拟的硬度。很快,考古学家们聚集在女尸周边,为女尸保存之完整深深地惊叹。

他们眼前的女尸,牙齿、毛发、指甲均保存完好,长长的睫毛根根可数,连她头发和皮靴里的虱子都栩栩如生。她仿佛刚刚从铁板河边汲水归来,因为疲劳酣然睡去,身上仍保留着36℃的体温。她那健壮的骨骼、古铜色的皮肤让人相信,只要听到劳动的召唤,她会随时站起来奔向田野。

经碳-14(Carbon-14)测定,她死时年龄在45岁左右,生前身高1.55米,血型为O型,属古印欧人种,距今已有3800年的历史。可惜的是,再高明的现代技术也有盲区,碳-14可以测出她的年龄,她生活的年代,却测不出她所属的家族,测不出她死亡的原因,更测不出围绕这个美女所发生的一系列或幸福或凄婉的故事。

尽管有那么多的不确定性,但她毕竟保存得太完好,她的外形太美妙了,于是,当她与其他6具男女干尸在新疆维吾尔自治区博物馆公开展出后,立刻引起了巨大轰动。

喜讯总是接二连三。文物专家在对女尸进行保护处理时,发现了一个意外的秘密:她身上有一种涂敷物,经初步认定是动物性蛋白质。也许

---

① 又称高加索人种、欧洲人种、印欧人、白种人,占世界总人口的54%左右。

给尸体涂敷某种物质仅仅是一种远古的葬俗,但也不排除当时的古人已经认识到通体涂抹这种蛋白质有防腐的功效。为此,新华通讯社乌鲁木齐分社还发布了一条题为"楼兰美女有新秘,古尸风干非自然"的消息。

更大的轰动来源于日本。日本人用现代技术制作了这具女尸的面部复原图,并将她命名为"楼兰美女"。复原后的女子有着惊人的美貌,把日本人的心都俘虏了。

此后,"楼兰美女"被邀请到中外许多地方展览,她让人整整激动了20年。如今,她安睡在新疆维吾尔自治区博物馆的展厅里,令世界各地接踵而至的游人为之折腰,为之惊诧,为之神往。而我呢,每一次看到她,便会不由自主地记起席慕蓉那首流淌着哀愁的诗——《楼兰新娘》:

> 我的爱人　曾含泪
> 将我埋藏
> 用珠玉　用乳香
> 将我光滑的身躯包裹
> 再用颤抖的手　将鸟羽
> 插在我如缎的发上
>
> 他轻轻阖上我的双眼
> 知道　他是我眼中
> 最后的形象
> 把鲜花洒满在我胸前
> 同时洒落的
> 还有他的爱和忧伤
>
> 夕阳西下
> 楼兰空自繁华
> 我的爱人孤独地离去
> 遗我以亘古的黑暗

日本专家绘制的楼兰美女复原图

和　亘古的甜蜜与悲凄

而我绝不能饶恕你们
这样鲁莽地把我惊醒
曝我于不再相识的
荒凉之上
敲碎我　敲碎我
曾那样温柔的心

只有斜阳仍是
当日的斜阳　可是
有谁　有谁　有谁
能把我重新埋葬
还我千年旧梦
我应仍是
楼兰的新娘

但实际上，她不过是一具3800年前的干尸。再说，她与楼兰一点关系也没有，因为楼兰国出现时，她已经死去1200年了。

二十、楼兰墓被盗记

真正的幸运在等待着有资格享受的人。

——斯维托尼乌斯（Suetonius）

1998年,虎年,一个躁动不安的年份。这一年,中国的长江、淮河爆发特大洪水,4000多人死亡。巴布亚新几内亚发生地震与海啸,1500多人罹难。瑞士航空公司班机坠毁,200余人遇难。美国总统威廉·杰斐逊·克林顿(William Jefferson Clinton)"拉链门事件"曝光。法国卢浮宫名画再次被盗。就连偏远如星外的若羌县也传出一条爆炸性消息:楼兰墓被盗了!

3月5日,一个盗墓团伙被抓获。据自首的盗墓贼库尔班·加玛力交代,他们盗取了一具楼兰彩棺。新疆文物考古研究所副所长张玉忠的第一反应是"假的,骗人的",因为罗布泊周边从来没有发现过彩棺,就连百年前的外国探险家把楼兰翻了个遍也没有发现过。直到这个盗墓贼从一个瓶子里拿出一块锦的残片时,张玉忠才瞪圆了眼睛,"心狂跳起来"。

这是一个惊天大案,他判断。

张玉忠急切地奔向作案现场,"真想不通他们是怎么找到古墓的,这块雅丹台地和所有的台地一模一样,古墓没有任何标志,即便是告诉我具体方位我也很难找到。"由此,他不得不信服"在沙漠里盗墓的人有野狼一样出没荒野的本领与嗅觉"的说法。

案件告破后,人们得知,这是一个专业盗墓团伙,主犯名叫阿布力孜·克里木,39岁,维吾尔族,常住在乌鲁木齐,是经营珠宝古币的个体户。为了能找到珍稀文物,他对新疆历史、文物、考古专著做了反复深入的研读,购买了汽车,带着同伙和向导,目标直指楼兰。令主犯信心百倍的是,他这次雇来的向导是库尔班·加玛力,这个人多年在此盗取核试验和石油物资,是个活地图,自称"罗布泊的野骆驼都认识我"。

那天,一辆白色吉普车载着4个盗墓贼,像羚羊一般,蹦跳着闯入了雅丹台地。吉普车在一个高20多米的雅丹台地上停了下来。这是一块铺满砾石的平坦台地,在外人看来与其他台地没有什么区别,但嗅觉灵敏

劫后余生的彩棺

的向导说:"这里可能有戏。"

"开挖!"

很快,一个由红柳枝、芦苇秆和碗口粗的胡杨木搭起的盖子被掀开,罗布泊的灿烂阳光像一柄利剑刺进漆黑的墓穴,一股阴气唰地冲上了来,一座保存完好的千年古墓呈现在盗墓贼眼前。

几个人你推我搡,谁也不愿意下去。后来,他们宰杀了一只鸽子扔进墓穴,用鸽子的热血冲邪气,方才壮起胆子进墓。

一块彩绘的地毯铺满墓穴,地毯已经有些朽烂,但还能看出上面绣着一只威猛的狮子,带有显明的西方文化元素。掀去地毯,一道亮丽的光放射出来,瞬间照亮了罗布泊的黄昏。"那口棺材太漂亮,太漂亮了!"案发后,主犯这样描述盗墓那天看到的彩棺,他除了漂亮之外再也想不出别的词汇。

彩棺的年代当属汉晋。除底面外,彩棺的其他五面在白底上用黄色、橘黄、草绿、褐黑色绘有铜线纹、花卉纹,并以斜线分区,从而构成了连续不断的菱形图案。棺木两端还绘有东方文明中象征日月的金鸟和蟾蜍。张玉忠介绍说:"楼兰出土的干尸,多以毛毡裹尸,从未见过如此华丽的棺材,这是新疆迄今为止出土年代最久、保存最完整的彩棺。"

阿布力孜·克里木撬开棺材,一具高大男尸安卧在里面,像刚刚睡去一样,站立的睫毛如同一排松针。经鉴定,这具男尸有着蒙古人种的诸多特征。

男尸身上裹了几层衣服,每一层衣服都鲜艳如新,有毛织的也有丝绸的。他们把它一层层剥下来,当尸体只剩下最后一层白色棉布时,他们随手把它扔回了坑里。出乎他们意料的是,就连这块裹尸的棉布也因为年代久远、保存完好被定为国家一级文物。这次被盗的文物共20件,其中国家一级文物3件,二级2件,其余均为三级。

接下来,文物贩子们犯了难,因为彩棺体积过大,根本无法运走。无奈之下,他们只有带来工具,"忍痛"将它锯成12块,并为它找了一个出价100万元的大主顾:西藏文物贩子尕玛桑珠。据这个文物贩子交代,许多新疆文物就是经他之手,越过西藏进入尼泊尔,然后卖到世界各地的。

作为惯偷,向导库尔班·加玛力可谓见多识广,但挖到如此精美绝伦、价值连城的彩棺,他却是平生第一次。他明白,这一定是一级文物,甚至会被定为国宝。而作为雇来的向导,他得到的不过几张票子而已。万一此案告破,自己最轻的处罚也将是永生走不出监狱的高墙。一连几天,这个向导都噩梦连连。

"如果不是这个向导承受不了巨大的心理压力而自首的话,人们可能永远不知道楼兰有这样一座墓,也永远不知道它被盗了。"为此,张玉忠感慨万端。

那一次,在返回的路上,大概距被盗墓穴百米的地方,张玉忠又发现了一具盗墓贼滋扰过的古墓,这是一座椭圆形的墓穴,墓穴很浅,一具婴儿干尸几乎露在外面,他大约6个月大小,头发棕黄,微闭的眼睛深陷,头戴尖顶毡帽,身裹粗毛衣,脚穿小皮靴,身旁放着一只草编的小篓。据测定,他生活在3800年前,极有可能属于白种人,与前面那具汉晋时代的蒙古人种老干尸隔着1600多年的漫漫时空。

既然这个婴儿干尸生活在3800年前,那么他刚好与小河墓地古人生活在同一年代。但是,仅凭一具干尸,无法证明那是一个怎样的时代与群体。只要找到沃尔克·贝格曼光顾过的小河墓地,一切将不言自明。

问题是,中国考古界能驱散小河的迷雾吗?

二十一、"小河公主"找到了

告诉你使我达到目标的奥秘吧,我唯一的力量就是我的坚持精神。

——路易·巴斯德(Louis Pasteur)

2000年12月11日,距离沃尔克·贝格曼的队伍进入沙漠66年后,5峰骆驼、10个人梦游般行进在高大的沙丘之间。65岁的王炳华率队再次开始了寻找小河之旅。正如当年的沃尔克·贝格曼一样,这支队伍同样受着风暴、饥寒、劳累、迷惑与怀疑的折磨。但他们拥有当年沃尔克·贝格曼所不具备的优势,那就是手里拿着现代化的卫星定位仪,随时捕捉着罗布泊的每一点历史文化信息。

越往前走,生命的气息就越加微弱,枯死的胡杨、稀落的红柳在慢慢减少,偶尔可见的兽迹完全消失,周围的沙山越来越高大,每前进一步都异常艰难,小河墓地却渺无踪影。

这是寻找的第四天。根据测算,墓地可能还在30公里外,而干馕和冰水已经所剩无几。继续向前,能保证整个队伍安全走出沙漠吗?"再坚持3个小时,不行就往后撤!"面对大家怀疑的目光,王炳华咬牙做出了最后的决定。就是这可贵的3小时,小河墓地找到了。

在4公里外,王炳华就用高倍望远镜发现了它。它在一片低矮的沙丘中显得高耸而挺立,浑圆而巨大,一些矗立的木柱密密地插在沙丘顶部,强烈的沙暴和烈日已经将它的顶部劈开了花,但它们依然顽强地兀立着,如"死了一千年不倒"的胡杨。

太阳从寒风里筛下,沐浴着王炳华。他止住了所有人的脚步,以一个领队的身份和眼光先围着墓地走了一圈,留下没有扰动的资料,然后信步走上沙丘:"墓地沙丘上,层层叠叠、错落散乱的是难以尽数的弧形棺木板,它们大小不一,厚薄不同,粗略统计,总数当在140具以上。部分白骨、浅棕色毛发的儿童干尸,尖顶毡帽、尸体裹身的粗毛布、草编小篓散落在棺木之间。"每当回忆起这一时刻,王炳华总是唏嘘不已,因为并非所有的考古学家都能享受到如此令人振奋的场景。

从小河归来的王炳华来到北京大学,向一群中国思维最为活跃的学子宣布:小河墓地惊世再现!

2003年,国家文物局正式批准对小河墓地进行考古发掘。

小河女性木乃伊

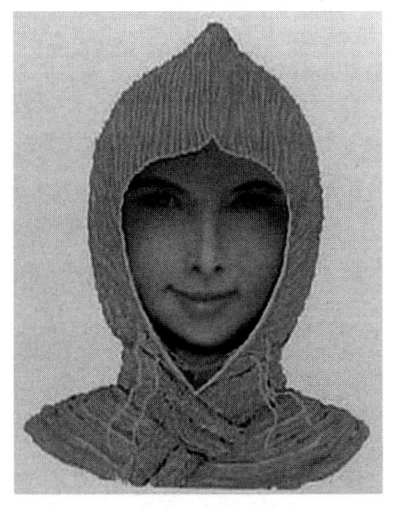

赵成文绘制的小河美女复原图

那是一个无风的早晨,镜头聚焦到小河墓地,现场所有的人都屏住了呼吸,一座船形棺木正在缓缓开启。

在众目睽睽之下,新疆文物考古研究所所长伊弟利斯亲自揭开了覆盖着船形棺木的牛皮,紧绷在棺木上的牛皮断裂的声音沉闷而有力,像从幽深的海水里传出的某种震响。"那声音刺激人的神经,让人兴奋,我感觉那是世界上最好听的声音,那是一位白人女子从远古走来的脚步声。"伊弟利斯后来动情地回忆说。

当他小心翼翼地取下棺材的第一块盖板时,发现了一些黄色的毛绒物。他并不急于往下操作,而是细细清扫了盖板缝隙间的细沙。然后,当他缓缓拿起第二块盖板时,棺木中出现了一个女性木乃伊,她头戴尖顶毡帽,脚蹬牛皮筒靴,身裹毛织斗篷并别着木质别针,微微闭着双眼,睫毛像一排幼松似的挺立着,上面蒙着一层细沙,以一种朴素而美丽的装扮在沙海之中安然"沉睡"。这是一张年轻美丽的女性的脸,脸上绽放着如花的笑靥,有着蒙娜丽莎般高贵而永恒的微笑!

现场发出一片惊呼,大家不约而同地喊出了"小河公主"的名字。

随后,出生于山东的中国刑警学院教授赵成文,根据绘画中的"三庭五眼"和他研制的"cck-3型人像模拟组合系统",绘制了小河美女复原图。一位导演告诉我,在这幅图中,她的韵味不亚于法国影星苏菲·玛索(Sophie Marceau)。

二十二、3800年前的疑问

> 怀疑有如草木之芽,从真理之根萌生。
>
> ——阿利基耶里·但丁(Dante Alighieri)

小河墓地的收获当然不止这些。

小河沙丘的下层,还埋藏着一种更为特殊的墓葬,专家们把它称为"泥壳木棺墓"。这种墓是在木制的弧形棺木外面用泥做一个壳。现场发掘出的4座泥壳木棺墓均为成年女性,周边都有船形木棺环绕着,如此一来,这4座泥壳木棺墓就把墓地分为4个中心区域。专家们分析,小河墓地呈现出了浓郁的母系氏族(Matriarchal)社会气息,墓葬年代大概处于母系氏族向父系氏族(Patri-clan)过渡时期。

"这真是一座死亡的殿堂,"伊弟利斯感叹道,"我们很快就发现,小河墓地的沙丘不完全是自然形成的,而是长时间以来一层尸体一层沙,一层沙一层木桩堆垒起来的。"显然,小河墓地完全是一座坟山。

而且,小河墓地有着浓厚的宗教色彩和令人费解的历史悬疑。

譬如,那些代表死亡墓碑的木柱,无一例外地被从上到下漆成了红色,使得整个墓地成为红色的殿堂。那么,红色有什么非同寻常的意义?

譬如,在一些大桨形立木的根部有七道红色阴纹线,在女干尸的毛织斗篷上有七条红色装饰线,太阳墓地也有七圈放射圈。那么,七这个数字究竟代表着什么?难道他们信仰的是最为原始的萨满教(Shamanism)[①]?

譬如,编号为M100的,是4座泥壳木棺墓中年代最早的墓,其中静卧着一位50多岁的老妇人,耳朵上戴着两只金耳环,身旁摆着半米高的木雕人像、木梳及草编的小篓,尸身上放置着两只木制的惟妙惟肖的"男根",男根卵圆形的头部嵌有小铜片。这代表着她是生前拥有很多男人的小河老祖母,还是代表着她是一位多子的母亲?

[①] 流传于中国东北到西北边疆的原始信仰,通古斯语称巫师为萨满,萨满教因此得名。萨满教认为天穹、人间、冥界各有三层,第七层以上是天界。

长卵形木和桨形木

譬如,长卵形木和桨形木分别代表着男人和女人的生殖器官,小河墓地所有男性死者拥有的都是桨形木,所有女性死者拥有的都是卵形木,它们都立在死者棺木的外面。

墓地出土了大小如真人的裸体木雕人像,男子的性器十分突出。难道,这是一个崇拜性自由的族群?

譬如,古墓沟发掘出不少宽约10厘米,长20多厘米的矩形木板,木板一边都有或浅或深、或密或疏的刻痕。难道,它是没有文字的古墓沟人记事的木刻?

譬如,所有的墓主人随身都有一包麻黄枝,这一随葬习惯是与远古的巫术有关,还是为了将缓解病痛的麻黄带入阴间,或者是为了用这一常青的植物祝愿自己生命不朽?

最令人不解的,是在小河墓地方圆5公里的范围内竟然未发现人类生活遗址。就连沃尔克·贝格曼这样具有超常耐心和钢铁般意志的发现者,也不曾在沙海里捞出一根针来。而远古居民恰恰有在墓地旁守候并生活的习惯。难道小河人有悖生活常理?

对此,有的学者大胆猜想,小河墓地是小河人刻意在远离人居的沙漠腹地建造的一座精神家园。理由是,位于孔雀河与塔里木河之间的那条小河,有可能是人工开凿的河流。依此推理,小河人似乎不惜任何代价,在极易迷失方向的沙漠中,为部落的王者贵族建造了死者殿堂,作为族人

裸体木雕人像

的祭祀圣地和精神家园。之后他们便切断水流,关闭了生死两界,任凭风沙肆虐,也绝不让外来者侵扰。

如此具有人文情怀的猜想,不论是真是假,都是我们进入这——3800年前梦境的一个理由。

废弃千年的楼兰古城

第二章 掀起你的盖头来

边缘,并不是世界结束的地方,恰恰是世界阐明自身的地方。

——约瑟夫·布罗茨基(Joseph Brodsky)

一、地球的一个意外

造物无言却有情,每于寒尽觉春生,千红万紫安排着,只待新雷每一声。

——张维屏

今日大漠与高山交错的新疆,在远古时期又是什么样子呢?

在远古时期,除了水,还是水,也就是说,那里是一片碧波连天、一望无际的大海。

2.25亿年前,可爱的"吐鲁番鳕"曾在这片大海中诗意地畅游。7000万年前,这里是古地中海(特提斯海,Tethys)东海岸,憨态可掬的恐角兽曾在此悠然漫步。3000万年前,长9米、高5米的准噶尔巨犀,曾摇动着笨重的身躯从这里蹒跚走过。

不久,印度洋板块向北俯冲和撞击欧亚大陆板块,形成了轰轰烈烈的喜马拉雅运动,平坦的海底不断凸起,最终于更新世(Pleistocene)①隆起了高高的天山、喜马拉雅山及帕米尔高原。北部的天山与南部的阿尔金山、昆仑山之间则形成了巨大的封闭性山间盆地——塔里木盆地。盆地呈菱形,东西长1400公里,南北宽约550公里,面积约53万平方公里。地

---

① 又称洪积世、冰川世,距今约260万年至1万年,气候变冷,生物群接近现代形态。

新疆吐鲁番鳕鱼化石

势西高东低,并稍稍向北倾斜。最低点和积水中心海拔768米,是位于盆地东端的罗布泊洼地。

不断升高的山脉不仅让海洋远远退去,而且阻隔了北移的印度洋暖湿气流,使得山脉以北的塔里木盆地变成了沙漠戈壁连绵的干燥地带,这也是塔克拉玛干沙漠形成的原因。整个沙漠东西长约1000公里,南北宽约400公里,面积达33.7万平方公里,年平均降水不超过100毫米,而平均蒸发量高达2500—3400毫米,是世界上第二大流动沙漠。这里2月至7月是风季,每年八级以上的暴风有几十次,六七级以上的大风十分常见,最大风速达每秒28米。无数上百米高的沙丘与沙垄,宛若憩息在盆地中的条条巨龙,又如澄明天幕上缓缓游走的金色云朵,呈蜂窝状、羽毛状、鱼鳞状分布着,来去自如,变幻不定,神秘而鬼魅,绚丽而恐怖,是西域大漠里的一道苍凉奇观。

但大自然是公正的,它从不故意作弄一个特定区域。作为补偿,更新世冰期在山巅形成的巨大冰川,源源不断地为饥渴的大漠补充着乳汁,形成了无数条自南而北、由西向东的河流。历史上的北河——塔里木河,由发源于喀喇昆仑山①的叶尔羌河、发源于葱岭的喀什噶尔河、发源于天山的阿克苏河②等汇流而成,沿塔里木盆地北缘自西向东汇入孔雀河,然后从古楼兰城身边注入盆地的"酒窝"——罗布泊。历史上的南河,由发源于昆仑山的于阗河(今和田河,Hotan River)、克里雅河(Keriya River)③、

---

① 蒙古语意为"黑水之山"。是从阿富汗东部向东南延伸约480公里的世界第二高的山脉。
② 阿克苏,维吾尔语意为"白水"。由库玛拉克河与托什干河在温宿附近汇合而成。
③ 克里雅,维吾尔语意为"漂移不定"。发源于昆仑山脉的克里雅山,经于田县向北流进大漠。

喀拉米兰河(Karamiran River)①等汇聚而成,沿汉代的丝路南道自西向东与车尔臣河(Qarqan River)汇合,然后沿着楼兰的南部移民区注入浩渺无际的罗布泊。在这些浪花飞卷、流光溢彩的河流的浇灌与冲击之下,塔里木盆地诞生了上百个葱茏美丽的绿洲。可以说,大漠是地球的一个意外,绿洲又是大漠的一个意外,水天一色的罗布泊更是大自然的一个奇迹。

有鲜花就有蝴蝶。湖边、河边绿洲早在远古时期就有人影晃动。在罗布泊周围,特别是孔雀河下游尾闾,考古学家发现了新石器时代(Neolithic)的细石核、经过削打的细石叶、桂叶形石刀、细石镞以及青玉斧、白玉斧,证明早在距今4000年至10000年前,这里就有古人类活动。

随后,片片葱郁的绿洲被一群金发碧眼、装备精良的游牧民族发现并占据了,而南河与北河共同汇入的罗布泊沿岸,无疑是这些远道而来的移民迁徙的天堂。

您肯定会问:他们是谁?

二、从西方打马走来

> 频繁地迁徙,只是为了一次永久的定居。
>
> ——新疆民谚

他们的名字有些怪,史称"吐火罗"。

"吐火罗"是希腊—巴克特利亚为他们命名的。根据美国爱达荷大学吐火罗语专家童格喇斯·亚当斯(Douglas Adams)的研究,吐火罗人可能自称Akni,在吐火罗语里是"边境者"的意思。

吐火罗语是古印欧语的一个分支,从左到右用印度婆罗米文书写。吐火罗语与东方印欧语——梵语、伊朗语②、亚美尼亚语等关系疏远,与西方印欧语——意大利语、德语、法语关系密切,是印欧语系中较为原始的腭音语组,被视为"欧洲甲骨文"。伊朗语、梵语所属的东方印欧语,属于印欧语系中后期成熟的丝音语组,这也是雅利安人(Aryans)③比吐火罗

---

① 喀拉米兰,维吾尔语意为"黑色的骏马"。位于且末县境内。
② 伊朗,波斯语意为"雅利安人的家园"。
③ 梵语意为"高尚",波斯语意为"有信仰的人",古欧洲人的一支,大约在公元前14世纪前后进入印度、伊朗和中亚,形成了雅利安-印度人、雅利安-伊朗人。

人较晚东来的一大证据。

古印欧语被视为除匈牙利语、芬兰语和西班牙北部巴斯克方言以外的所有欧洲语言的共同母语，其祖先就是游牧在里海东部大草原上的古印欧人。吐火罗人究竟何时与印欧语西方语支的人群分离，又如何千里迢迢来到塔里木盆地，在研究界历来众说纷纭，主要有以下三种解释：

第一、近东起源说。英国语言学家亨宁(W.B.Henning)1978年提出，塔里木盆地的吐火罗人就是公元前2300年左右出现在波斯西部山区的游牧民族古提人，他们于公元前2180年灭亡了阿卡德帝国，后来又推翻了巴比伦王朝，主宰富饶美丽的美索不达米亚达百年之久。公元前2082年前后，古提王朝被苏美尔人推翻，从此在近东历史上消失。亨宁推测，古提人就在这个时候离开巴比伦，长途跋涉向东迁徙到了塔里木盆地。

第二、西域本土起源说。美国威斯康星大学教授纳兰扬(A.K.Narain)1990年提出，印欧语各族本身就是在中国西部形成的，因为月氏人从远古时代就住在黄河以西和中国西域。

第三、南西伯利亚起源说。爱尔兰学者马劳瑞(J.P.Mallory)1989年提出，目前所知年代最早、分布最靠东方的印欧人考古文化，是南西伯利亚的阿凡纳谢沃文化(Afanasievo Culture)①，所以吐火罗人的祖先是阿凡纳谢沃人。

上述观点主要基于比较语言学研究，而解决问题的关键却是考古学证据。在亨宁的论文发表不久，即从1980年起，小河—古墓沟附近先后发现了8具女性木乃伊。

标本被分别送到三个著名的碳-14研究室——北京大学考古学系实验室、中国科学院考古所实验室、国家文物局文物科学技术保护研究所实验室。除一个标本有偏差之外，其余7个标本集中指向公元前2130年—前1535年。

中国社会科学院人类学专家韩康信，把小河—古墓沟居民头骨与南西伯利亚、哈萨克斯坦、伏尔加河草原、咸海沿岸铜器时代居民头骨做了比较，发现它们同属长中颅型原始欧洲人种古欧洲人类型，与欧洲人种北欧类型相近，与长狭颅型欧洲人种的印度—阿富汗类型和南帕米尔塞人

---

① 公元前3500年至公元前2500年的铜石并用时代文化，20世纪20年代苏联考古学家根据米努辛斯克盆地巴捷尼村墓地发现，并以所在的阿凡纳谢沃山而定名。

头骨差异明显,与时代可能更晚的乌孙时期居民头盖骨——短颅欧洲人种的中亚两河类型(帕米尔—费尔干类型)差异更大,是迄今所知欧亚大陆上时代最早、分布最靠东方的欧洲人种集群。

意大利萨萨里大学人类研究所的弗兰卡拉齐(Franke Ratsey),在美国斯坦福大学遗传学家卡瓦利·斯福尔扎(L. L. Cavalli Sforza)指导下,从小河—古墓沟出土的木乃伊上取出线粒体DNA,分析出其父系Y染色体为单倍群R1a1a-M17,证实他们与西北欧洲人有着遗传学关系。

尽管学术界对印欧人的起源地尚存争议,但是更多的证据支持德国女学者金布塔斯(M.Gimbutas) 20世纪50年代提出,70—80年代完善的石冢墓(Kurgan)理论。她认为印欧人起源于南俄草原金石并用时代(距今6000年前)至早期青铜时代(Early Bronze Age,距今6000年至2000年前)的石冢墓文化,也称竖穴墓文化(Pit Tomb Culture)和颜那亚文化(Yamnaya Culture),约在公元前3600年—前2200年,这是目前所知年代最早的印欧人考古文化。公元前2000年初,里海—黑海北岸的颜那亚文化的一支,向东迁徙到阿尔泰山南麓,并在阿尔泰山和天山之间形成了克尔木齐文化①。其中,克尔木齐文化的一支——吐火罗人南下孔雀河下游,形成了小河—古墓沟—铁板河文化。而分布于米努辛斯克盆地至阿尔泰山北麓的阿凡纳谢沃文化,是与克尔木齐文化并行的一种文化,并非吐火罗人的源头。

下面,请让我试着还原一下古印欧人的迁徙图景:

早在公元前3000年前后,欧亚大陆边缘地区古老文明中心的种种景象——丰富的农作物、堆满谷物的粮仓、城市里令人眼花缭乱的奢侈品,有如一块块有着不可抗拒吸引力的磁铁,诱惑着草原上、沙漠里环境日渐恶化的游牧者。原本居住在南俄草原——今伏尔加河、顿河流域的古印欧人游牧部落——高加索人种中的金头发白皮肤的诺迪克人(Nordics),依靠两项伟大的技术革命——轮式车的发明和马的驯化,离开故土,开始了向农耕与海洋文明区的历史性迁徙。

南路纵队——印欧人的先驱赫梯人(Hittite),翻越高加索山脉,在公元前3000年左右出现在小亚细亚半岛——今土耳其的安纳托利亚半岛,建立了赫梯王国,缔造了古印欧人最早的文明——古安纳托利亚文明。

---

① 又称切木尔切克文化,因阿勒泰市切木尔切克乡的石人及石棺墓群而得名。

很快，他们利用当地丰富的铜矿和锡矿资源，发明了降低铜的熔点的铜锡合金冶炼术——青铜术。公元前1595年，赫梯王国灭亡了巴比伦王朝。直到公元前13世纪末，才在后来的印欧人——迈锡尼人的攻击下败下阵来。

西南纵队——被亚述人称为"古提人"，于大约公元前2300年出现在伊朗高原西部，一度推翻了巴比伦王朝。

西路纵队——大约公元前1800年左右，一支古印欧人沿黑海西岸南下，渡过多瑙河，穿越喀尔巴阡山，来到了希腊爱琴海沿岸的亚该亚，征服了希腊原住民皮拉斯基人，开启了希腊人的青铜时代。大约公元前1600年，另一支古印欧人来到了希腊南部的迈锡尼，创造了伟大的迈锡尼文明，希腊进入了黄金般的荷马时代（Homeric Age，也叫英雄时代）。

极西路纵队——一些讲印欧语的部落沿着多瑙河西迁，然后翻越阿尔卑斯山，进入意大利亚平宁半岛，于公元前1800年左右建立了辉煌的拉丁文明。另一些部落留在意大利北部与法国的平原地带，他们就是后来的高卢人。

北路纵队——公元前1800年左右，一支古印欧人万里长征，游荡到遥远的北欧，在此后的一千多年里，他们将青铜文明扩展到了斯堪的纳维亚半岛南部、丹麦北部、德国北部、波罗的海沿岸，原始的日耳曼语与日耳曼人开始形成。

东南纵队——自称雅利安人，越过兴都库什山和喜马拉雅山之间的山口，其中一个分支于公元前1500年左右，南下来到印度，建立了名为印度斯坦的灿烂国家；另一个分支于公元前11世纪从阿富汗高原西向进入伊朗，创造了辉煌的波斯文明。

东路纵队——克尔木齐人，从里海—黑海北岸沿着草原之路东进，于公元前2000年初到达阿尔泰山与天山之间。

之后，克尔木齐人的一支——吐火罗人，穿越高耸入云的天山，在公元前1800年左右闯进塔里木盆地。其中一部分来到罗布泊西岸的孔雀河下游一带，他们就是小河—古墓沟—铁板河人；一部分后来占据了今库车绿洲，他们就是操龟兹语（吐火罗语B）的龟兹人；一部分后来占有了焉耆盆地与吐鲁番盆地，他们就是操焉耆—高昌语（吐火罗语A）的焉耆人、车师人、乌垒人；还有一部分驻牧在阿尔泰山至巴里坤草原之间，后来向东持续迁徙,最终在河西走廊站稳了脚跟,他们就是秦汉之际操吐火罗语月氏方言的月氏人。

吐火罗人,是古印欧人射向世界东方的一支箭头。

当中原的鲧与大禹父子忙着治水的时候,这里也是一片河汊纵横、芦苇密布的沼泽。这片沼泽从罗布泊一直延伸到小河与古墓沟,不仅成为青蛙的乐园,还是吐火罗人的家园。吐火罗人中的小河—古墓沟—铁板河人,是塔里木盆地最早的开发者,他们以渔猎和游牧为生,并已开始了小规模的农业耕作。西亚起源的小麦就是他们从西方引入中国的,太阳墓地出土的十几粒麦子就是铁证。

不知为什么,古墓沟墓地出土物中并未发现代表古印欧文明的马与车,是古墓沟人的先祖离开故土太早,还是他们没有用马与车殉葬的习俗?

至今没有答案。

三、巨人杀手

> 在瞄准遥远目标的同时,不要轻视近处的东西。
> ——欧里庇德斯(Euripides)

在缺乏历史证据的情况下,大胆推测是解开远古之谜的一把钥匙,但过于自信的推测往往使人步入历史的陷阱。

鉴于小河、古墓沟、铁板河干尸与汉代楼兰人都属于白种人,所以我一度认为,正像黄河之于中原,尼罗河之于埃及,"两河"之于巴比伦一样,孔雀河应该是楼兰国的摇篮。

但我的推测过于一厢情愿了。经考古专家对罗布泊楼兰城郊墓地的研究,发现楼兰人出现在西域较晚,属于古印欧人种的地中海东支(印度—阿富汗类型)。

周平王元年(前770),也就是古希腊举行第一届奥林匹克运动会(Olympic Games)6年之后,鉴于镐京西部已被自己请来的犬戎占据,刚刚继位的周平王只得将都城东迁到洛邑,历史上的东周与春秋拉开大幕。从此,中原地区的诸侯开始了长达550年的混战,而河西走廊里的月氏、乌孙及蒙古草原上的匈奴也斗殴不断。

面对月氏持续东进留下的真空,一支古印欧人游牧部落,坐在上千辆承载着圆柱形毡房的轮式车里,风尘仆仆,从伊朗高原持续东进,最终于公元前7世纪末来到塞地——也就是今伊犁河和楚河流域。一时间,在西到里海沿岸,东到伊犁河流域的广阔草原上,撒满了众多的塞人部落。也就是说,这是古印欧人涌向西域的第二波浪潮。

在中国史籍中,他们被称为塞种(Sacae)①,为地中海人种(Mediterranean)②的分支——东部地中海类型(印度—阿富汗人种类型)。古希腊史学家希罗多德(Herodotus)称之为萨迦(Sacae),认为他们是斯基泰人(Scythians)③的一支。波斯史书则将马萨格泰人(Massagetai)④、伊赛多涅斯人(Issedones)、斯基泰人统称为塞克人(Saka)。

当这个头戴尖顶毡帽、操东伊朗语支西徐亚语(Scythian)的游牧民族从天而降,乘坐着轮式战车出现在西域时,当地农牧民完全傻了眼,因为眼前的这群野蛮人并不是身着宽袍,而是穿着简洁的服饰。这种简洁的服饰——裤子,正是塞人带给西域的一件"礼物"。

尽管初来乍到,但凭借着畜牧与冶炼的优势,塞人迅速崛起为一支令人胆寒的力量。经过分析就会发现,他们的战斗力主要来自三个方面:一是强大的动力。每次作战的战利品,都由塞王分配给战士,这就为塞人投入战争提供了强大的精神动力。发展到后来,马背上的塞人只剩下简简单单的三件事:扬鞭放牧,弯弓狩猎,挥刀杀戮。战士们还把敌人的头颅拿来加工,把眉毛以下的部分锯去,挖去脑髓,在里面镀上黄金,作为随身的"水壶"。同时,沿着敌人首级的两只耳朵,在头上割个圈,然后把头皮揭下来,做成手巾吊在坐骑肋部,向世人炫耀自身的勇猛。试想,在行军间隙,将士们一边用人头做成的水壶喝水,一边用人皮做成的手巾擦汗,这是一种何等豪迈与恐怖的做派呀。二是精锐的武器。塞人的武器是战斧、矛、剑和弓箭,有时也使用套索和飞石器。防身甲胄则是用青铜和铁片制成的"鱼鳞甲"。据说,这些塞人骑兵分为长矛手和弓箭手。长矛手将盾牌固定在前臂上,上面贴有铁皮。弓箭手携带着一张强弓和上百支

---

① 古波斯语"萨迦"的音译,简称塞人。
② 欧洲人种的一个亚种,主要分布在南欧、北非、中东和印度次大陆,肤色、发色、眼色较深,波状发、身材较矮。
③ 即西古提人、西徐亚人、赛西亚人。
④ 意为"大萨迦部落",大部分奄蔡人、阿兰人的祖先。

箭,箭头用铁、青铜和骨头制成并淬了毒,射击频率达到每分钟10—12支。三是灵活的战法。列阵后,通常长矛手在前,弓箭手隐藏在后,敌人冲锋后长矛手迅速散开,弓箭手从后面突然冲出放箭,长矛手再从两侧包抄敌人。敌人若是步兵,则弓箭手在前首先用箭压制敌人,埋伏在后的长矛手伺机杀出冲垮敌阵。

优先品尝到塞人苦果的,是两个叱咤风云的人物。塞人与这两个名人之间的战例,至为鬼魅,堪称传奇。

第一个战例发生在公元前530年,也就是释迦牟尼开始传教那年,波斯帝国国王居鲁士二世(Cyrus II of Persia,又称居鲁士大帝)出兵征讨中亚草原上塞人的一支——马萨格泰人。此时的居鲁士已经占有了整个地中海东岸,并将帝国首都迁到了世界上最繁华的城市——巴比伦城,成为名副其实的"宇宙四方之王",因此他有资格在帕萨尔加德(Pasargadae)①的铭文上骄傲地刻下:"吾乃居鲁士大帝,王者。"这个铭文不由地让我联想到木心的那句短诗:"实在不惯于地上走,鹰说。"而他所要征讨的马萨格泰人,首领是位风韵犹存的中年女人,名叫托米丽司(Tomyris)。

战争初期,居鲁士率大军渡过今阿拉斯河,在草原上扎下营盘,只留少数军队守卫,自己则带领大部队悄然后退,退却前在营盘里留下了大量甜美的葡萄酒。托米丽司女王的儿子不加深察便率部劫营,杀死留守的波斯军人后,便和部下在原地大肆饮宴营盘里遗留的葡萄酒。就在马萨格泰骑士喝得东倒西歪的时候,居鲁士率大军杀回,醉倒在地的马萨格泰骑士被全部杀死,王子醒酒后也羞愤自杀。

失去爱子的托米丽司悲痛欲绝,擦干眼泪后,她派出使者正告居鲁士:"我凭着马萨格泰人的主——太阳发誓,不管你多么嗜血如渴,我也会让你把血喝饱!"

"夜里唱高调的人一定胆小。"居鲁士一边捻着胡须,一边对着使者哈哈大笑。

针对肆行无忌的波斯大军,女王布置了吊丧的假象,假意撤退。居鲁士不知是计,只带少数精兵追击。一天,他们被引入了草原中心的沼泽地

---

① 建于居鲁士大帝时期,波斯帝国的首都之一,位于今伊朗波斯波利斯遗址东北40公里。

居鲁士像

带,不得不下马,一步一踉跄地艰难行进。突然,马萨格泰人从斜刺里杀出,将波斯军队拦腰截断。在双方弓箭手射完所有的箭之后,两军展开了肉搏。波斯军队几乎全军覆没,居鲁士身中数箭栽下马来。然后,草原恢复了此前的状态,一切都静如太初,美如幻境,茫如谜底。居鲁士的尸体被找到,托米丽司亲自割下他的头颅,扔进盛满鲜血的革囊,冷笑着说:"请你喝个痛快吧!"

第二个战例发生在200年后。已经统一了希腊各城邦的马其顿国王亚历山大(Alexander the Great),率30000步兵、5000骑兵和160艘战舰,渡过今达达尼尔海峡,开始了长达10年的东征。随之,一个西起巴尔干半岛、尼罗河,东至印度的幅员空前的亚历山大帝国冉冉升起,帝国版图覆盖了17个现代国家的全部或部分领土。

遗憾的是,这段历史常常被西方史学家涂上一层浪漫的华彩,被篡改成一首跌宕起伏的叙事诗,使人忘记了这次东征的侵略性质,以及血腥厮杀那毫无诗意可言的真实面目。接下来发生的故事,也许是西方人最不愿意倾听和相信的,但句句属实。

公元前327年,身高仅有1.37米的"军事巨人"亚历山大率军到达锡尔河南岸,像一群青面獠牙的魔兽一样闯入了马萨格泰人的领地。面对比居鲁士还要强悍与狡猾的亚历山大,马萨格泰人在敌人必经的锡尔河对岸摆下重兵,准备在敌人踏进锡尔河中间的淤泥时发起攻击。而亚历山大也深知这个游牧部落的厉害,因此决定亲自率军渡过锡尔河,以惯用

亚历山大大帝像

的马其顿方阵,步步为营地"推平"这个绿草茵茵的地方。

但对于一个从未吃过败仗的人来说,"小心"几乎就是"大意"的同义词。当亚历山大率军走到河中间时,湍急的河水造成每一个人步履维艰,河底的淤泥又使得身负重甲的士兵们连拔脚都十分困难。那一刻,亚历山大突然想到了塞人惯用的偷袭战术,心头掠过一丝不祥的阴云。没等他及时应变,埋伏在对岸的马萨格泰武士便蜂拥而出,把如蝗的箭矢射向河中,半渡的马其顿军人纷纷中箭倒下,亚历山大也被一支利箭贯穿了大腿,鲜血染红了滚滚的锡尔河。

士兵们冒死把亚历山大架到岸边,放上担架抬回营地,一路上亚历山大悔声不绝,呻吟不断。意外受挫的亚历山大只得掉头南下,战争的进程与结果突然变得难以掌控,一向乐观的亚历山大也渐渐心灰意懒。两年后,亚历山大从印度撤兵西返,不久就在巴比伦旧王宫的一次痛饮中病逝,年仅33岁。

从此,被誉为"巨人杀手"的塞人在中亚睥睨群雄,独孤求败,再也找不到对手。

战国、秦汉之际,塞人的一支越过帕米尔高原,沿着塔里木盆地南缘向东推进到罗布泊地区,成为汉代楼兰国的主要居民。如果楼兰国仍有古墓沟、小河、铁板河原始欧洲人——吐火罗人后裔,人数已经不占优势,并渐渐被新来的欧洲人种东部地中海类型——塞人所稀释。而小河、古墓沟、铁板河人则更多地参与了龟兹与焉耆的创建,因为后两者所讲的都是吐火罗语,距今3000年的和静县察吾呼沟四号墓也与古墓沟人种接近。还有部分人来到新疆东部,证据是哈密焉布拉克古墓地人头骨距今约3100年,与古墓沟人具有直接的种族人类学联系。也就是说,焉布拉克已经接近了河西走廊。西迁前的乌孙和月氏在体质上是否和焉布拉克、古墓沟的古印欧人种接近?这也是有待证明的人类学课题。

至于楼兰的建国过程,西方史册上没有记载,自认为无所不知的中原太史令也闻所未闻。

汉天子第一次听说西域有个楼兰国,还是一个匈奴使者告诉他的,那个天子谥号孝文皇帝,史称汉文帝,名叫刘恒。

四、来自北方的"狼"

> 忍耐之草是苦的,但最终会结出甘甜而柔软的果实。
> ——辛姆·洛克(Sim Locher)

汉文帝前元四年(前176)晚秋,金风瑟瑟,雁声阵阵,无边的肃杀与阴冷肆虐着灰色的长安城。一阵凉风袭来,汉文帝刘恒打了一个寒战,本能地裹紧了有些破旧的龙袍。

洛城门(北侧门)刚刚打开,就闯进一个手牵短腿胡马、身着貂裘短衣、脸膛黢黑粗糙的中年人,他操着半生不熟的汉话,声称是匈奴单于①冒顿的使者,要面见汉帝。

消息传进皇宫,刘恒的眉头蹙起了疙瘩。作为西汉第五位皇帝,刘恒继位已经整整四年。四年前,乾纲独断达15年之久的皇太后吕雉终于病死,"乌云密布"的政治天空突现出一片蓝天,忍气吞声多年的老臣——太尉周勃②、丞相陈平③发动政变,将吕氏贵族及其爪牙一网打尽,废黜了吕后所立的小皇帝刘弘(汉惠帝刘盈之子),迎立汉高帝刘邦的四子——23岁的代王刘恒(刘盈的弟弟)入京为帝。按说,刘恒在一夜之间由亲王变成了皇帝,被大运撞了一下腰,应该兴高采烈、手舞足蹈才是,但他无论如何也高兴不起来。因为此时的汉,外有匈奴入寇,内有重臣掣肘,可谓危

---

① 匈奴最高首领,全称为"撑犁孤涂单于"。"撑犁"匈奴语意为"天","孤涂"意为"子","单于"意为"广大"。
② 今江苏丰县人,刘邦的同乡,西汉开国大将。
③ 今河南原阳人,刘邦的谋士。

机四伏,步步惊心。因此,他在被推上帝位初期,只能被动地、违心地大肆封赏功臣与刘姓。他并非傻瓜,他明明知道功臣受到封赏后,会更加尾大不掉;也知道刘姓贵族被分封后,迟早会与朝廷分庭抗礼。但他别无选择,他不能自行其是,他只能而且必须懂得忍耐,装得大度,显得低调。他需要以时间换空间,否则,将他推上帝位的人随时会将他拉下来。

首先,他高调奖赏诛杀吕氏的有功之臣,任命周勃为右丞相,陈平为左丞相,灌婴①为太尉,搭建了一个全新的朝廷框架;其次,恢复了一批被吕后废掉的刘姓诸侯王,安抚了刘姓贵族。就这样,他在博得掌声的同时,也为施展抱负赢得了喘息之机。那么,接下来呢?是走秦皇"严刑峻法"之路,还是像父亲刘邦一样"德主刑辅"?他陷入了深深的思索。

其实,供他选择的道路不止一条。有主张"德治"与"仁政",提倡中庸之道的儒家;有主张君主专制、仗势用术、重农抑商、奖励耕战,提倡以法为教、以吏为师的法家;有主张"兼相爱,交相利",提倡尚贤、尚同、非攻的墨家;有主张顺其自然、以柔克刚,提倡无为而治的道家,还有兵家、名家、农家、杂家等等。尤其是前两家,已得到众多的有识之士公认。但令人大跌眼镜的是,刘恒所选择的施政道路,居然是道家!

一提起道家,人们往往会联想到"消极避世"四个字,并把它与"道教"混为一谈。其实,道家与道教差之千里。道教是由东汉末年的张道陵创建的一种宗教,它以长生不老、得道成仙为目的,是神学、仙学、道学的混合体,尽管道教奉老子为太上老君,但已经远离了老子思想的精髓,说穿了只是借用了老子的名分而已。而真正的道家,最初被称为"老庄之学",以老子、庄子、管子为代表,以道为世界最后的本原,在政治上主张无为而治,事因之而循之,物因之而动之,善于行不言之教,不贵治人贵治己,从而形成了一种"大音希声"般的"仁",看似无所作为,实则无所不为。特别是道家"与时迁移,因物变化,除衍存简,休养生息"的思想,成了大动乱之后朝廷的"治世良剂",对每一次盛世的形成都发挥了难以估量的奇效。老子的《道德经》,被誉为"万经之王",是中国历史上最伟大的名著之一,对中国的哲学、科学、政治、宗教产生了深刻影响,是除了《圣经》以外被译成他国文字最多的文化名著。汉代的政治实践也证明,不用"老庄",就不

---

① 今河南商丘人,刘邦的骑兵将领。

汉文帝亲侍母病

可能有历时40年的"文景之治"。

　　在众人质疑的目光中,刘恒决心已定,道家思想也第一次登堂入室。从此,他对内,废除肉刑,减免税负,兴修水利,休养生息,穿着草鞋上朝,龙袍缀满补丁,一副卧薪尝胆、励精图治的做派。他下令:"由国家供养八十岁以上的老人,每月发给他们米、肉和酒;对九十岁以上的老人,再发一些麻布、绸缎和丝绵,给他们做衣服",他还亲自服侍患病的母亲薄太后,是《二十四孝》中"亲尝汤药"的主角;对外,则祭出乌龟战术,说得好听一点叫"得饶人处且饶人",说得准确一点叫"能缩头时就缩头",尽量避免与邻国发生冲突。

　　他之所以选择"和平",不是他被有暴力倾向的父亲刘邦打怕了,而是时势使然,他和他的汉朝还没有练成一身肌肉,甚至有时还吃不饱,他实在没有力气打架,起码暂时不想打架。

　　但有时候,你越是退让,对方就越是嚣张,甚至会蹬着鼻子上脸,骑在头上撒尿,匈奴就是这样一个货色——一匹来自北方的"狼"。去年,也就是汉文帝前元三年(前177),冒顿的次子——右贤王①越过河套地区,向

---

① 匈奴右部诸王之首,负责管理匈奴西部领地,地位仅次于单于和左贤王。

汉朝边塞发动了突然袭击,如风卷残云一般抢走了大批财物,如恶狼闯进养鸡场一样祸害了无数军民。万般无奈之下,刘恒才让丞相灌婴出动了85000战车和骑兵,将毫无心理准备的右贤王赶到了塞外。就在汉朝发兵抗敌之际,济北王刘兴居趁机造反,已经赶到太原督师的刘恒只得匆匆返回长安,攻打匈奴的军队也被迫灰溜溜地撤回。如今,距离右贤王越界用兵仅仅一年,冒顿又派使者前来,意欲何为?

对于冒顿,刘恒应该不陌生。想当年,冒顿设下陷阱,在平城(今山西大同)以东的白登山将父王刘邦围了三天三夜,多亏陈平以"奇计"贿赂冒顿的随军侍妾,父王才得以侥幸脱身,这一事件被称为"白登之围";待父王驾崩,吕后主持朝政时,冒顿居然派人送来一封信,信上说:"我这个孤独的国王,生在荒山草泽之中,长在放牧牛羊的地方,多次到过边境,非常希望前往中国游玩。如今我没了妻子,你也没了丈夫,我们两个国君都寂寞得很,没有什么可以使自己娱乐的,我想用我身上所有,换你身上所无。"面对极其下作的挑衅,吕后的心几乎要滴血,但仍无奈地回信说:"我人老了,头发、牙齿掉了,走路也不稳了,不值得你爱了。为表达谢意,送点车马,请你笑纳。"这一事件被称为"书信之耻"。也就是说,冒顿与汉有着不共戴天的大恨深仇。刘恒深知,乌鸦带不来好消息,冒顿的使者不是来挑战,就是来索取的,但为了延续来之不易的和平局面,也因为汉朝处于韬光养晦时期,刘恒只能强压怒火,同意冒顿的使者觐见。

那是一个阴云密布的上午,未央宫前殿里一片静默,皇帝和朝臣脸上都挂着一层霜雪。那位一脸骄纵的使者并未下跪,而是径直将一封国书交给了当值太监。国书上说,"天所生匈奴大单于敬问皇帝无恙,前些日子,汉朝边境的官吏侵扰和侮辱右贤王,右贤王未及请示单于,就听信后义卢侯难氏等人之言,同汉朝边境官吏相抗拒,断绝了匈奴与汉缔结的条约,离间了汉与匈奴的兄弟情谊,汉朝因此不肯与我们和解,邻国也不能为附。为此,我惩罚右贤王,派他到西部征讨月氏。依靠上天的福佑,加上我之吏卒精良,战马剽悍,已经攻灭了月氏,并迫降了楼兰、乌孙、呼揭①及其旁26国。各牧马引弓之民族,都已合并为一家。"意思是说,去年右贤王之所以侵扰汉边,是因为汉朝官员挑衅在先。右贤王侵扰汉边,事先并

---

① 位于阿尔泰山南麓,由呼揭人所建。

未请示单于。我在此事上没有任何责任,如果有责任的话,也是汉朝边吏和右贤王的责任。如今西域已全部归顺匈奴,你们汉人就不要有非分之想了。

读完匈奴的国书,刘恒面部的肌肉急促地抽搐了一下,像皮肤被蚊虫猛地叮了一口,但他很快就恢复了此前的平静,因为他奉行的是休养生息的政策,暂时无意与匈奴争雄,更无必要呈什么口舌之勇。

"请犒赏贵使——"刘恒说。

五、开城投降

> 瓦全还有复兴之日,玉碎便永无希望。
>
> ——《另一半中国史》

从此,汉朝知道了楼兰。

但楼兰是谁?它是怎样陷落的呢?这就需要将历史还原到战国末年。

那是一个用肌肉和胆量说话的时代,地球上到处传响着撕心裂肺的厮杀声。在西方喊杀震天,罗马帝国和马其顿帝国为争夺霸权连续爆发血腥战争的同时,东方也箭矢如蝗。先是来自西部的塞人,在罗布泊西部抄了吐火罗人的后路。继而,游牧在河西走廊里的两个白种人部落——月氏与乌孙也像死不服输的蛐蛐一样缠斗在一起,五天一小打,十天一大打。汉初,相对弱小的乌孙被人多势众的月氏击败,乌孙残余被迫投奔蒙古草原上迅猛崛起的匈奴。在复仇心切的乌孙人的一再乞求下,已成功实现草原统一的游牧巨人匈奴将滴血的马刀对准了西部。就这样,来自西方的白种人——吐火罗人和塞人,与来自东方的黄种人[①]——匈奴人,携带着各自的文明与雄心,如两股汹涌的潮水,在中国西部那片空旷的草场上迎面相撞。

汉高祖刘邦元年至五年(前206—前202),匈奴单于冒顿突然率领铁血军团呼啸西来,一举击败了月氏,杀死了月氏王,月氏中的精壮力量被

---

① 又称亚美人种、蒙古人种、蒙古利亚人种,世界四大人种之一。

迫向西域逃窜,这部分人从此被称为大月氏;月氏中的老弱病残则逃进南山,这部分人从此被称为小月氏。富饶美丽的河西走廊,从此被匈奴牢牢占据,焉支山里出产的化妆品——胭脂,成为匈奴妇女的最爱。就连匈奴单于的妻与妾,也从此被美其名曰阏氏。

"绝不能让月氏有喘息之机!"汉文帝前元四年(前176)春夏之交,冒顿派右贤王循着大月氏逃亡的脚步穷追猛打,并迫使在龟兹、焉耆与车师落脚的大月氏继续西迁。

屈指算来,这已经是追赶大月氏的第16个昼夜了。右贤王率铁骑出河西,走疏勒河床,穿越白龙堆沙漠,绕过一座巨大的湖泊,不知不觉间,踏进了一个崭新的绿洲。

他派出探子前去打听,方才知道,这是一个绿洲城国,名叫楼兰。在匈奴铁骑到来时,这个国家已有上百年的历史了。是蜿蜒而来的塔里木河,给了楼兰人以舟楫、灌溉、放牧之利;是波光粼粼的蒲昌海,给了楼兰人以渔盐之源。凭借着优越的地理环境与自然资源,楼兰人已经在罗布泊西岸构建了令人叹为观止的绿洲文明。

他们的都城——楼兰城,建在罗布泊西北10公里处。无风的日子,灼热的阳光照耀着这片蔚蓝的湖泊,深沉而安详;风起之后,罗布泊则像一个翻江倒海的怪物,潮头甚至可以轻舔到雄伟的楼兰城头。

右贤王接近楼兰时,一轮硕大的夕阳正缓缓西沉,阳光将田野与胡杨涂成了耀眼的金色。突然,他的视线里出现了一座巍峨的城垣,一种梦中也没有见过的城堡。城里几座用胡杨木搭建起的高大建筑直插云天,建筑的金色圆顶发出令人眩晕的光芒,像一个赤身裸体的美妇人在搔首弄姿。它们是肉感的,简直大胆到了不顾羞耻的地步,叫任何人看了都会目瞪口呆。

仔细观察:高高的城墙上,有锯齿一般的垛口,垛口里偶尔露出一个悠闲漫步的士兵的人头。城下,是一条流淌着碧绿色活水的护城河,河边的一丛丛芦苇优雅地倾斜着,偶尔有几只蜻蜓从苇梢诗意地掠过。护城河里,一条胡杨做成的独木舟正缓缓行驶,舟里一个高鼻蓝眼、青春勃发的男子在有节奏地划桨,一个秀发棕黄、肤如凝脂的女子坐在船尾,正轻声哼唱。这是一个世外桃源吗?这是一个人间天堂吗?太不可思议了!太精妙绝伦了!当这新奇的一幕展现在眼前,他肯定在刹那间屏住了呼吸,不由自主地陷入了一种既想占有又想破坏的美学沉思。

匈奴探子将独木舟里的男女抓到了眼前。借助翻译,右贤王从这对男女口中得知,旁边的湖泊叫蒲昌海,前方的城市叫楼兰,是塞种人建立的国家,人口一万,军队也有两千,但平时很少训练,缺乏实战经验。更重要的是,这个城邦过惯了和平安定的日子,并不知道有敌人临近,因此没有任何防备。

听罢,右贤王笑了。楼兰男子被杀掉,而他的妻子——具有西方情调、通体弥漫着沙枣花香的少妇被留在了右贤王身边。

意外得到异域美人的他,如同一个拾荒者意外捡了一枚金戒指,更为志得意满,踌躇满志。他飞身上马,马鞭直指前方的城垣,上万名骑兵山呼海啸一般扑向暮色苍茫中的楼兰。

听到由远而近的铿锵马蹄,看到呼啸而来的一股股铁流,城头的楼兰士兵惊恐地大叫起来。得到战报,正揽着美人听歌的老楼兰王根本不信。经将士们一再催促,他才一脸不屑地爬上城头。等他眯着眼睛,抚着长髯向东北观望。只一眼,他就瘫倒在贴身卫士身上。

他所看到的,是从未见过的四大骑兵方阵啊。四大方阵由清一色的白马、青马、黑马、红马组成,每个方阵有骑兵数千人,每个骑士都手持马刀,斜背弓箭,满脸杀气。更恐怖的是,这四大方阵背后,还有新的骑兵部队裹挟着冲天的烟尘滚滚西来。

接下来,楼兰王耷拉着眼皮,苍白的上下唇碰了几下,有气无力地发出一道指令:"投降。"

事实证明,这是一道明智的指令。因为,面对城外强悍的铁骑,他没有任何胜算。他不能意气用事,不能以卵击石,不能拿楼兰上万国民的性命来兑换自己的所谓名声。

如果我是历史的导演,我愿意为那天的投降仪式设置一场雨,尽管这未必符合事实,但它合乎想象。那天,免冠的楼兰王一脸沮丧地站在雨中,雨滴顺着他的头发流下来,如同悲苦的泪。他向右贤王递上象征着王权的金杖,高坐在骏马上的右贤王摆了摆手:"留着吧,只要你听话!"

"谢过右贤王!"楼兰王满脸堆笑,脸上的雨水瞬间横流,成为四溅的泪花。

"请右贤王入城——"

随后,匈奴大军自东门鱼贯而入。

那场断肠雨一直下了一天一夜,护城河边的芦苇全都低下了头,就连青蛙也叫得有气无力了。

就这样,楼兰成为匈奴的附庸,附近的西域国家也无奈地向匈奴右贤王臣服。一种从未有过的政治疾病——犬儒症,开始在西域城国之间蔓延。

六、倒霉的张骞

屋漏偏逢连夜雨,船迟又遇打头风。

——冯梦龙

看到汉文帝刘恒无动于衷,匈奴对西部的攻击更加肆无忌惮。汉文帝六年(前174)或者稍后,冒顿的儿子——老上单于第三次攻击月氏,"杀月氏王,以其头为饮器"。随后,大月氏逃亡的目的地只能是塞人占据的伊犁河流域。这些狼狈如丧家之犬的亡命者,虽然被匈奴打得溃不成军,但却在毫无防备的塞人面前表现得势不可挡,当地塞人或被大月氏收容,或辗转南逃。但远走伊犁河的大月氏并没有过上多少安宁的日子,汉文帝后元三年(前161)前后,月氏的宿敌——乌孙人从东部攻入大月氏,大月氏人被迫从伊犁河南迁大夏(Tochari)①,在妫水②以北建立了大月氏国。

往事如烟,岁月无痕。经过汉文帝与汉景帝40年的休养生息,汉文帝之孙、汉景帝之子——汉武帝刘彻当政的汉朝,已有了与匈奴一决雌雄的资本,于是决定由守转攻。

一个投降的匈奴人透露,西迁的大月氏一直试图报匈奴之世仇,但苦于无人相助。一开始汉朝还将信将疑,后来不断有人证实了这一消息,于是刘彻决定联合大月氏夹攻匈奴,"断匈右臂"。那么,谁愿出使远迢到西方的大月氏呢?刘彻大声问了几次,朝廷文武大臣们居然没有一人应声。

没办法,朝廷只得张出皇榜。榜上说,皇帝为了对付咄咄逼人的匈奴,面向天下招募使者出使西域,代表汉与大月氏缔结军事同盟。要知

---

① 中心在今阿富汗巴尔赫(Balkh)省会马扎里·沙里夫(Mazar-eSharif)城西22公里处。
② 又名乌浒河,今名阿姆河(Amu Darya)。源于帕米尔高原东南部的高山冰川,流入咸海。

道,这可不是一个好差事,因为当时的大月氏处于流沙以西,距汉都长安直线距离达3000公里,不仅路途遥遥,风沙弥漫,而且要穿过匈奴控制的河西走廊,即便渴不死、累不死,也有可能被匈奴杀死。因此,榜前围观者甚众,但无人敢于揭榜。

最终,一个年轻人拨开人群,郑重揭下了皇榜。揭皇榜的人,名叫张骞,字子文,今陕西城固县人,当时在朝廷担任名为"郎"的下级侍从官。据说他从小胆壮如虎,是一个天生的探险家、拓荒牛。按照惯例,有资格担任汉使——天子使者的,起码是四品以上的朝廷高官,这对于天天捉刀站岗的张骞,是梦里也轮不到的好事儿。

"卿有何特长?"刘彻将身子探出龙椅,眯着双眼俯视着跪在脚下的张骞,像一个半大孩子用戏谑的目光看蚂蚁搬家。

"回陛下,臣有耐力,讲信义,通胡语,懂地理。"尽管是首次面对威严的天子,但张骞声若洪钟,面不改色。

"是条汉子。"刘彻一边微微颔首,一边开始细细打量站起来的张骞。这个揭榜人二十五六岁的样子,身形高大,眉宇间透着一股坚毅与敏锐。

"但是,前往大月氏,不仅要穿越大漠,还有可能遭遇胡人的截杀,爱卿将九死一生啊……"

"臣早已将生死置之度外!"

"寡人不是让卿去死,而是要卿去完成使命,不要妄言生死,明白吗?"

"明白了,臣定会不辱使命!"发出这个承诺时,张骞满脸涨红,信心爆棚。

建元三年(前138),也被称为"丝路元年"。26岁的张骞率百人使团从长安出发,取道陇(甘肃的简称)西,踏上了通往妫水的漫漫征程。使团成员中,有武士、学者、医生、向导,随行的翻译是一位西域胡人,名叫甘夫。因甘夫曾沦为堂邑氏的奴隶,所以又称堂邑父。

鉴于河西走廊、塔里木盆地都在匈奴控制下,张骞选择在傍晚时分走出了边境。那一天,硕大的夕阳刚刚沉入蜿蜒的群山,美丽的余晖开始变得沉着与晦暗,这支骆驼蹄子上裹着棉布的驼队悄悄地隐入了狭长的河西走廊。

人算不如天算。那一天,恰巧有一支匈奴骑兵因为追赶几只野鹿没能在日落前归营,结果与张骞一行迎面相遇,倒霉透顶的汉人使团做了这

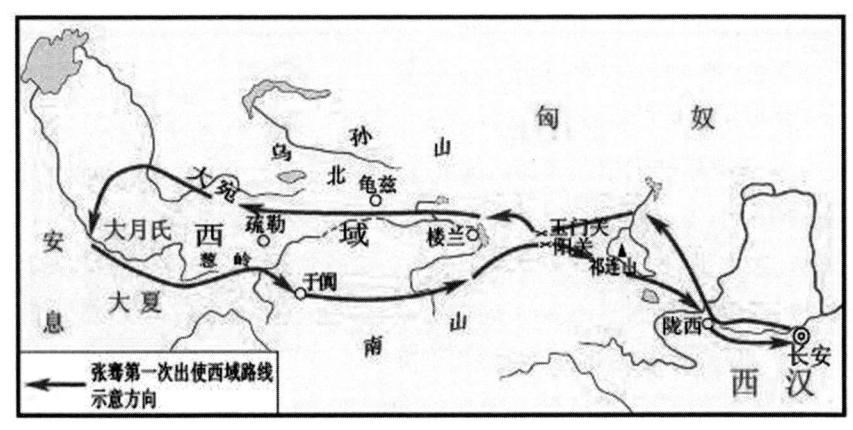

张骞第一次出使西域路线图

伙自由散漫者的俘虏。发现为首的张骞手持汉朝的旌节,这伙匈奴人如获至宝,赶紧派出快马将消息报告了右贤王。右贤王当然明白这个使团的价值,当即命令部属将张骞等人押送到匈奴单于所在的龙城。

军臣单于(老上单于之子)一见张骞,就直截了当地问:"汉使前往何处?"

"臣受汉帝之托,出使大月氏。"张骞只得实话实说。

"出使大月氏,意欲何为?"军臣单于一听汉使的出使地是匈奴的仇敌,更加气愤。

"互通有无,乃国与国之惯例。以汉之丝绸,换大月氏之茴香,难道不可?"张骞的意思是,这是一次纯粹的商业行为,没有其他目的。

但军臣不是傻瓜,于是劈头盖脸地怒喝道:"你以为一句商业交往,就骗得了本单于吗?月氏在我之西北,汉何以得往?假如我出使越国,汉肯听我乎?"

张骞无言。

使团成员被全部扣留和软禁起来,武士被天天殴打,文官被肆意辱骂,许多人被折磨致死,而张骞受到的折磨超过任何人。

虐其体,没有用,因为遍体鳞伤的他仍笑脸相迎;辱其名,没有用,因为面对辱骂他居然沉沉睡去;断其水,也没有用,因为他会在干渴难忍时咬破手指喝自己的血。情况报到军臣那里,他不禁慨叹:"这是一条难得的硬汉啊,硬的不行就来软的,一定要为我所用!"

从此,好酒、好肉、好饭被端进了张骞的帐篷。受尽折磨的张骞倒是乐得享受,可一提起投降,他就一言不发。

怎么办?坐在帐篷前,军臣单于让手下一简一简地翻看汉地兵法。突然,一个美丽的词组跃入他们眼帘——"美人计"。对,就从匈奴选一个美人,让她服侍张骞,为张骞生子,用她温软的怀抱销蚀张骞的志向。

就这样,一位美丽的胡人女子,袅袅娜娜地走进了张骞的帐篷。从此,这个散发着血腥与汗臭的所在,弥漫起沁人心脾的胭脂香。她对他体贴备至,渐渐地,他也对她不再抗拒。后来,一个儿子在帐篷里呱呱坠地。

春风来了又走,牧草青了又黄,九度风雪过后,张骞已人到中年。他穿胡服,留胡须,说胡语,俨然一个地地道道的胡人。在匈奴监管者看来,张骞已被胡化,因此对他的戒备有所放松。

元光六年(前129),一个天鹅绒般漆黑的夜晚,几颗银色纽扣般的星辰,缝缀在龙城上空那幽玄的天衣上,偶尔闪出胆怯的光,连风也不再孟浪,只敢蹑手蹑脚地吹拂。张骞深情地望了一眼酣睡的妻儿,然后匆匆钻出帐篷,与几个约好的同伴像萤火虫一般飘逝在沉沉的夜幕中。

他们取道蒲类国(今巴里坤湖畔)、车师国(今吐鲁番盆地),从焉耆溯北河(今塔里木河)西行,经尉犁国(今新疆库尔勒市)、轮台国(今新疆轮台县境内)、龟兹国(今新疆库车县)、姑墨国(今新疆阿克苏)、温宿国(今新疆温宿县)、疏勒国(今新疆喀什市)、大宛国(今费尔干纳盆地,Fergana Valley)、康居国(今巴尔喀什湖与咸海之间),于几十天后抵达目的地——大月氏。

那一刻,他肯定觉得汉帝赋予自己的神圣使命即将实现了,他那与大月氏结盟的外交梦想已经离得非常近,几乎伸手就能抓到。

但事实绝非如此简单。张骞从长安出发时,大月氏王尚且健在,他们仍在妫水以北的索格狄亚那游牧。而在张骞滞留匈奴的十年间,大月氏已经征服了妫水以南的大夏,拥有了富庶而美丽的新家园。当张骞历尽千难万险到达大月氏时,对匈奴怀有刻骨仇恨的大月氏王已死,王后当政,这个女人身上根本没有匈奴人留下的伤疤。

一个金风习习的午后,风韵犹存、金发碧眼的王后接见了张骞。待张骞说明来意,王后笑着问:"汉,还是那个被冒顿辱骂过的女王当政吗?"在她听到的关于汉的故事中,当政的吕后最让她感兴趣。她也是以汉有女

敦煌壁画《博望侯张骞出使西域》局部

王为借口,在丈夫死后掌管朝政的。当然,她还想知道:汉朝是否还像以前那样羸弱?

"回女王,吕后已过世多年,现在当政的是刘彻,一位年轻有为的帝王,他已决定向匈奴展开全线反击,因此派臣来联络大月氏。"张骞答得滴水不漏。

"大月氏当年离开河西确系迫不得已,如今已经摆脱了血腥而残酷的梦魇,并已适应了此地的人文气候,不想再与凶悍的匈奴厮杀,当然也就不能冒险东归!"女王显然很有主见,口气也不容辩驳,"此事不必再议,请汉使多住些日子,在我大月氏多走走,多看看。"

张骞不禁陷入了深深的疑惑:已在中亚安居乐业的大月氏人,真的忘掉了曾经的血海深仇?难道那里真有一种忘忧草,抚平了他们昔日的伤疤?

之后,张骞在大月氏整整住了一年,使出浑身解数也未能说服大月氏女王与汉朝夹击匈奴。无奈之下,他只得带着深深的遗憾回国。

返程的路途依旧漫长、坎坷、凶险。为避开匈奴,张骞选择了丝路南道。他从大月氏启程,翻越葱岭,过莎车国(今莎车)、皮山国(今皮山县北部),然后沿南河东去。

蜿蜒浩荡的南河,拾贝撷英般串起塔里木盆地南部的城市群,也使得张骞的返国之旅变得轻松惬意起来。他经于阗国(今和田)、拘弥国(今于田县北部)、精绝国(今民丰县尼雅遗址)、且末国(今且末县城北部),优哉游哉地到达了楼兰南部的若羌国。那时,他一定想从楼兰经过,顺便参观一下这个传说中壮丽的绿洲城国,但他不想节外生枝,因为他听西域人介绍,楼兰早已被匈奴控制,那里驻有匈奴官兵。

于是,他决定沿昆仑山北坡,经青海羌人部落返回长安。

戏剧中的曲折情节再次出现,倒霉透顶的张骞又一次落入匈奴之手。聊以自慰的是,听说他被押在单于庭,那位匈奴女人在第一时间赶了过来。她知道,尽管张骞与她不辞而别,但他不是无情无义之人,他早晚会回来接她。只是,他们唯一的儿子已染上风寒去世。

一年多后,也就是元朔三年(前126),匈奴军臣单于去世,匈奴爆发内讧,军臣的弟弟——左谷蠡王伊稚斜自立为单于,向单于继承者——军臣的儿子於单发起进攻,於单战败逃亡汉朝。趁匈奴大乱,张骞与妻子和堂邑父逃回长安。

张骞使团出发时百余人,13年后返回时仅剩两人。

当他策马进入熟悉的长安直城门(正西门),并没有一点儿劫后余生的兴奋,有的只是忐忑与忧虑,因为自己不仅没有完成与大月氏结盟的使命,而且丢掉了一百名使团成员的性命,前面等着自己的,不是杀头,就是入狱。

如果读者迫不及待地追问张骞的命运,我只能把食指放在唇边,做一个"嘘"的手势。

七、歪打正着

上帝为你关闭一扇门,就一定会为你打开一扇窗。

——西方谚语

一个电影里才有的鬼魅场面出现了。当三个衣衫褴褛、风尘满面的人进入未央宫前殿,汉武帝刘彻连同满朝文武全惊呆了。一个13年前派出去的汉使,多年来一直杳无音讯,几乎所有人包括家人都认为他们绝无生还的可能,今天他们却突然像鬼魂一样冒了出来,能不令人吃惊吗?

"罪臣张骞拜见陛下!"张骞与其他两人一起跪了下去。

"尔真的是张骞吗？张骞不是早就死了吗？"刘彻不敢相信自己的耳朵，更不敢相信自己的眼睛，因为当年临别时的张骞是生龙活虎的小伙，如今跪在脚下的是一个饱经风霜的中年。

"回陛下，臣是张骞，这是陛下当年授给臣的旌节。臣西去后，两次被匈奴俘虏。13年来，臣无时无刻不想念故国，无时无刻不想回来向陛下复命。"张骞亮出了那根代表自己庄严身份的旌节，节柄上的红缨已经磨光。

"是，是张骞，爱卿平身——"刘彻走下殿台，用手轻抚着张骞的肩膀，唏嘘不已，"爱卿受苦了！你旁边的人是谁？"

"臣罪该万死，当年随臣出使的团员，只剩下我和胡人翻译堂邑父了。"他指了指身边的胡人男子，胡人男子赶紧点点头。张骞又指着身边的女子说："这个女人，是臣的胡人妻子。没有这两人的帮助，臣回不到长安啊。"张骞嘴唇哆嗦着，泪眼迷蒙。

未等刘彻继续问话，张骞接着说："臣辜负了陛下的重托，臣3年前逃出龙城，到达了目的地大月氏，但大月氏已经南迁到妫水以南的大夏，老王已死，女王当政。一来，他们距离汉地太远，二来他们不了解汉之强大，三来他们畏惧匈奴的声威，因此不敢与我大汉结盟。"

说到这里，张骞低垂着头，一副任人宰割的样子。

当时，刘彻脸上的确露出了明显的不悦，并重新回到了座位上，"那么，妫水在哪？大夏是谁？大月氏女王什么样子？"刘彻是个好奇心很强的人，在责备或处罚这个使者之前，他不想放过任何陌生的事物。

面对刘彻的提问，张骞的眼睛亮了起来，开始向刘彻和满朝文武讲述他所到达的大月氏，他所见到的大月氏女王，他所经过的十几个国家，还有那条沿北河西去、沿南河返回的漫漫商路。虽然他的直接目的以失败而告终，却意外获悉了西域及中亚的人文地理，那可是一片比汉还要广大的崭新世界啊，他的贡献也许只有哥伦布发现新大陆可以比肩，从而被司马迁称为"凿空"了西域。

几个时辰过去了，刘彻和群臣仍张着嘴巴听张骞讲西域那些神奇的国家、绿洲、河流、物产、人事，废寝忘食，乐而忘忧。

一个人追寻星星，却得到了月亮。故事讲完后，刘彻不仅没有怪罪他未完成使命，而且升其为太中大夫，封博望侯，就连堂邑父也被破格封为奉使君。

尽管被意外封侯，但张骞还有许多心事，而最大的心事莫过于与西域大国结盟对付匈奴。后来，他听说乌孙已在伊犁河流域崛起，成为阻止匈奴西进的重要力量，于是向刘彻献计，派出使团与乌孙结盟，砍断匈奴的"右臂"，自己愿再次承担这一重任。稍加思索后，刘彻批准了这一建议。

元狩四年（前119），张骞率领300人的庞大使团二使西域。因为占据河西走廊的匈奴浑邪王投降，汉已经直接与西域接壤，使团得以走丝路主干道，从敦煌出关，直接向西穿过白龙堆沙漠，顺利到达了罗布泊西北岸的明星城市楼兰。

此后，他从西域南道，经且末、精绝、拘弥到达了于阗。然后沿于阗河北上，经姑墨、温宿，翻越天山，直达乌孙王都赤谷城。见到乌孙昆莫（后来称昆弥，最高统治者）后，张骞建议双方联合夹击匈奴，许诺在战后允许乌孙回祁连山旧地居住。但乌孙距匈奴近，大臣皆畏惧匈奴；距汉远，不知汉之强弱，因而不敢下决心与汉结盟，更不愿盲目东归。据理力争已没有意义，张骞再一次在宿命面前败下阵来。但意外收获是，他在乌孙停留期间，昆莫派人送张骞的副使分别访问了大宛、康居、大月氏、大夏、安息①、条支②、奄蔡③、身毒④等国。

张骞二次出使西域，虽然未能达到与乌孙合击匈奴的目的，但以艰难困苦为代价，使中原人得到了前所未有的关于西域的地理与国情知识，把汉的声威和汉文化的影响传播到了当时中原人世界观中的西极之地，沟通了一条通向中亚、西亚和南亚乃至欧洲的陆路通道。此后，中亚、西亚、南亚诸国陆续派使节随张骞的副使来到汉朝。与此同时，汉朝商人接踵西行。汉地的丝绸、瓷器、茶、白矾、砂糖、樟脑等不断西运。西域的安石榴、葡萄、苜蓿、胡桃（核桃）、胡麻（芝麻）、胡瓜（黄瓜）、胡蒜（大蒜）、芫荽（香菜）、绿豆、波斯草（菠菜）、胡萝卜、无花果、茴香、葱等进入中原。无怪乎清乾隆重修《肃州新志》上说："不是张骞通异域，安能佳种自西来？"

这条由张骞沟通的伟大商路，后来被德国地理学家李希霍芬诗意地称为"丝绸之路"。

---

① 又名帕提亚帝国（Parthian Empire），存在于公元前247年—公元224年，位于今伊朗。
② 西亚古国，在今伊拉克境内，公元前64年亡于罗马。
③ 由游牧民族建立的西域政权，又名阿兰，位于西伯利亚西南部。
④ 印度河流域古国，在中国古文献中又称申毒、辛头、信度、身度、天竺、贤豆、印度。

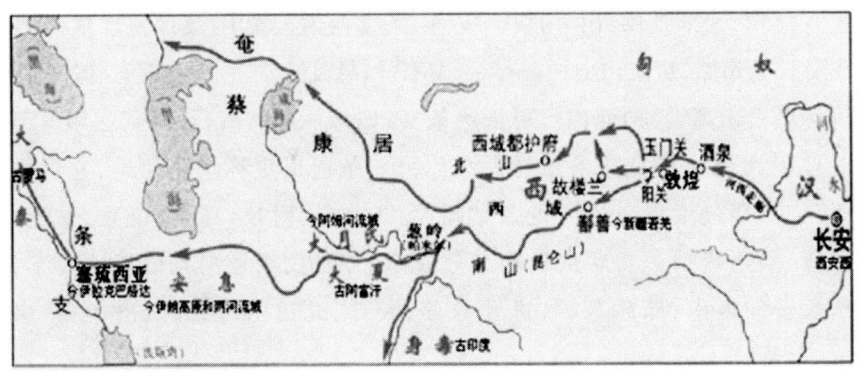

汉代丝绸之路示意图

八、楼兰道

> 行路难！行路难！多歧路，今安在？
>
> ——李白

关于在楼兰的所闻所见，他在归来后向刘彻做了详尽的汇报，太史令司马谈在场做了记录。这位太史令对楼兰显然不感兴趣，因此他采用春秋笔法，在历史实录上为楼兰与姑师留下了四十几个字："楼兰、姑师邑有城郭，临盐泽。盐泽潜行地下，其南侧河源出焉，多玉石，河注中国。楼兰、姑师小国耳，当孔道。"后来，司马谈的儿子司马迁撰写《史记》时，已经找不到更多关于楼兰的记载，便将父亲的记录一字不落地写入了历史。

不仅司马谈对楼兰不感兴趣，就连刘彻也对这个小国不太关注；他关注的，还是那条串联起无数绿洲城邦的神奇商路。

好在，张骞是个有心人，他不仅记忆力超群，而且令随行的文书记录下了路经的每一个地名，因此得以从容地向刘彻回复说："绵延万里的商路，从敦煌郡启程，出玉门关，走楼兰道，在到达楼兰后，被塔克拉玛干沙漠分割为两条通道。一条史称丝路南道，从楼兰向西南，经若羌至且末，然后沿南河一路向西，过精绝、拘弥、于阗、皮山、莎车。从莎车分出两道，一条向西北，抵达丝路北道的疏勒；一条转向西南，经子合（今叶城县棋盘乡)、蒲犁、瓦罕走廊,出大月氏、安息、条支西通大秦①,最远到达犁靬②。还有一条道路,从皮山向西南行,经乌秅③、悬度④,然后进入难兜、罽宾⑤,可达乌弋山离,再向西南行可抵达条支;如果从罽宾南行,则到达印度河口⑥,转海路也可抵达条支与大秦。另一条通道史称丝路北道,它由楼兰向北,穿过库鲁克山区进入姑师⑦,经焉耆、尉犁、乌垒、龟兹、姑墨、温宿,到达疏勒。然后从疏勒又分成南北两道,南道向东南抵达莎车,然后转向西南,跨越葱岭,进入身毒、大夏;北道西跨葱岭,出大宛、康居、奄蔡。"

"那么,何谓楼兰道?"刘彻身边的丞相李蔡好奇地追问。

"楼兰道,就是从玉门关西去楼兰的道路。"然后,张骞详细叙述了这条道路经过的每一个点。

关于这段话,汉代史书上没有记载,我们只能从近代探险家的回忆录上寻找答案:从今玉门关遗址西行,沿着已经断流的疏勒河谷的亭燧,行

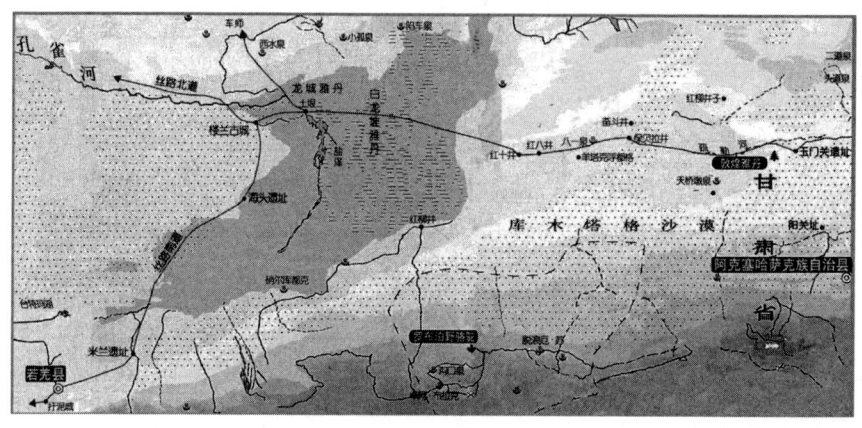

楼兰道示意图

---

① 古罗马,公元前510年建立共和国,逐步征服意大利半岛。公元前2世纪成为地中海霸主。公元1世纪前后扩张成为横跨欧亚非的庞大帝国。
② 埃及亚历山大城(Alexandria)。埃及最大的海港,位于尼罗河河口以西。
③ 今叶尔羌河上游古国,位于今塔什库尔干东南150千米的山坡上,有路通向阿富汗。
④ 在今明铁盖达坂一带,还有人认为在今巴基斯坦达丽尔(Daryl)。
⑤ 位于葱岭以南的喀布尔河流域,由从伊犁河逃的塞王建立的古国。
⑥ 今巴基斯坦卡拉奇(Karachi),南临阿拉伯海,是巴基斯坦第一大城市。
⑦ 车师国的前身,位于吐鲁番盆地中部,西域最早的古国之一。

至河谷尽头的都护井①,向西北绕过三陇沙②,经阿奇克③、沙西井④,越过罗布泊东北部的白龙堆沙漠,进入罗布泊北部的龙城雅丹和其中的居卢仓(土垠遗址),继而到达今罗布泊西北部的楼兰城。

无论是地理的、生态的,还是心理的、象征的,沙漠都是一幅恐怖的地狱图。尽管古玉门关至楼兰城的直线距离只有380公里,但一般人要行走20天以上,前提是要有足够的水与干粮。其中必经的白龙堆沙漠,古称"八百里沙河",是一段令人绝望的旅程。东晋高僧法显路过沙河时记录道:"沙河中多有恶鬼、热风,遇则皆死,无一全者。上无飞鸟,下无走兽,遍望极目,欲求度处,则莫知所拟,唯以死人枯骨为标帜耳。"我们今天看到的白龙堆沙漠,面积达2600平方公里,风蚀岗阜一道接着一道,时而像一支在万顷海涛中鼓帆而来的庞大舰队,时而像无数条长龙在云海里翻转腾挪,时而又像一座座亭台楼阁争奇斗艳。但当你真的置身其间,感受到的只有恐怖——这里没有飞鸟,没有绿色,没有春夏秋冬,不辨东西南北,时间和空间突然变得毫无意义。看似线条柔美的沙丘,说不定就是让彭加木失踪的陷阱;让人心潮澎湃的雅丹,突然现出了白骨精那狰狞的原形。

商旅在近乎绝望的沙丘之间艰难跋涉的时候,谁也想不到即将出现在他们面前的,居然是一个天差地别的奇迹。是啊,上苍是最富想象力和创造力的魔术大师,它从袖口里抖落出的每一件东西,都会令人惊讶得说不出话来。沙漠尽头的罗布泊,就是上苍从袖口里撒落在大漠戈壁中间的一泓蓝得让人眼亮、美得让人心颤、大得让人瞠目、神秘得让人窒息的湖泊。

如果说穿过白龙堆沙漠是走出了地狱,那么走近水光潋滟的罗布泊,继而走进湖泊近旁的楼兰城,便是步入了视觉、听觉、嗅觉以及生命的天堂。也许从乞丐做了皇帝的人,才能有幸体会到这种令人眩晕的反差。

张骞接着介绍说:"商旅眼里的楼兰,像一位慵懒的古典美人,斜倚在碧波万顷的罗布泊旁,如诗如梦,风情万种。每天清晨,她睡在蒙蒙雾气

---

① 又称甜水泉,今八一泉。
② 因有三断石而得名,是一片长、宽各10公里的雅丹群。
③ 维吾尔语意为"苦",是一个东西长150公里,南北宽20至30公里的狭长谷地。
④ 今红十井,位于阿奇克谷地的西端。

里,优雅而恬然,偶尔还会露出令人沉醉的丰韵胴体。当我身临楼兰时,不禁忘情地感叹:'这里,简直就是大漠天堂、海市蜃楼啊!'

'远方的客人,请您停下来。'负责接待的楼兰美女对我们说,'卸下您的疲惫,让骆驼享用苜蓿吧,吃馕、火埋烤肉,喝一口甘泉水。对不起,您还得上一点税。'"

说到这里,张骞顿了顿,对张着大嘴巴的大臣们说:"你们知道楼兰美女有多么美吗?"

在场的御史大夫张汤急了:"博望侯别卖关子了,快说吧!"

"楼兰美女可不是黄皮肤,而是云朵一般的白皮肤;也不是黑眼睛,而是湖水一样的蓝眼睛;还不是黑头发,而是陛下黄袍一样的金色卷发;至于腰肢吗,简直就是水蛇;如果没去过楼兰,根本想象不到她们有多么美丽,多么妙曼,多么惊艳。"

听到这里,张汤的口水快要流下来了。

"如果恰如博望侯所言,寡人将来一定会派大军占领楼兰的。为今之计,还是多派一些使团和商队,先与商路沿线的国家建立联系。如果不战而令西域自动归降,岂不更妙?"对于刘彻这一决定,大臣们纷纷表示赞赏。

由是,中西交通大开,从汉西去"求奇物"的使者"相望于道",一年中最多有十几个使团,最少也有五六个使团,最大的使团有数百人,最小的也有百余人。行程最远的要用时八九年,最近的也要几年方能返程。使团带去的牛羊达上万头,金帛数量也成千上万。许多西域国家也派出使者随汉使来到长安。

一时间,楼兰城客栈连片,商旅云集,美女遍巷。在这里,任何货币都是硬通货,人们用汉朝的榆荚半两、五铢钱,贵霜的铜币,波斯的银币,楼兰的贝壳、珊瑚与玛瑙,随意购买自己心仪的商品。中国的丝绸、茶叶,西域的良马、葡萄、珠宝,最早都是通过楼兰交易的。对于无数穿行在丝绸之路漫漫征途上的使者、客商、僧侣来说,楼兰是他们心中的灯塔、歇脚的港湾、精神的驿站,是一个可以给予他们身体慰藉、精神滋养的香艳词汇和审美符号,是一个可以使他们储存梦幻、寄放记忆的异域净土和人间天堂。正因为如此,楼兰迅速成长为塔里木盆地六个人口超过万人的国家之一。

如果当时能从空中鸟瞰,您将看到一条缓缓流动的神奇曲线在楼兰分成两条,在大漠西部的疏勒重新相交,然后又分成两条线向西方和南方无限延伸,如庄子笔下的鲲鹏在大漠高山间振翅飞翔。那是一张多么令人震撼的西域丝路全息图呀,沿线闪烁着星星点点的人文光亮,流淌着东去西往的国使商旅,喧响着令人捧腹的南调北腔,人人都想放飞梦想,人人都想整装远足,人人都想闯荡江湖。

楼兰是幸运的,有那么多温煦与惊悸的目光关注着她,上自皇室贵胄,下至商旅驮夫。春花秋月何时了,这里永远是驼峰拥挤,征人接踵,羌笛幽幽,驿马声声,充斥着"行路难"的感叹,响彻着"将进酒"的规劝,少不了"桃园结义"的传奇,免不了一见钟情的邂逅。同时,她又是不幸的,每当东西失和,兵戎相见,这里大抵总会遭遇一场血与火的劫难。

九、兵发楼兰

黄沙百战穿金甲,不破楼兰终不还。

——王昌龄

"太过分了,他刘彻眼里还有我大单于吗?"

那是一个朔风阵阵、牧草瑟瑟的初冬,蒙古草原上的克鲁伦河已经结冰,河南岸的龙城大帐里气氛压抑,一个头戴狐皮帽子、身披金毛狼皮、脚蹬狗皮高靴的匈奴人大吼着,把手中的权杖摔得啪啪作响。他叫乌维,是匈奴有史以来的第五位单于,冒顿单于的重孙。

他之所以如此愤愤不平,是因为汉武帝刘彻不按套路出牌。刘彻当政以来,两次派遣张骞出使西域,尽管没有达成与大月氏、乌孙联合夹击匈奴的目的,但是却将汉的声威传导到了西域,西域各国随后纷纷派出使者前往长安。

要知道,早在刘彻的爷爷汉文帝刘恒当政时期,冒顿单于就派右贤王领兵攻灭了月氏,迫降了楼兰、乌孙、呼揭及其旁26国。50多年来,西域一直是匈奴的势力范围。外国使团怎能不经批准,不发关牒,就在自己的地盘上自由往来呢?作为草原帝国的最高领袖,乌维单于当然咽不下这口气。

在大帐里,乌维单于像铁笼里的恶狼一般不停地踱步,口中念念有词:"汉使西行的第一站就是楼兰,另一个交通枢纽是姑师,要收拾这些目中无人的汉人,必须在楼兰和姑师下手!"

楼兰,中心位于古罗布泊西北10公里处,其创建者是古印欧人之一的塞人。姑师,中心位于吐鲁番盆地的交河故城,是古印欧人之一的吐火罗人建立的绿洲城国。由于两个城国恰好处于东西商路的咽喉,所以匈奴在两国派驻了监军。接到乌维单于的指令,姑师王不禁伸了伸舌头,因为明摆着,匈奴想借他之手去开罪汉。但面对杀人如同割韭菜一般的匈奴人,他连个"不"字也不敢说,只有言听计从的份儿。楼兰王则不这样看,他认为,只要抱住匈奴的大腿,相距遥远的汉就无法扳倒自己,所以,接到指令,他居然像中了彩票一样,表现得分外积极。

接下来,楼兰王主动约请姑师王组成联合巡逻队,截杀了汉使节,切断了丝路交通,使得寄托着无数王侯与贵妇梦想的丝绸之路变成了"千里陇原,一片赤地"的死寂荒漠。

持续不断的坏消息传到长安,刘彻火冒三丈。

元封三年(前108),刘彻决定派兵西征。此时,可供刘彻派遣的将军寥寥无几。李广在11年前自杀,霍去病在9年前英年早逝,卫青也垂垂老矣(2年后病死),李广利4年后方才出道,而李陵才是个十岁左右的孩子。于是,刘彻想到了霍去病的老部下——从骠侯赵破奴。

这是一个稍显青涩和陌生的名字。在刘彻如云的战将中,他算不上名将,李广、卫青、霍去病、李广利、李陵,哪一个的名气都超过他。好在,《汉书》里还能找到他的名字,他被列在"卫青、霍去病传"的12个将军中,排在最后一位。

赵破奴,今山西太原人,早年曾被匈奴俘虏,后来逃回汉地加入了骑兵部队,被任命为军司马,成为霍去病如影随形的贴身战将。元狩二年(前121),他跟随19岁的骠骑将军霍去病征伐匈奴右地并大获全胜,战后被封为从骠侯。对于长途奔袭,他有着超越同龄将军的经验与底气。

在一个没有云,没有风,没有鼓响的日子,赵破奴率领附属国骑兵和汉郡兵共数万人低调出征。辅佐他的,是从西域赶回的汉使王恢。这既是一位向导,还是一个参谋,而且在西域遭受过种种羞辱与劫难,有着对楼兰等绿洲城邦的刻骨仇恨。

早在出征前,赵破奴就确定了此战的三大目的:歼灭匈奴在西域的军队,教训楼兰、姑师,震慑所有西域城邦。等到汉军进入西域,匈奴驻扎在西域的几千军队早已闻风而逃。既然匈奴人不知去向,汉军的兵锋自然指向了楼兰、姑师。按照行军路线,第一仗就是楼兰。

面对不能有失的首战,赵破奴一脸凝重。但汉使王恢笑着告诉他:"尽管楼兰在城郭诸国中尚属大国,但军队只有2900人,不足汉军的十分之一;武器是刀、弓,并未配备汉军所拥有的强弩、长戟,根本不是我们的对手。"

赵破奴的脸随即亮了起来,他想起了13年前自己随霍去病离开卫青的大军,只带800轻骑长途奔袭匈奴,成功斩杀了匈奴单于的祖父并俘获了单于叔父的情景,想起了刘彻坚毅与信任的目光,也想到了此时正躲在城中瑟瑟发抖的楼兰王。于是,他决定亲率700轻骑突袭楼兰。

铿锵的马蹄敲碎了丝路的宁静,也打断了楼兰王的酣梦。临近楼兰城墙时,汉军强弩手如云的箭镞压得楼兰城防卫士根本抬不起头来,待楼兰王把防卫重点放在东门、北门时,汉军骑兵趁机越过护城河,以闪电般的速率冲进南门与西门。在震天响的呐喊声里,汉朝铁骑呼啸着杀进王宫,几个手持马刀的王宫卫士被齐肩斩首,楼兰王束手就擒。

战后,赵破奴的威望直插云霄,用弗兰兹·卡夫卡(Franz Kafka)的话来说,到了第二天要为之追悔的程度。不久,汉军挥师北上拿下了帮凶姑师。大宛和乌孙等西域大国受到强烈震撼,纷纷向汉示好。

"楼兰愿做汉臣,用汉文。"一向无视汉朝的楼兰王终于开口了。据说,为了对付这个有眼无珠的人,赵破奴采取了一种看似很文明的刑罚。这种刑罚就是将一个人关在一间充满阳光的空屋子里,既不提审他,也不吓唬他,给他充足的水、食物、空气,但不让他见任何人,不让他做任何事,不给他与任何矛盾和意义发生关系的机会,就让他这样活着,心思没有着落,只是任空洞的时光天天流逝。据说,这种刑罚会使任何英雄无一例外地发疯,并在发疯之前渴望着死去。这种办法,法国国王路易十四(Louis XIV)在自己的孪生兄弟"铁面人"身上试过,奥斯曼帝国(Ottoman Empire)国王在自己的弟弟身上也试过,当赵破奴在楼兰王身上用到第15天的时候,他告饶了,认输了,投降了。

消息传到朝廷,就在人们以为刘彻要对楼兰王一顿臭骂时,脸上一向结着冰的刘彻笑了,大声说:"把楼兰王放了吧,官复原职!"他那难得一见的笑容,照亮了暗淡沉重的历史长空,让楼兰王的心情摇曳如春风里的花枝。

靠在金色的龙椅上,刘彻捋着稀疏的胡须,颁诏封赏功臣,赵破奴被封为浞野侯,王恢被封为浩侯。就连从汉北地郡①经大漠到东西浚稽山,然后折向西南直通姑师、楼兰的通道,也因为是赵破奴打开的,所以一度被称为"赵破奴故道"。

只是赵破奴无福享受这些尊荣,他在6年后攻击匈奴时兵败被俘,后来侥幸逃回,结果牵涉进巫蛊之乱丢掉了身家性命。

而王恢出场的机会也不多,再次出场是为西征大宛的李广利②做向导,最后一次出场是在酒泉越权行事,依罪当斩,花了不少钱财才保住性命。

历史是一个冷血老人,从不将时间浪费在道德评价方面,只是冷眼旁观着事态的进展,记录下那些功成名就的人和事。

十、墙头草

不管明天怎么糟,我已经过了今天。

——霍勒斯(Hollers)

楼兰王倒向汉朝,并且在官场文书中吐火罗文与汉文并用,实际上意味着楼兰国汉化的开始。那些判归匈奴的汉朝文人——"汉奸"当然深知此事的严重后果,便不停地在匈奴单于耳边鼓噪。不久,匈奴单于派右贤王发兵攻击楼兰。楼兰坚持不住,汉又鞭长莫及,楼兰王只能再次拉稀,主动来到驻扎在城外的右贤王军帐,向对方服软。

"你来干什么?"右贤王一脸不屑。

"本王是来向右贤王请降的。"楼兰王则一脸诚实。

"你明知我会来攻,为何还向汉投降?"右贤王扬了扬剑眉。

"汉朝几万大军来攻,匈奴又不派兵相救,凭楼兰这点人马,够汉军塞

---

① 郡治在今甘肃环县东南的马岭镇。
② 刘彻宠妃李夫人的长兄,曾率兵二征大宛,公元前89年投降匈奴,一年后被杀。

牙缝的吗？本王只有投降一条路呀！"楼兰王一脸无奈。

"那你以后怎么办？"右贤王追问道。

楼兰王沉吟了半晌，才嘟囔道，"本王过于愚笨，右贤王可有好办法？"

"办法只有一个，你必须绝对服从我匈奴。"

"话说起来简单，但做起来难呀，如果汉朝大军再次来攻，右贤王会出兵相救吗？"

面对楼兰王的疑问，右贤王也为难起来，因为自从刘彻接任汉帝，特别是卫青、霍去病领兵后，匈奴就接二连三地吃败仗，右贤王也亲自尝过被汉军追着屁股猛踹的滋味，当然不敢与汉军直接对战。最后，还是右贤王的谋士拿出了一个不是办法的办法："你表面上应付汉，暗地里服从我匈奴，这样总可以了吧？"

"这样好！这样好！"楼兰王一迭声地说。

为表达诚意，楼兰王当面承诺，将长子安归派到匈奴担当人质，另派次子到汉朝做人质。

流动是人类的基本命运，接到父王诏令，两个王子只有认命。

二王子一到长安，便将父王派大哥安归到匈奴为质的消息告诉了刘彻。

"这不是典型的两面派吗？况且去匈奴为质的是长子！"刘彻实在咽不下这口气，脸涨得通红，便生出出兵楼兰的想法。

太初元年（前104），也就是解忧公主①嫁到乌孙的第二年，刘彻任命李广利为贰师将军，率兵远征大宛。

听到消息，匈奴右贤王指使楼兰派兵阻截。接到匈奴的指令，楼兰王不仅不向汉军提供粮草，还多次派出军队袭击汉军。汉军一路车马劳顿，加上粮草不济，抵达大宛时已是强弩之末，最终几乎全军覆没。李广利此次远征大宛失利，楼兰难脱干系。

于是，刘彻大怒，派出玉门关军正（军中执法官）任文从便道赶赴楼兰，逮捕了楼兰王。

面对汉的审讯，楼兰王并未狡辩，因为他知道自己是谁，也清楚自己的处境，所以只是一脸无辜地说："楼兰作为一个小国，处于汉和匈奴两个

---

① 原名刘解忧，西汉楚王刘戊的孙女，和亲公主。

大国之间,得罪了谁都不得安宁啊。如果非要我做出明确归属,我只能申请带领全体国民到汉地居住。"

这就好比一个上学迟到的学生,面对老师的责问,诚实而自责地回答:"我睡过头了。"

当您是少数时,可以测试自己的勇气;当您是多数时,可以测试自己的宽容。面对楼兰王的大实话,一向较真的刘彻只有苦笑。

十一、不一样的刘彻

> 一切都是设计,没有什么不能设计。
> ——皮尔·卡丹(Pierre Cardin)

如同中国的地理一样,中国文化是一个封闭自足的体系。大到天宇,小到凡尘,一切都已经有了圣人给出的解释,你只需按照传统的规矩行事,一切的改革、好奇与探险,都意味着胡闹、浪费与危险。但刘彻不同,他是一个反传统的人物,拥有世界上最宽广的视野,最澎湃的欲望,最敏锐的思维,最强硬的手腕。作为天下最有权势的人,他要站在高山之巅俯瞰世界,他要用自己的意志开拓疆域,他要让包括游牧民族在内的所有人匍匐在脚下,他要娶天下最美的女人——"倾城倾国"的李夫人,他要骑天下最好的骏马——发动大宛汗血马之战,他要把帝国版图扩张到极致——占有了河西还要持续西进,他要做父辈、祖辈们从未做过的事,他要做一个大写的人,成为比秦始皇还要伟大的千古一帝。如果说他第一次派张骞出使西域是为了与大月氏联手对抗匈奴的话,那么后来他在西域的征战和对丝路的保护,就不能简单地认为只是与匈奴一争高下了,重要的因素还有:让汉走向世界,让世界知晓汉,让中外互通有无。难怪摩尼教[①]经典中说:"除了以他们的两只眼睛观察一切的中国人和仅以一只眼睛观察的希腊人之外,其他的所有民族都是瞎子。"

太初三年(前102),李广利二征大宛获胜,牵回了几十匹汗血马,大宛以及丝路南道诸国全部降服。接下来的问题是,如何才能巩固既有战斗

---

① 中国称之为明教,公元3世纪中叶由波斯人摩尼所创,崇尚光明。

汉武帝刘彻

成果,保证丝绸之路畅通,并在梦一样遥远的西域站稳脚跟?这是我们的问题,也是刘彻必须面对的难题。为此,刘彻仿照他的心中偶像秦始皇,做了两件大事。

第一件大事,是修筑西长城。

其实,早在发动楼兰战役前,刘彻就未雨绸缪,于元封二年(前109),将长城烽燧亭障从酒泉修到了玉门。太初三年(前102),伴随着李广利二次西征的步伐,刘彻又将长城从居延修到了祁连山下的玉门镇,与酒泉到玉门的长城构成了"T"字形。太初四年(前101),李广利二征大宛胜利后,西域各国纷纷遣使入贡,汉派往西域的使者日渐增多,为保证丝路畅通,刘彻又将长城从敦煌西部延伸到了盐泽,也就是沿着楼兰道,修筑了从玉门关到楼兰的长城。因为当时的玉门关,是汉朝极西的一道大门,再向西便是白龙堆雅丹、龙城雅丹和盐泽,需要经历380公里的艰难途程才能到达楼兰。如果没有顺畅的通道,如果不能步步为营,即便占领了楼兰,也是难以立足的。最管用的办法,就是建立一条牢固而顺畅的军事通道,尽管这要付出巨大的代价并要克服难以想象的困难。

很多时候,我们不能用今天的眼光与耐力,去度量手工时代的古人。既然皇帝不缺魄力,百姓就不缺智慧。既然秦代军民能用最原始的劳动工具在崇山峻岭之上建起伟大的万里长城,那么,汉代军民在大漠戈壁修建烽燧,何难之有?

玉门关以西的汉长城遗址

据考证,这段西延的汉代长城,先是从玉门关,经罗布荒漠,修到了楼兰。在敦煌西北戈壁至罗布泊的长城沿线,分布着至今仍保存完好的81座烽燧。在汉进驻轮台、渠犁屯田后,又将烽燧修筑到了使者校尉驻地轮台与都护府驻地龟兹,共修筑烽燧300座,基本实现了五里一燧,十里一墩,三十里一堡,百里一城塞。负责管理烽垒的,是郡太守之下的都尉,都尉之下设障尉、侯官、侯长、燧长。每一燧配备戍卒3至30人。

当时,汉朝在玉门关设有玉门都尉,玉门都尉下辖玉门侯官和大煎都侯官;玉门侯官之下又设北部侯、玉门侯、虎猛侯;其中玉门侯下辖官燧、当谷燧、广新燧、显明燧;虎猛侯下辖虎猛燧、宜秋燧、勇敢燧、大福燧。大煎都侯官下也设有一个西部侯,西部侯下辖富昌燧、广武燧、步昌燧、凌胡燧、厌胡燧、广昌燧、大煎都燧。由于烽燧亭障相望,这样就从河西走廊到塔里木盆地东北部,形成了一道"烽火通道"和"钢铁防线"。它更准确的名字,应该是"西域长城"或"极西长城"。因此有人说,丝绸之路这条文明的长河,是几代汉帝以颗颗雄心串起来的,是无数将士用金甲旌旗、血肉之躯铺就的。

第二件大事,是驻军与屯垦。

说起屯垦,我们避不开那位最睿智也最倒霉的汉朝智囊晁错。为了对付匈奴的骚扰,晁错向汉文帝刘恒一股脑儿上了三道奏疏:《言兵事疏》《守边劝农疏》和《募民实塞疏》。奏疏说:"秦代,从中原来到边疆的士兵不服水土,运粮困难,出现了大量的减员。加上秦法严酷,耽误行期要判死罪,终于激起了陈胜起义,导致秦灭亡。匈奴骑兵来去无时无踪,如果我们采取轮番戍边的办法很难发挥作用。"于是,他建议:"一、招募内地百姓到边塞长期安家落户,先由政府供给衣食、住房、农具、耕地,直到能够自给为止;二、按军事组织编制移民并实行军事训练,平时耕种,战时出击;三、建筑防御工事,高筑城墙,深挖壕沟,并设滚木、蒺藜。"同时,晁错又在《论贵粟疏》中建议:"全国百姓向边塞输纳粮食,以换取一定爵位或用以赎罪。"

这是一个既富有创意又稳妥严密的建议,令刘恒茅塞顿开。很快,刘恒便以罪人、奴婢和招募的农民戍边屯田,从而开辟了历代屯田政策的先河。

而西域屯田,始自刘彻。在汉朝修筑了西长城,派驻了军队,开通了丝路之后,西域军队的军资与粮食如何解决?路经西域的汉使的后勤如何保障?一系列问题摆在刘彻面前,他想起了祖父刘恒的"屯田"之法。太初四年(前101),刘彻设置了使者校尉——代表朝廷处理西域事务、兼司屯田的官员,派田卒数百人来到渠犁、轮台屯田。

渠犁、轮台屯田尽管规模不大,但影响却大大出乎刘彻的预料:第一,解决了汉使的军粮,减轻了西域百姓的徭役负担,使汉赢得了西域国民的信赖;第二,开拓了洪荒之地,为西域社会经济发展提供了广阔空间;第三,传播了代田法、耦耕等汉地先进生产技术,为西域的文明进步提供了技术平台;第四,以最小的成本维持了西域诸国的秩序,有效护卫了国家的西部边陲。

而且,轮台、渠犁、楼兰形成了三角支撑之势,随时准备对付从东部天山南下的匈奴军队。

十二、王子被阉了

人生像一盒火柴,严禁使用是愚蠢的,乱用是危险的。

——芥川龙之介(Ryunosuke Akutagawa)

在刘彻忙得不亦乐乎的时候,他的死对头匈奴也没闲着。与之针锋相对,匈奴狐鹿姑单于在太始元年(前96)任命一个子弟为日逐王①,以强化对西域的统治。日逐王又下设了僮②仆都尉,都尉府设在丝路北道的焉耆,负责对西域各国征税。僮仆,意思是未成年的奴隶与仆人。可见,

---

① 地位次于左右贤王、左右谷蠡王,将来也有继任单于的资格。
② 未成年的奴隶。

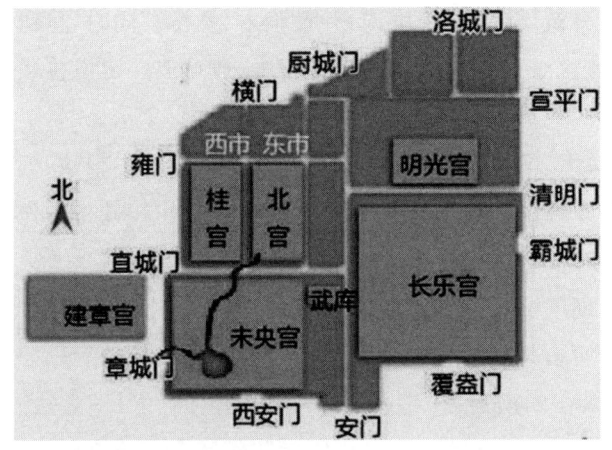

汉代长安城遗址复原平面图

匈奴是把西域各族特别是楼兰当作小奴看待的。对此,楼兰王苦不堪言。

征和元年(前92),两头受气的楼兰王终于咽下了最后一口气。楼兰王去世后,亲汉的大臣们要求在汉朝担任人质的二王子回去继位。按说,这对汉是一个机遇,毕竟二王子已经接受了汉文化,对两国友好不无益处。

可是,这对汉来说是个不可能完成的任务,因为这位王子出事了。

第一个案子发生在他刚到长安的那个秋天。尽管长安宫廷之壮美、经济之富庶、吏治之清廉、民风之古朴令他大开眼界,尽管他这样的人质住得宽敞、吃得可口、活得滋润,尽管大街上酒肆林立、美女如云,但这里总非自己的家乡,再也见不到情同手足的兄弟姐妹,再也不能与楼兰美女卿卿我我了。人世间有多少山长水远,就有多少相思无限。一想起临别前楼兰美女楚楚动人的表情,尤其是一想到此时她有可能投入了下一个男人的怀抱,他的心就开始滴血。

那段时间,他特别地不消停,有事没事就在长安城中的东市与西市(贸易市场)闲逛,见到小孩就做鬼脸,见到女人就掐一把,见到小树也踢一脚。

一天中午,他在东市的一家酒肆里喝酒时高声喧哗,受到邻座一个汉吏的呵斥。一气之下,他拔刀将这个汉吏刺伤了。

这一重伤事件惊动了负责京城治安的京兆尹无忌,二王子被捕入狱。好在,他的同窗好友——拘弥国太子赖丹向刘彻求情,并向伤者赔了不少钱,才将他从大牢里捞出来。

经历了此次牢狱之灾,按说他应该吸取教训,规规矩矩才是。表面上,他也的确老实了一段时间,开始专心学习汉语、汉俗、汉律与汉朝礼仪。但事实上,他从来没有服气过。在他看来,一切都是因为汉与匈奴,都是因为国与国之间的尔虞我诈,否则自己怎么会来到这个语言不通、生活不便、没有楼兰美女的鬼地方。

一天,他一个人外出闲逛,在西市附近的民巷里路遇到了一个美貌的少妇。之后,他绞尽脑汁,用尽心机,将这个少妇勾引到了手。但一次不小心,被少妇的丈夫撞上,他居然拔刀将这个男人刺死。

依照汉律,廷尉郭居做出判决:二王子犯故意杀人罪,依罪当斩。赖丹等十几名西域王子联名向刘彻上书,以"王子身为人质,不宜执行死刑"为由反复求情,但刘彻不为所动。随后,二王子被打入死牢,正好与关押司马迁的死牢相邻。

放风时,二王子见到了同样戴着刑具的司马迁[①]:"司马兄还没获释吗?"因为他知道,贰师将军李广利已经投降匈奴,司马迁此前"沮贰师"的罪名已不攻自破,按说应该无条件释放了。

司马迁一脸沮丧地说:"王子有所不知,如果随便把我放了,皇帝的脸面往哪里搁呀?如今,我又有了一个新罪名——污罔罪,也就是欺君罔上罪,按律当斩。"

"我杀人被判死罪,一点儿也不怨;司马兄仗义执言,也被判死罪,这也太不公平了吧!"二王子不禁大声嚷嚷起来。

"道理向来敌不过权力,世间哪有公平可言?"司马迁摇摇头走开了。

好在,太始元年(公元前96年),刘彻因为改元大赦天下,二王子与司马迁露出了久违的笑容。然而,朝廷紧接着宣布了附加条件:拿出50万钱可以出狱,否则只能割"势"[②]保命。

西域王子们实在无法凑齐这天文数字,司马迁的亲友们更拿不出50万钱,结果,两人先后被实施了宫刑。

据记载,年届50的司马迁和20多岁的二王子被执行宫刑时,那凄厉的叫喊"竟然震落了一屋瓦片,三树槐叶,还把六条狗吓昏,并使得九个孕妇当下流产。"事后,二王子流着泪哀叹说:"父母给我的男根,却让汉帝拿

[①] 字子长,太史令司马谈之子,《史记》的作者。
[②] 在古汉语中指人和动物的睾丸,成语"大势已去"即从此来。

被实施宫刑后发愤著书的司马迁

去了,我再也无颜回国了!"

也就是说,当楼兰王室要求汉朝放二王子回国继承王位时,二王子已经下了蚕室,被实施了宫刑。一句话,王子已经不是一个完整男人,没脸回去也没有资格回去了,请另选他人吧。

胡马依北风,越鸟巢南枝,狐死必首丘,池鱼思故渊……多少个残阳如血的傍晚,他斜倚在章城门城头,远望着西部逶迤的陇山,默默垂泪,长吁短叹。多少个月明星稀的深夜,他醉倒在群郜酒舍,持樽面对空洞的苍穹,煎水作冰,以梦为醒。许多时候,他感觉自己像一个多余的疵音,暴露在平滑的曲调里,无处躲藏,十分刺耳。他所能做的,除了回忆,也只有痛悔。

在出狱的日子里,朝廷对他的供养并未减少,他的人质地位并未降低,但这又有什么用呢?因为他的生命已经失去了意义。生命有意义,即便置身困境也甘之如饴;生命无意义,就算身处顺境也度日如年啊。

一天,翘首期盼的楼兰群臣终于等来了驿马,不料想,等回的却是二王子已不是男人的消息。退而求其次,楼兰不得不立老楼兰王的三子为王。可惜,三王子运气极差,在位不几天就病逝了。无数的历史事实证明,小孩的一泡尿能拯救一座城市,皇帝的一句话也能葬送一个国家,二王子因被阉割无法回国就任这一意外事件,彻底改变了楼兰的历史走向,使得汉朝对楼兰的掌控变得越来越难,以至于后来不得不采取令人匪夷所思的手段。

闻听楼兰王位再次出现空缺,匈奴狐鹿姑单于迅速把在单于庭做人质的大王子安归送回去继承了王位。算起来,这是汉在楼兰第二次丧失辅立新王的机会了。

十三、他得了"狂犬病"

你看不见你自己,你所看见的只有你的影子。
——拉宾德拉纳特·泰戈尔(Rabindranath Tagore)

说起来,世上只有两类人:追求者和被追求者,进取者和厌倦者。新王当然属于前者。

安归从匈奴归国时,是个多雪的冬天,狂暴的风雪摧折了一棵又一棵胡杨,压倒了一丛又一丛芦苇,罗布泊沿岸一片狼藉。在老楼兰王遗孀的挑唆下,作为半个匈奴人的安归一头倒向了匈奴。依照安归的要求,一个匈奴使者带领一支百人马队进入楼兰,驻扎在王宫的东侧。很快,前王的几个亲信将军被刺杀,其余的楼兰贵族与大臣惶惶不可终日,纷纷表示忠于安归。

平心而论,我们得承认安归具有卓越的组织能力和非凡的威慑力,否则,吵吵闹闹的贵族与大臣们不会很快驯服如仪。

但权威往往是自负的开始,就像得意使人忘形一样。之后,他做出了一个令楼兰国人目瞪口呆的决定:娶父王的遗孀为后。

此事之所以让楼兰朝野震惊,是因为尽管当地有"父死,子可以妻后母;兄亡,弟可以娶其嫂"的婚俗,但父王过世不足半年,子女们的守孝期还没过,安归就娶父王的遗孀,显得过于急不可耐了。

安归与父王遗孀大婚之后,朝野一片质疑之声,不仅父王的嫔妃们嘲笑挖苦他,而且安归同父异母的弟弟、四王子尉屠耆也公开指责他不守孝道。对此,安归尽管恼羞不已,但又不能公开发火,毕竟道义不在他这一边。

令臣民们吃惊的是,内忧未除,安归就发布了三条著名的诏令:第一,以武立国,凡16岁以上、60岁以下的男子,必须服兵役;第二,鼓励生育,每个楼兰女人必须生3个以上的孩子,拒绝生育或生不够3个孩子者,丈夫可以将她休掉;第三,交胡远汉,封闭与汉的一切交通要道,凡私自与汉交往者一律处死。

之后,他开始疯狂地攘外,先后攻杀了路经楼兰的汉使——司马安乐、光禄大夫忠、期门郎遂成等,又杀害了大宛、安息等国派往汉的使臣,汉与西域的交通因此断绝。受到楼兰感染,龟兹国又攻杀了汉派驻轮台的屯田校尉、原拘弥国太子赖丹。也就是说,在安归的主导与影响下,西域已近乎公开地向汉宣战。听到这一系列弥漫着血腥味的消息,新王后不仅没有感觉到一丝忧虑,而且给了安归更为深情的拥抱。

行文至此,我联想到阿里斯托芬(Aristophanes)一个剧本中的情节:雅典女人讨厌丈夫们与斯巴达人征战不断,一致拒绝同房,并且说服斯巴达女人照办,结果奇迹般地平息了战争。假如看到这个剧本,对丈夫挑起战争持鼓励态度的新王后是否有所触动?

其实,除了这个女人,安归根本听不到也听不进什么意见。正所谓"新官上任三把火",他必须有所作为,必须让臣民折服。而让臣民折服的最好办法,就是煽动民族主义情绪。因为,极端民族主义,一直是统治者转移民众视线的最有效办法。直到今天,许多内忧不断的统治者仍不时祭出这一历史利器。

安归的前两条诏令,得到了国人,特别是贵族们的普遍认可。但对于第三条诏令,并非所有的楼兰贵族都表示赞成,尉屠耆就持有不同政见。因为一边倒的政策既违背了历代楼兰王脚踏两只船的既定国策,也违背了地缘政治的基本原则,一旦强大的汉朝腾出手来,楼兰将会面临灭顶之灾。

在多次劝告无效的情况下,尉屠耆借外出巡视的机会带领几名亲信公开降汉。在到达长安后,向刘彻控诉了安归除异己、娶太后、亲匈奴、杀汉使的"恶行",要求汉出兵楼兰。不承想,晚年的刘彻经历了与匈奴战事不利、李广利投降、太子被杀等一系列挫折,已经变得心灰意冷,并在封禅泰山之后颁布了《轮台诏》,对自己穷兵黩武的一生进行了深刻反思,因此也就没有对楼兰进行人们预想中的惩罚。

但安归哪里知道这些,他能想到的,只有尉屠耆降汉所带来的负面效应,王族分裂对自己威望的打击,在野势力对自己的反攻,还有汉朝对自

楼兰古城复原图

己的军事威胁。所以,只要一有卫士进宫报告,他就下意识地认为尉屠耆引汉军打来了。就连半夜窗子上投下的树影,他也疑神疑鬼地认为那是尉屠耆派来的刺客。从此,安归和王后再也睡不好安稳觉。他变得焦躁不安,动不动就对亲信大臣甚至王后发无名火,引得王后多次说他得了狂犬病。

在统治者人性色彩的板块上,涂抹最多的往往是永不满足的欲望。随后,他接连诛杀了尉屠耆的十几名亲属,抓捕了几十名"非议国王"的百姓,更换了前君时代的所有卫士,拼命地扩充军队,军人占到了国民人数的四分之一;打造兵器,汉军拥有的刀、剑、斧、矛、长戟、强弩、钩镶、甲铠他都为军队配备了。据说,楼兰强弩的张力最高达到八石①,射程近200步②。

而楼兰城扩建工程,是安归"强军战略"最重要的一环。为了赶在汉军进攻前完工,安归大张旗鼓地表演"把活人变成死人"和"把银子变成沙土"的魔术,他派出的监工天天盯在工地上,逼迫民工夜以继日地施工,沙暴天、风雪天也不让民工歇息,致使上百名民工被累死、冻死、病死在工地上,国库也为之一空,楼兰臣民从此怨声载道。

扩建后的楼兰城,是一个不规则的方形,东面的城垣长333.5米,南面城垣长329米,北面与西面城垣长327米,周长为1316.5米,东南西北各有一个城门,城门之上派驻了枕戈待旦的士兵。为纪念这一前无古人的"伟大"工程,安归亲自为4座城门起了颇具深意的名字,东门叫安汉门,北门叫迎胡门,西门叫平戎门,南门叫服羌门。

---

① 一石为30.24千克。
② 汉代一步六尺,一尺等于0.231米,200步约278米。

对此，一位过气的老臣暗中嗤笑道："他这是用空气的砖瓦，去砌盖未来的楼厦啊。"

更令人惊诧的是，在楼兰城扩建完工后，就因为王后喜欢泛舟，安归便将疲惫至极的大量民工重新征集起来，开挖了一条人工运河：这条运河将楼兰城北的孔雀河、城南的塔里木河连接在一起，河宽16.8米，水深4.5米，从西北向东南从楼兰城中斜插流过。

此后，每当夕阳西下时分，安归与王后携手坐进独木舟，在碧波荡漾的人工运河中泛舟嬉戏，王后那格格的笑声，惊飞了多少只城头的暮鸦。

就这样，随着岁月的流逝，他说过的过头话，他做过的疯狂事，他种下的种种恶因，渐渐加上利息，结出了恶之果，成为他和这个美丽国家的噩梦。

十四、刺客登场

只要动机好，可以不择手段。

——马基雅维利(Machiavelli)

后元二年（前87），刘彻驾崩，乳臭未干的太子刘弗陵继位，是为汉昭帝。依照汉武帝的遗诏，名将霍去病同父异母的弟弟霍光就任首辅——大司马、大将军，与车骑将军金日磾、左将军上官桀、御史大夫桑弘羊共同辅佐朝政。从此，霍光掌握了汉朝的最高权力，"帝年八岁，政事一决于光"。

尽管汉帝刘弗陵年幼，但汉的威仪尚在。为了挽回面子，人到中年的首辅霍光试图做点什么。出身于名将之家的霍光显然不缺勇气，但他却在犹豫，因为派数万大军远征西域，既劳民伤财，又旷日持久，与休养生息的国策不符。

一天，身为骏马监①的傅介子（今甘肃庆阳市西北人）上书朝廷，自愿出使大宛，引进良种军马。霍光和刘弗陵欣然同意，任命他为汉使节，叮嘱他在路过楼兰和龟兹时，对两国国王杀害汉使与汉官的行为严加责备。

韩非子说过："宰相必起于州部，猛将必发于卒伍。"《汉书》卷七十介

---

① 太仆属下负责养马的低级官员。

傅介子塑像

绍,傅介子,就是从普通士兵一步步升迁上来的,他不仅是一位机敏的使者,还是一位果敢的将军。对于刘弗陵和霍光赋予的使命,他慨然应诺。

事情还算顺利。傅介子刚刚进入楼兰地界,就得到通知:"楼兰王要接见汉使。"

对此,傅介子稍感意外,因为此前的汉使不仅进不了楼兰城,而且常常被安归与匈奴使者派出的骑兵追杀,轻者被劫走一切财物与辎重,重者被统统杀死。为此,傅介子西行前做了一点功课,一方面,他带上了一支百人的骑兵部队,他们是随霍去病数次奇袭匈奴的幸存者,人人剑术精准,个个身手敏捷,是一支铁血武装、虎狼之师;另一方面,他已通过外交途径告知楼兰王,他此行的目的地是乌孙国,如果路上出现意外,将是对乌孙国的挑衅。

也许是他的两手准备发挥了作用,也许是楼兰王为了摸清汉朝新帝登基后的战略意图,所以,安归"破例"接见了他。

那天,安归与王后一起,将傅介子迎进了王宫。傅介子进宫时,只带了一名贴身卫士,一路上谈笑风生,毫无惧色。

宾主落座后,安归满脸堆笑地问:"汉帝身体可好?"

"我皇正值青春韶华,身体自然很好。"傅介子一脸平静地回应道。他显然不想给对方留面子。

双方半天无话。

"汉使此行可有国书带来?"为了不冷场,还是安归主动打破了沉默。

"没有。"

"为什么?"

"楼兰王是在明知故问吧?楼兰王刚即位时,曾答应三年后去长安朝觐,如今十几年过去了,汉帝也没见到楼兰王的影子。古人云,言而无信,不知其可也!"傅介子一点儿也不客气。

"不是本王不想去长安,是因为旅途太过遥远,路上太过凶险呀!"安归开始演戏,摆出一副无奈的表情。从人性的角度讲,每个人都相信自己身上至少有一种美德,而绝大多数人不承认自己会故意说谎。

"如今连匈奴都已经与汉和好,路上哪来凶险?连万里之外的乌孙王都能前往长安,旅途何谈遥远?"傅介子并未停顿,"楼兰王不去朝觐也就罢了,为什么截杀汉使?两国交战,不斩来使,这是自古以来的惯例,难道楼兰王不知?"

"那都是匈奴人干的,并非楼兰所为。"安归狡辩说。

"是不是楼兰人所为,我自会调查清楚。"傅介子的口气越来越硬,"听说匈奴使者到了楼兰,为什么不报告?"

"匈奴使者刚刚过去,他们的目的地是乌孙,听说他们要在龟兹住一阵子。"安归用讨好的口气说。

"你提供的情报很重要,"傅介子先是一笑,然后脸色一变,唰地站起身来,用不容置疑的口气告诫对方,"如果今后再在楼兰地界发生恶性事件,后果就不是解释一下这样简单了!清者自清,浊者自浊,请楼兰王自重,告辞——"

当傅介子头也不回地走出王宫,王后皱着眉头叹息说:"汉居然有如此强硬之人,真是可怕,本宫脊背上一直冷汗直冒。"

贴身卫士随傅介子步出王宫时,一边不停地回头,一边悄悄地对傅介子说:"我一直为帝使捏着一把汗,帝使这样训斥楼兰王,就不怕他翻脸吗?"

"我谅他也没有胆!"

楼兰王果然没敢派出军队追赶。

从大宛回国途中,傅介子又训斥了龟兹王,并在龟兹斩杀了匈奴使者。

傅介子还在境外,他彰显国威的事迹就传到了长安。回国后,傅介子被任命为负责护卫皇帝的中郎,晋升平乐监。但傅介子一直高兴不起来,因为他在西域时已经意识到,汉的威望并未真正树立起来,一旦汉使回国,首鼠两端者又会倒向匈奴。

于是,他特意面见霍光说:"楼兰、龟兹王数次反叛而不诛杀,以后对他人如何惩戒呢?我此次出使,感觉龟兹王戒备不足,容易接近,我愿前往刺杀他,以震慑西域诸国。"

在霍光看来,傅介子的想法不无道理,既然汉暂时不能派大军西征,那么行刺也就成了无奈也是唯一的选择。他闭上眼睛沉思片刻,然后突然睁开眼说:"龟兹路远,先从楼兰下手!"

傅介子心领神会,眼里放射出一道寒光。他宛若出笼的猛兽,隐隐嗅到了楼兰王安归那生鲜的气息。

就这样,一个比"荆轲刺秦王"晚了150年的"斩首行动"拉开帷幕。

十五、国王被杀

向井里吐口水的人,早晚都会喝到井里的水。

——中国民谚

元凤四年(前77)秋,胡杨树叶燃烧起生命的激情,将罗布泊沿岸的楼兰城染得通体金黄。傅介子带着几名精心挑选的刺客来到楼兰,宣称代表皇帝赏赐安归。

"见不见呢?"傅介子一行已经在楼兰滞留三天了,但怀有戒心的安归并没有接见汉使的打算。因为在安归看来,自己并没有为汉朝做什么,如果说做了一点什么,也是令汉朝痛恨的事儿,汉帝凭什么奖赏自己呢?再说,汉帝赏赐自己什么,对方并未明说,也许是自己根本看不上眼的几匹绸缎,也许是一个无足轻重的封号。"管它是什么,本王不稀罕!"安归嘟囔着说。

安归迟迟不见汉使,傅介子应该心急火燎才是,但他在表面上似乎不以为意,并在三天后离开楼兰城,向西部的下一个国家行进。其实,傅介子并非不着急,就好比第一个纽扣没有扣眼,整件衣服就扣不上,安归不露面,傅介子刺杀谁呀?

于是,在即将步出楼兰边界时,他有些随意地对送行的楼兰国翻译说:"这一次,汉使以大量黄金锦绣赏赐各国,既然你们国王不主动接受赏赐,我只有去西部各国了。"一边说,他一边整理包裹,故意让翻译看到了金灿灿的钱币。翻译的眼球里,立刻透出偷看美女洗澡时才有的那种惊诧与兴奋。

一匹快马驮着翻译直奔王宫。似乎,这位翻译比安归还要急切,他的意思是,天上掉下的馅饼,大王为何不去拾?

犹豫再三,安归还是被金钱所打动,主动赶到边界来见汉使。临行前,细心的王后特意为安归调来了几匹骏马。对于身无双翼的人来说,马是半个翅膀啊。

岂不知,天上掉下一个馅饼,地上增加一个陷阱。当安归与亲信大臣、宫廷卫士跨上骏马的那一刻,骨头格格作响的死神正向他招手。因为傅介子把地点特意选在楼兰边界,成可进,败可溜,身边还有几名身手不凡、以一当十的武士护驾,而安归带来的那些卫兵根本不足为虑。

绮丽的晚霞抹上澄明的西天,安归与傅介子相对狂饮。酒过三巡,傅介子拿出金币让安归查验,使得安归放下了所有的戒备。等到两人大醉之后,傅介子打着饱嗝对安归说:"汉帝有一事,让我私下向您交代。"安归随傅介子来到屏风后面说话,两位事先埋伏的汉卒同时从背后将利刃插进了安归的胸膛。《汉书》的表述是:"刃交胸,立死。"

听到安归临死前凄厉的惨叫,随从们如散兵游勇的鱼,各穿各的网眼兀自逃亡。傅介子和武士们则追着逃命者的马蹄,冲进楼兰城,占领了王宫。

入夜,喊杀声渐渐寂了,只是偶有蟋蟀,在敲响《诗经》的清音,七月在野,八月在宇,九月在户……

安归的死,不免让人联想到崔豹《古今注》中的一个故事,说的是一天清晨,一个披散白发的疯癫人提着葫芦向河中奔去,眼看就要冲进急流,他的妻子在后面一边追赶一边提醒他不要渡河,却始终赶不上也劝不住,疯癫人终究被河水淹死。悲伤的妻子拨弹箜篌,唱道:"公毋渡河,公竟渡河!堕河而死,将奈公何!"

次日,听说国王被杀,楼兰民众并未感到什么惋惜,有人甚至公开议论起他的名字:"安归"不就是"找不到归宿"吗?①

但毕竟,安归在位多年,楼兰贵族和大臣中的既得利益者还支持他,他的一部分铁杆亲信正蠢蠢欲动,个别民众也不明就里。为安定人心,傅介子告谕楼兰官民说:"楼兰王多次叛汉,天子派我来诛杀他,立流亡长安的四王子尉屠耆为新楼兰王。汉军已至,请不要轻举妄动。动,就会灭国。"然后,傅介子砍下安归的头颅,装入木匣,快马送回长安,高悬在长安未央宫北门下,供过往的行人特别是外国使节参观与品味。他的死验证了卡夫卡在《审判》中的一句话:他死了,耻辱却留在人间。

与此同时,装有安归首级的木匣里还躺着一封信,那是傅介子呈给汉帝的,信上说:"国不可一日无主,请陛下尽快将在长安避难的楼兰四王子送回来,就任新王。"

对于傅介子此举,《汉书》誉为"以直报怨"。"以直报怨"出自《论语》,弟子问孔子:"做人应该以德报怨吗?"孔子答:"以德报怨,何以报德?应该以直报怨,以德报德!"意思是不能做没有原则、没有爱憎的老好人,而要做是非分明、惩恶扬善的真君子。以直报怨,这才是大汉风骨、真儒本色。

人生是个圆,圆上每个点都有腾飞的切线。因为这一壮举,傅介子被昭帝封为义阳侯,赐食邑700户;参与刺杀行动的壮士都补为侍郎②。"愿为腰下剑,直为斩楼兰。"700多年后,中国历史上最高傲的诗人李白仍对傅介子追慕有加。

历史是追慕过往和警示未来的显明路标,庙宇、祠堂与墓碑则是一个民族永不泯灭的良知。傅介子生前为将、封侯,死后其名、其灵仍世代不朽。今甘肃庆阳市庆城县西塬石马土肴有傅介子墓,墓冢、石马、石刻至今尚存。今庆城县城北有条短巷,原名"傅介子巷",今称"傅家巷",据说是傅介子生活的地方。而甘肃庆阳市宁县有傅家村,村内有傅介子祠,据说也是傅介子的故乡。其实这也正常,因为英雄总是被争来争去,而秦桧

---

① 班固在《汉书》中两次将楼兰王的名字写作"安归",一次写作"尝归",不知哪个名字是笔下误。
② 郎官之一,掌守宫廷门户,充当车骑随从皇帝。

故里又有几人来争？

十六、易名鄯善

相比于过去的历史，我更喜欢未来的梦想。
——托马斯·杰斐逊（Thomas Jefferson）

为了与被杀的楼兰王划清界限，刘弗陵将楼兰改名鄯善①，为首任鄯善王尉屠耆刻制了新的印玺，将一位"家人子"——没有名号的宫女封为昌邑公主，赐给尉屠耆作为夫人，准备了大量辎重、车骑，礼送四王子尉屠耆回国就任。

在刘弗陵的赏赐中，最珍贵的莫过于这位宫女了。据说，她不仅姿色非凡，而且冰雪聪明。刘弗陵在封其为公主后，问她需要什么陪嫁，她没有像往日的和亲公主那样要求带上什么绫罗绸缎、金银财宝和随身侍女，而是恳请皇帝挑选几名精通地理、娴熟水利的能工巧匠随行，因为她清楚，水利是楼兰的命脉。

让人意外的是，对于汉帝的这一特别赏赐，尉屠耆并未表现出过分的喜悦，也没有为此而谢恩，否则《汉书》上肯定大书特书。刘弗陵显然不是首位将宫女赏给异族领袖的帝王，因为他的祖先刘邦曾将"家人子"嫁给匈奴单于冒顿。44年后的汉元帝一定是仿效他与刘邦，将"家人子"王昭君嫁给了呼韩邪单于。只是，刘邦和刘弗陵没有凭借画像临幸宫女的恶习，也没有毛延寿那样贪财的宫廷画师，因此也就漏不下任何绝色美女。不然，历史一定会先于王昭君演绎出一个美女出关的动人故事。

回国前，尉屠耆没有放过与刘弗陵交流的机会，因为在长安生活了几年的尉屠耆，对于汉的政治理想、思维定式和操作手段已经有所感悟，他需要汉为自己的前途加点保险。于是，他上书汉昭帝，提出了一个让对方无法拒绝的请求："我长期在汉担任人质，回国后势单力薄，特别是前楼兰王余孽尚在，说不定哪一天我会遭遇不测。鄯善国内有一个肥美的地方叫伊循②，陛下能否派将士到那里屯田，让我也有所依托。"

---

① 一说指"草堆""草垛"，一说有"溃逃之意"，还有一说指"新的水"。
② 今若羌县米兰，汉代屯田水利工程遗址和伊循城遗址仍在。

这一请求正中刘弗陵下怀。赖丹轮台屯田失败后,汉急需在西域建立新的屯田基地。楼兰新王提出的伊循,是丝绸之路南道的起点。选择伊循屯田,既可以保证丝路南道的安全,也可以解决再次西征的补给,具有非凡的战略意义。于是,刘弗陵批准了他的请求,派出一名司马率领40名士兵进驻伊循屯田。

临行前,尉屠耆来到一奶同胞的二哥的住所,再次规劝二哥与自己一起回国,但二哥一脸平静地说:"我没脸回到家乡了,还是让我终老长安吧!"

一切都安排妥当,尉屠耆方才带上新娶的王后和汉朝工匠,踏上了归途。

那是一个布谷声声、黍麦飘香的初夏,新鄯善王经过数十天的跋涉,终于到达了故乡楼兰。此时的楼兰城,仍弥漫着一股死亡的气息。他踏进王宫时,贵族们一脸漠然与不屑,既不行礼,也不搭话。安归的美丽遗孀更是站在远处,用一双如刃的眸子盯着他。

在落后的文化土壤里,政坛上向来有后任踩前任脚后跟的惯性。尉屠耆是个明白人,他不想留给别人这种近乎狭隘的口实,因此在平衡新旧势力利益问题上费尽心机,不惜把几个重要职位留给了前王的旧臣,还曾多次屈尊看望前王的遗孀,为此引得随他一起回国的近臣们牢骚不断。

安归遗孀的住处,已经不在王宫之内,而是王宫西侧的一间普通官宅,据说是安归死后她主动要求搬去的。了解她的人还说,自从安归被杀后,这个曾经心志不坚、水性杨花的女人突然变了,她再也没有正眼看过其他男人,似乎她已心如止水。

也许正因为如此吧,尉屠耆前两次看望王嫂,都吃了闭门羹。直到第三次前往,才好不容易见到了一身重孝的王嫂。她那一身黑衣,反而衬得她的面庞更加洁白,她头上别着的白花,更增添了她的妩媚。只是,她那茫然无神的目光里,有一种梦游似的空洞。

"请王嫂节哀。"尉屠耆毕恭毕敬地说,还按楼兰礼仪向对方行了大礼。

"不必如此假惺惺。"王嫂头也没抬,她曾经银铃般的嗓音好像已经生锈,变得有些沙哑。但沙哑的嗓音反而使尉屠耆更为入迷,因为这种带有几分新鲜感的磁性,是他记忆里从未有过的。她的面容是一朵不败的花,而她的声音是一曲不死的歌。

在尉屠耆看来,只要王嫂笑一笑,一切便会恢复原样,世界将回到最初的那一刻:旭日东升、婴儿首啼、春花绽放、爱人定情……因此,尉屠耆一字一顿地说:"安归毕竟是我的兄长,我也很难过。"

"你们并非一母所生,你不配称他兄长,我也不是你的王嫂。"她轻蔑地哼了一声,鼻翼愤怒地微张着,那张美丽的脸庞快要扭曲了。

"谁也无法把一个生命和另一个生命分割开来,就像风和微风紧密相连一样。同父异母的兄也是兄,他被杀,我岂能不难过?"

"你能难过?这不正是你要的结果吗?你如果不向汉贼投降,他们能派人刺杀你的兄长吗?"

"不怪我,是他们知道兄长杀了汉使,才派出刺客的。"

"你不告诉汉人,汉人怎么知道是你兄长杀了汉使。"

听到这里,他有一种被剥光了衣服的感觉。他急忙辩白:"真的不是我告诉汉人的。"

"你说你没告诉汉人,谁来证明?"

"我的随从能证明。"

"你随从的话有公信力吗?他们是你身上的寄生虫,能不替你说话吗?"

话说到这个分上,他才深深体会到什么叫越抹越黑,也才真切地感悟到冰是无法焐热的。看来,王嫂那曾经艳红如枫、热烈如夏的血已经干了,如今流淌在她身体里的,每一滴都是漆黑的仇恨。他再也无话可说,只能一个劲地"请王嫂节哀"。事后,他专门为这位不客气的王嫂安排了侍女、卫士和厨师。他还明确地告诉少府(王室财务总管),王嫂所有的开支仍纳入王室的预算。

可以说,他该做的都做了,不该做的也做了,用民众的话来说,就是"仁已至,心已到"。尽管如此,仍无法从根本上消除前王势力及王嫂的戒备与排斥之心,即便是他诚心实意做出的友好姿态与公开让步,也被对方认为不是出于真心,甚至被认为是一种放长线钓大鱼的居心叵测之举。是啊,来自前王亲信与亲属的怨恨,如同罗布泊夜空的星辰,数也数不清。长此以往,斗转星移,它们将会流淌成一条堵塞众人视线的银河。

他下令加强了宫中戒备,仍噩梦连连。

他感觉应该有所动作了,这个动作必须一箭双雕,既要对国家的生存与发展有利,又要将前王势力彻底扼杀。日升月落,春去秋来,他陷入了深深的思索……

第二年,看似文气低调的他,做出了一个令人惊掉下巴的决定——迁都。经亲信们调研,都城新址是楼兰西南方向330公里的扜泥城(Wu-Ni)①。而他为迁都所找的冠冕堂皇的理由是,塔里木河已经改道南去与车尔臣河一起汇入罗布泊,河流的改道使得扜泥城所在的罗布泊南部灌溉区水量充沛。面对贵族们的一片质疑声,他进一步解释说:"现在的楼兰城处于西域大道咽喉,汉因为出入方便一再要挟我们,匈奴为统治西域也一再扼制我们,所以我们必须放弃楼兰城,到南部建设新的城池,彻底摆脱四面受扰的困境。"说完,一行清泪划过面颊。贵族们也心有所动,继而叹息不已。

当然,还有一个理由大家彼此心照不宣,那就是尉屠耆要躲开旧势力占主导的楼兰古城。

十七、举国南迁

我们不会被轰出来的惟一乐园是回忆。

——G·保罗(Paul)

站在历史的峰巅鸟瞰,我们没有充足的理由责备尉屠耆的这一决策,楼兰贵族们也没有必要唉声叹气,因为尽管扜泥城周边的土地不如楼兰周边肥沃,但却有另外三点好处:一是扜泥城东边有一条源于阿尔金山的米兰河,米兰河出山口是一片平坦肥美的可耕地;引米兰河水灌溉,可以化荒漠为良田,这片灌溉出的良田就是汉军新开的屯垦基地——伊循。如今犹在的古渠道,由一条总干渠、七条支渠和许多斗渠、毛渠组成,呈扇形南北展开。总干渠长约8公里,宽约10到20米,深达10米,上端开口于米兰河东支故道,下端接支渠,支渠各宽3到5米、深2到4米。整个伊循古灌区占地4.5万亩,其中耕地1.7万亩,可以承载1.5万人口。二是从扜泥城斜向东北,沿罗布泊东岸行进,可进入疏勒河谷,直达敦煌;从扜泥城

---

① 今若羌县城西南6公里的且尔乞都克古城。

入阿尔金山,通过南羌进祁连山,也可抵达河西走廊。鄯善的丝路枢纽地位并未丧失。三是将中心迁到罗布泊南缘,放在阿尔金山脚下的若羌绿洲上,可以让辽阔的罗布荒漠成为匈奴南下进攻鄯善的一道地理屏障。

举国南迁的日子定下来之后,楼兰人整整忙碌了一个月。他们除了整理行囊,准备食物,还要到公共墓地祭拜祖先。

传说,在楼兰人即将舍弃祖祖辈辈居住的湖畔城邑,迁往数百里外的新都时,城里发生了一件意外事件。

天刚蒙蒙亮,就有一个侍女慌慌张张地进宫报告:安归的遗孀自杀了。侍女说,她清晨去给女主人送早餐时,发现她平躺在胡杨木榻上,身子已经凉透了。那时,她身穿华服,手握短刀,口含毒草,美丽的脸上既没有笑意也看不出悲伤。

对于安归遗孀之死,最难过的莫过于新王尉屠耆了。他从懂事起,就暗恋这个女人。这个女人是父亲的最后一任王后,自己几个同父异母的哥哥也都想得到她。他回国登基后,也打算把她接入王宫,收为贵妃。对此,身为王后的昌邑公主倒没有表示反对,按照楼兰婚俗这也顺理成章,但这位风情万种的女子,走不出丈夫安归被汉人刺杀的噩梦,一直对新王冷眼相向。任新王派去的侍女和与她关系较近的大臣如何拐着弯儿规劝,她始终不吐口。似乎,她已心如枯井,往里推倒一方院墙也波澜不惊。最要命的是,她天天刃不离身,随时准备与前来劝她入宫的人拼命。

须知,爱一个不爱你的人,就像在机场等一艘船。事已至此,尉屠耆仍不死心:"也许时间能抚平她的创伤……"

这个女人的自尽,还是在忙着搬迁的楼兰城激起了层层涟漪,人们议论纷纷,赞叹者有之,说:"原以为她是个水性杨花之人,原来是个烈女!"惋惜者有之,说:"她毕竟才三十出头,太年轻貌美了!"长出一口气者也有之,王后和汉朝工匠们就说:"她终于死了!"

迁都被迫延迟了一天,因为王室成员需要为她下葬。她安葬在楼兰城东北4.8公里的公共墓地①,她生前珍爱的铜镜、玉佩、陶罐、丝绸斗篷、绘彩漆耳木碗以及短刀被放入棺中,尉屠耆还亲自为她盖上了从汉宫带回的绣有"长葆子孙"的精美织锦。在她的墓穴上方堆起了一座沙丘,沙

---

① 或许就是新中国成立后发现的"平台墓地"。

丘前立了一块墓碑,用吐火罗文和汉文书写着"楼兰王后之墓"的字样。墓碑很小,与其说是为了纪念,更像是为了忘却。

暮色四合时分,大漠特有的朱红、橘黄、湛蓝相间的斑斓暮色,装饰着这座掩埋着楼兰最美丽女子的金色沙丘,玄幻而绮丽。

南迁开始了,碧波荡漾、水鸟翻飞的罗布泊渐渐淡出了视线,成群结队的百姓们一步一回头,有人在放声大哭,有人在默默垂泪,多数人一言不发,除了不懂事的孩子和活蹦乱跳的家禽,几乎没有人的脸上能看出什么"乔迁之喜"……唯有那棵千年的老胡杨,披一件风尘仆仆的粗绿布衣,独立道旁,入定如僧。

就这样,这座集市般繁忙、神话般完美、母亲般温馨的绿洲名城,只能储在他们的视线里,留在他们的追思中,活在他们的梦境里。

是啊,故乡如同骨头,楼兰人好比是附着在骨头上的肉体、脉络、肤色、表情,正是两者的高度融合,才形成了一个完整的、美妙的、历史的、文化的楼兰城邦。如今突兀地将骨与肉分割开来,是一种多么生硬,多么疼痛,多么哀伤的经历啊!但比楼兰人还要哀伤的则是楼兰。楼兰又好比是一艘船,楼兰人是承载它的河流,河流在它方能不朽,河流不在了它就只能变成一个风干的标本。

从此,一个容纳了世界文明交汇之精华的城市,一个寄托着商旅们梦之亮翼的驿站,一个承载着武将们力之彩练的堡垒,一个流淌着雅士们诗之灵犀的乐园,为了躲避无常而惨烈的战火硝烟,慢慢枯萎在朔风黄沙之中。如昙花,如彩虹,如流星,如再也回不去的童年。

这是楼兰举国南迁之后的第一个黄昏啊!十室九空的楼兰仿佛一下子苍老了许多,只有几户没有迁走的顽固贵族家里还冒着孤独的炊烟。狂风骤起,几声惊恐的犬吠与几缕可怜的炊烟被吹散,整座城邑立时笼罩在无尽的昏黄与战栗之中。那呼呼作响的风声,如阴森恐怖的鬼哭。真的,流年至此,楼兰城还未经历过此番情景。难道,老天要为这一大漠城市杰作画上句号?

次日午前,大风突然平息。第三天午后,楼兰城北突然扬起滚滚的烟尘,一个月前出发的数百名汉朝屯垦士卒携带着家眷,从玉门关启程走"楼兰道",穿越白龙堆沙漠前来驻守。这批汉人进城后,城内传出几声惨叫,然后是汉人将士粗犷的欢呼。

废弃的楼兰

从此,那里再也没看到什么楼兰贵族,天天出入古城的只有在周边屯垦的汉朝屯田兵士,还有偶尔路过此地的汉使、军人与商旅。

时间这棵大树上,孤悬着一颗风干的果实,它叫楼兰。

那是一个阳光普照的上午,鄯善新王宫里正举行朝会,国王与大臣们讨论的议题是如何引南河入城,在"方(周长)一里"的扜泥城内造一条像楼兰城一样的人工运河,一来可以方便居民取水,二来可以运输货物。期间,一个卫士进宫报告了顽固贵族们在楼兰城被杀的消息。奇怪的是,尉屠耆的脸上并没有泛起大家想象中的释然,身旁的大臣只是听到他自言自语地说:"我们还会搬回楼兰吗?"

十八、韬光养晦

也许人的唯一尊严,在于他能蔑视自己。

——乔治·桑塔亚那(George Santayana)

遗憾的是,不但尉屠耆没有迁回故都,而且此后的历任楼兰王再也没有回到楼兰。

但从当时的情况看,尉屠耆将楼兰都城迁徙到扜泥城是明智的。因为它既远离了汉朝西域都护府驻地乌垒,又远离了汉朝与匈奴一直争夺的"楼兰道",更远离了匈奴占据的东部天山,处在一个相对安全的区域。

打开汉代西域地图就可以发现,鄯善境内分布着三大城市和一大仓库,其中的三大城市,一是政治经济中心——首都扜泥城,二是扜泥城东部的汉朝屯垦基地——伊循城,三是扜泥城北部的汉朝军事基地——楼兰城;一大仓库,是位于罗布泊北岸的汉军粮仓——居卢仓。明眼人不难看出,鄯善王所在的扜泥城,事实上处于汉朝军事力量的包围之中。为此,一些保守派贵族多有怨言。但尉屠耆却不这么看,他在一次著名的朝会上,对大臣们说:"这哪里是包围,明明是保卫嘛!有汉军在我们周边,我们就可以放心大胆地发展农牧渔业了。"

"那么,鄯善国的主权何在?鄯善人的颜面何在?"一个老臣不服气地说。

"连命都保不住,何谈尊严?连城都守不住,何谈主权?"

"宁为玉碎,不为瓦全。"老臣还是不服气。

"玉碎很简单,赌气谁都会,但你的气节保住了,可全国的百姓呢?我们这个民族呢?前辈把楼兰交到我们手上,不是让我们蛮干的,更不是让我们挥霍的,谁也没有权利拿一个民族的命运冒险!"尉屠耆越说越激动,"承认自己落后,才能不落后;明白自己贫穷,才能摆脱贫穷。当下,我们处在一个相对安全的环境里,如果我们抓不住机遇,不抓紧依靠汉人发展自己,那才是真正的傻瓜和笨蛋啊!"

他是这么说的,也是这么做的。

"让我们先从农耕与水利入手吧!"刚刚南迁的那几度春秋,尉屠耆发布了"全民垦荒令",要求从王室到平民,人人参与开垦。他与昌邑公主也脱掉锦衣,挽起裤腿,与军民们一起开垦荒地,引南河水入田,硬是将南河两岸的草场,变成了麦香四溢的良田。

"民富方能国强。"按照这一理念,尉屠耆明确规定,将百姓的赋税削减一半,由过去上交收入的五分之一变为上交十分之一,也就是实行"十一税",民众开垦荒地与发展牧业的积极性空前高涨,粮食产量和牲畜屠宰量连年创纪录,曾经空空如也的国库渐渐有了盈余。

"仓廪实而知廉耻。"在发展经济的同时,尉屠耆毫不放松地加强了文化建设。其做法就是迅速向左转,一切向汉看齐。

对此,尽管经历了那场著名的辩论,鄯善的顽固派们在嘴上不与国王争执了,但在心里还是不以为然,甚至以不作为来消极抵制,但这又有什么用呢?

就像小溪注定流向大河,当一个世界级帝国诞生以后,它带给周边的,不仅是军事威慑或武力征服,更重要的是一种向心力、凝聚力与号召力。它像一轮文明的太阳,促使周边国家如向日葵一般,向它靠拢,向它学习,向它看齐,一切军事、政治、经济制度都开始参照它,模拟它,甚至克隆它,进而融入它。这不是你是否情愿,是否自觉的问题,而是不可逆转的历史潮流。

不是嘛?鄯善国名是汉给改的,鄯善国王是汉任命的,鄯善王后常常来自汉廷,汉字成为鄯善的官方文字,一些鄯善人开始使用汉姓汉名,多数鄯善人开始穿汉服,几乎所有的鄯善官员捧读起《大学》《中庸》《论语》《孟子》,摇头晃脑地念:"有朋自远方来不亦说乎,人不知而不愠不亦君子乎。"人们不仅在闲聊的时候说汉话,就连做梦时讲的都是汉语。不久,王宫及大臣家里都摆上了一只从汉地运来的欹器,欹器周边用大篆体刻铸着"满招损""谦受益"六个铭文。这只欹器如果放入一半水,则可保持平衡;如果注满水,水就会倾泻而出,最终全部流光。

对此,史学家们表现出深深的忧虑:照此发展下去,鄯善将渐渐失去原始语言、民族文化与历史个性,其一直使用的吐火罗语将废弃,鄯善将成为汉文明版图中一个同质化的符号。而文化上的一元和同化,是人类的灾难。因为再美丽的花,也不该一花独放。况且,没有比较,哪来美丽?但此时的鄯善,上到国王,下到平民,几乎全部沉浸在汉文化中不能自拔。

一天,昌邑公主顺利地产下一个男婴,尉屠耆立刻封其为太子,并罢朝三天,大宴群臣。

十九、凤凰涅槃（Nirvana）

你所不理解的东西是你无法占有的。

——约翰·沃尔夫冈·冯·歌德

太子是一个典型的楼兰与汉人混血儿，既有母系——山东人的魁梧与聪颖，又有父系——楼兰人的坚韧与精细，长得高大魁梧，白白净净。少年时代，他被父王尉屠耆送到长安，平时住在姥姥家，系统接受了汉朝的文化、政治、法律、军事、外交教育。据主管教育的祭酒与博士们说，他是一个不耻下问、善于思考的人，喜欢打破砂锅问到底，遇到疑难问题便一而再再而三地追问，往往因为学习让博士们陪着他一起挨饿。

有人说，人生有三个八小时，第一个八小时都在工作和学习，第二个八小时都在睡觉，人和人最大的不同就在于第三个八小时干什么。太子不喜欢喝酒、听歌、旅游，他的第三个八小时基本上都用于学习，加上他的第一个八小时也在学习，也就是说，他每天有近十六个小时在学习，而且一坚持就是数年。您想啊，再迟钝的人，也会学富五车，满腹经纶啊！

当他弱冠之年（20岁）回国时，已经由昔日的懵懂少年，变成了风华正茂、指点江山的优秀青年。见到英气逼人的儿子，身为慈母的昌邑公主泪如雨下，人到中年的尉屠耆也长出了一口气，对围上来的大臣们说："这才像我的太子，一个能带领鄯善走向复兴的人，我准备把王位提前交给他！"

"不，父王——"只见太子双膝跪倒，眼含热泪说，"不是儿臣不想担当重任，因为，第一，父王正值经验最为丰富的中年，鄯善臣民离不开父王；第二，儿臣在长安尽管学到了治国理政的真经，但由于离开故国已整整七年，对鄯善已经生疏。汉人有一句话说得好，对症才能下药，儿臣根本不知道鄯善发展的症结在哪，如何有针对性地加以治理呢？请父王给儿臣三年时间，让儿臣走遍鄯善的山川湖野，了解百姓的所思所想，拿出适合鄯善的复兴之策之后，再谈这件事，好吗？"

听到这里，大臣们频频点头称是，尉屠耆也用手捻着胡须，大笑着说："太子之言有理，父王依你便是。"

此后的三年,是快马加鞭的三年,夙兴夜寐的三年,卧薪尝胆的三年。太子不仅走访了鄯善的每一个城市、街巷与村落,而且访问了西部的且末、小宛、精绝、拘弥、于阗,西北部的龟兹与汉西域都护府,北部的高车(又称丁零、铁勒)、焉耆,对鄯善的未来做了崭新的定位,那就是紧紧依靠汉西域都护府,疏远走向衰落的北匈奴,搞好与西域大国龟兹、于阗、焉耆的关系,逐渐蚕食周边的婼羌、且末等小国,争做塔里木盆地东南部的巨人。

不承想,"给我三年时间"居然一语成谶。三年期未到,刚刚步入老年的尉屠耆突然得了一种怪病,一天到晚神情恍惚,不是说"请王兄慢走",就是说"王嫂不能离开我",请来萨满跳神,也丝毫不起作用。不到一个月,他就撒手人寰。

按照尉屠耆的临终遗嘱,22岁的太子继承鄯善王位。就这样,这只年轻的"大漠雄鹰"凭借东风,浩荡入云,开始以自己的雄心与胆魄丈量塔里木盆地无边的长空。

他上台后,双管齐下。对内,将父王时代的丞相、大司马和大司农任命为太师、太傅和太子太师,给了他们崇高的荣誉和优厚的待遇,让他们心甘情愿地颐养天年;让三个少壮派大臣接替了他们的位置,掌握了鄯善的行政、军事、财政大权。对外,制定了先小后大、先近后远、先易后难的兼并战略。

距离鄯善最近、实力最弱的,莫过于婼羌。婼羌,又名去胡来,羌族的一支,战国末年从河西走廊迁徙到阳关以西,分布在西到葱岭、东到祁连山、南抵昆仑山山脊、北到塔里木盆地南缘、东西距离7000公里的北坡上,总人口仅有1750人,军人也只有500人。按说,拥有14000名民众、3000名军人的鄯善,吃掉这样一个"小不点儿"并非难事,但他还在等待,因为他发现,此时的婼羌与另一支羌人——赤水羌摩擦不断,随时可能发生火并。这对羌人兄弟无论谁胜谁负,鄯善都将是受益者。果然,在汉元始二年(2)前后,人数众多的赤水羌包围了婼羌王唐兜,唐兜向汉西域都护但钦紧急求援,以不作为著称的但钦拒不出兵,结果,拼死突出重围的唐兜一气之下投奔了匈奴。于是,鄯善王适时派兵进入婼羌,不费一兵一卒便全部接收了婼羌国的地盘与遗民。获得国土如此轻易,历史上无出其右者。

接下来,鄯善把目标对准了西部的几个小邻居。说话间,汉已被外戚王莽实施了"安乐死",代汉而立的大新皇帝王莽一意孤行,恣意妄为,对内实行了朝令夕改的一系列改革,造成民怨沸腾;对外降低了各个邻国与附属国的封号,导致众叛亲离,西域都护但钦被焉耆王攻杀,王莽派出的征西军几乎全军覆没,大新帝国版图萎缩到了河西走廊最西端的敦煌。抓住这一难得的混乱机遇,鄯善王挥戈西去,降服了邻近的小国,成为塔里木盆地东南部的强国。

从此,"驰命走驿,不绝于时日;商胡贩客,日款于塞下。"腰肢柔曼的鄯善美女,再次向远道而来的客人绽开了笑靥;鳞次栉比的客舍酒垆,再次向孤苦无依的商旅提供了港湾。经过近半个世纪的物质积淀、军事历练、精神打磨,这个凝聚了苦难、坎坷与血泪的躯体,在冲天的大火中涅槃为一只别样的凤凰,昔日繁盛的楼兰终于在鄯善借尸还魂。

鄯善王病逝后,传位给了儿子。儿子死后,又传给孙子安。鄯善的前途似乎一片光明。

请乘理想之马,
挥鞭从此启程,
路上春色正好,
天上太阳正红。

二十、安的烦心事

没有永远的朋友,也没有永远的敌人,永远的只有利益。
——温斯顿·伦纳德·斯宾塞·丘吉尔
(Winston Leonard Spencer Churchill)

大凡一个人春风得意的时候,难以排解的烦恼往往已经悄悄降临。在鄯善国默默崛起的同时,丝路南道西部的一个国家以更为强硬的姿态跨上了争霸西域的舞台,并逐渐壮大成鄯善国的噩梦。

它叫莎车,与鄯善一样出自塞人,中心位于叶尔羌绿洲上,是一个拥有16000多民众和3000多军队的绿洲城国。在汉地担任侍子的莎车太子延回国继任国王后,以汉家为宗主,大力推行汉文化,出台了一系列与汉法典一脉相承的法律,使得莎车迅速成长为地区巨人。在延的儿子康接过接力棒后,被汉朝任命为西域大都尉,有了代汉管理西域各国的职权。好在,康为人谦和,与鄯善、龟兹、于阗等大国结成了兄弟,并没有利用西域大都尉头衔对邻国颐指气使。对此,鄯善王安深感欣慰。

东汉建武九年(33),康不幸病逝,弟弟贤成为新莎车王。当时,包括莎车大臣和邻国国王在内的许多人不仅忐忑起来:这个为人强势的新王会延续以往亲汉远匈和与邻为善的国策吗?

大家的担心并非多余,因为从人性的角度讲,大凡后任一般都会将前任最为信任的大臣换成自己的亲信,对前任结盟的国家冷眼相向,用一套新思想代替前任的政策,贬低前任借以抬高自己,这就是老百姓所谓的"踩脚后跟"。有想法、有野心的贤,当然更不例外。最为明显的,就是要改变父、兄倡导的一心向汉的国策,将莎车从一个重视思想与犁铧的国家转变为一个重视刀剑与棍棒国家。

也许在贤看来,自己的生命历程是有限的,指望通过思想与文化使得周边国家折服于自己,需要大量缓慢的时光,而最快捷的办法,无疑只有不断地秀肌肉。再说,"操刀而不割,拥楫而不渡",不是太过愚蠢吗?!于是,在没有得到东汉首肯的情况下,贤利用从哥哥那里继承的"西域大都尉"头衔,发兵攻克了西夜国和拘弥国,杀掉了两国国王,将哥哥康的两个儿子立为西夜和拘弥王。

您可能会问,他是用什么理由排除异己的呢?上帝说,鸡蛋里要有骨头,于是鸡蛋里就有了骨头。他的理由多得吓人,如不服调遣呀,不讲规矩呀,奢侈懒惰呀,荒淫乱伦呀等等,甚至不惜采取"钓鱼执法"的手段整治西域秩序:派出官员冒充汉使去西域诸国,试探这些国王对汉与莎车的态度,中计者当然必死无疑。正因为如此,周边国家战战兢兢,开始唯贤的马首是瞻。从此,西域万马齐喑,飘扬在朝野的到处是贤想听到的假话,贤的耳朵里甚至灌满了各国国王的恭维之声。总之,一人之心,天下人之心,他就像一架失去方向的飞机,凭着自己的感觉和意志在长空自由翱翔。

鄯善王安尽管心怀不平,但考虑到两国关系,暂时没有公开发声。

显然,贤是一个地地道道的阴谋家、伪君子,他明明私下里对汉不以为然,但却在表面上比谁都毕恭毕敬。

建武十四年(38),贤派出亲信大臣专程拜访了鄯善王安,要求安与自己一起派使者前往东汉。为了拉拢安,贤给安送上了一个难以拒绝的大礼——贤的妹妹、莎车长公主。

走下香车的莎车长公主,步履轻捷,臀胯紧绷,透着一股藏不住的健美;凤眼含春,长眉入鬓,迸出几多掩不住的妙曼;朱唇轻启,如击玉磬,淌出一种勾魂摄魄的魔力。尤其是她的肌肤,娇嫩异常,吹弹可破。那一刻,阅女无数的安眼睛都直了,他只是不停地搓着手,使劲地咽口水。而他的脸上早已经开了花,每一个汗毛孔都往外冒汗珠。

因为安已有王后,所以莎车长公主被封为仅次于王后的昭仪。当晚,洞房里的一对新人吟诵起《诗经·邶风·击鼓》:

> 击鼓其镗,踊跃用兵。
> 土国城漕,我独南行。
> 从孙子仲,平陈与宋。
> 不我以归,忧心有忡。
> 爰居爰处?爰丧其马?
> 于以求之?于林之下。
> 死生契阔,与子成说。
> 执子之手,与子偕老。
> 于嗟阔兮,不我活兮。
> 于嗟洵兮,不我信兮。

安入洞房之日,也就是莎车与鄯善的蜜月开始之时。随后,贤与安的使者携手来到朝廷,带去了满纸恭顺话语的书信和大批稀世珍宝,要求恢复西汉以来正常的统辖关系。汉帝刘秀为贤的忠顺假象所迷惑,继续让贤像他哥哥一样代行管辖西域的职责。而安也受到了刘秀的称赞,允许他和贤一起维护丝路的安全。从此,贤以守护丝路为名,牢牢控制了葱岭以东的各个国家。

贤高兴了,安却在苦恼。

要知道,所有步入婚姻的人,面对的都像是一种人生赌博,未来有可能是琴瑟祥和,也有可能是相互折磨。果然,蜜月刚过,安与莎车长公主就过不到一起去了。爱情大抵如此吧,大凡序幕拉开之时,男女初见,若即若离,盈盈一水间,脉脉不得语,意境之美,莫过于此。但随着剧情的深入,两人朝夕相处,再无顾忌,神秘感消失,缺点全都暴露出来,从此互相指责,口角不断。甚至发展到大打出手,决然而去,并同时哀叹:人生若只如初见……

在这个世界上,漂亮的脸蛋太多,高贵的灵魂太少。他们的问题,主要还是出在莎车长公主身上。这位公主从小被父亲和两个哥哥宠着,养成了说一不二的性格,步步不退让,寸寸弯强弓,稍不顺心就伤筋动骨地折腾,而且嫉妒心极强,天天如附骨之疽一般紧紧黏着他,绝不允许安到王后和别的嫔妃处过夜,就连安与王后说几句安慰的话,她都连续十几天冷冻着一张俊脸,不和安说话,不让安上床,还不允许安与别的后妃同房,憋得安脸上起了一层泡。到了后来,安实在坚持不住,便公开而决绝地与王后住在了一起,任由莎车长公主寻死觅活,胡搅蛮缠。

渐渐地,她不哭了,也不闹了。有一天,一位卫士向安报告,一个身强力壮的卫士半夜钻出了昭仪的住处,衣衫不整。对此,安叹了一口气,并未采取什么过激行动。又有一天,一位大臣向安报告,莎车长公主将一封书信交给了过路的莎车使者,那应该是写给他哥哥贤的。对此,安也未派人截下这封书信。

从此,莎车与鄯善的关系变得不咸不淡。时隔三年,贤再次向东汉派遣使者,这一次,他没有再让鄯善使者与莎车使者同行,一方面,可能因为他受了妹妹的挑唆,对安不再像从前那样信任;另一方面,他有自己不可告人的目的,那就是,单独获得东汉的首肯,做西域地区的霸主。

与贤同一年继位的安,其实年龄也不大,但经过几年执政的历练,对西域大局已了如指掌,对贤的战略企图也洞若观火,当然能在第一时间猜出莎车使者此行的真实意图。因此,贤的使者刚刚穿过鄯善边界,安就派密使赶赴了敦煌,向敦煌太守裴遵报告了贤的所作所为和此行不可告人的目的。密使的原话是:"我王说了,贤杀死邻国国王是千真万确的,太守可以派人调查。但贤的使者去朝廷干什么,只是我王的推测。如果我王的推测错了,那是万幸;如果对了,西域可就遭殃了,太守也罪责难逃。"

几天后的一个上午,洛阳南宫破旧的前殿里挤满了衣着简朴的大臣,大家交头接耳，低声嘀咕着，无非是在议论最近哪里又发生了灾荒，哪里又饿死了人。高坐在金銮宝座上的刘秀向脚下的群臣做了一个双手下压的姿势，意思是让大家安静，然后清了清嗓子，传莎车使者觐见。一会儿，一个身着汉装、头戴毡帽、留着胡子的胡人走进朝堂，依照汉的礼仪匍匐于地，先替莎车王贤向汉帝问好，继而双手奉上了用莎车出产的青玉精心磨制的三件玉器："卑职临行前，汉西域大都尉、莎车王安特别交代，玉圭是献给汉帝的，玉璧是献给郭皇后的，玉佩是献给阴贵人的。"

玉璧传到皇后郭圣通、贵人阴丽华手上，她们摩挲着青如碧浪的精美玉器，不禁心花怒放，笑逐颜开。

"大都尉可有别的话捎来？"看到皇后和贵人的笑脸，一直哭丧着脸的刘秀也笑了。

"回陛下，除了专程前来贡献，大都尉还有一事……"莎车使者故意吞吞吐吐。

"有话请讲，不必有什么顾虑。"刘秀倒是很大度。

"莎车历代国王一心向汉，大都尉更是对汉忠心耿耿，为了确保商路畅通可谓呕心沥血。但最近一个时期，龟兹、鄯善等几个居心叵测的西域国王，拒不听从大都尉的调遣，他们宣称大都尉也是西域人，应该与他们平起平坐。因此，为了保证西域永远遵从汉帝的号令，大都尉强烈要求陛下恢复前汉时期的西域都护府，派一名得力将军充任西域都护。"说完，莎车使者的眼珠在刘秀脸上滴溜溜乱转。

刘秀刚刚舒展的眉头重新蹙了起来，因为此时的东汉尚未从新朝的战乱与饥荒中缓过劲来，朝廷一直奉行"薄赋敛、省刑法、偃武修文、不尚边功、与民休戚"的政策，根本无意也无力向遥远的西域派驻军队。看到汉帝面露难色，大司空窦融便主动打起了圆场，错步向前说："陛下，贤的父亲、兄长活着时，就与贤相约亲汉，现在贤的言辞与行动又如此恭敬，臣以为应该对他给予封赏和安抚，让他履行西域管理之责。如果贤能担起此任，朝廷就没有必要委派西域都护了。"

由于窦融长期镇守河西，东汉建立后又担任过一段时间的凉州牧，对西域的形势比较了解，所以刘秀采纳了他的建议，宣布赐予贤西域都护的印绶，并赠给了车骑及官服。

有意思的是，莎车使者刚刚兴高采烈地离开洛阳，敦煌太守裴遵的上

刘秀像

书就到了刘秀的案头。这是一封加急书信,信上说,我作为对西域负有管辖职责的敦煌太守,必须将真情毫无隐瞒地告诉陛下,据鄯善王安报告,贤曾经私自换掉了西夜与拘弥王,现在更是恣意妄为,如果授予他统辖西域的权力,西域各国必然对陛下失望,请陛下三思。

看完上书,刘秀大惊,立即下达诏书:"收回西域都护印绶,改授给贤大将军印绶。"于是,裴遵率轻骑截住了西归的莎车使者,宣布收回都护印绶。莎车使者不肯,裴遵便让手下强行夺了过来。

大都护与大将军,尽管只有两字之差,但在职责上有天壤之别,大将军只有带兵打仗的权力,而都护可以代表朝廷管理所有国家。因此,贤对东汉更为仇恨。

贤的精明之处在于,他并未公开表达对东汉的仇恨,还对于被收回都护印绶一事下达了"封口令"。然后,依然诈称自己是汉西域大都护,继续以都护名义对西域各国发号施令。蒙在鼓里的西域各国都表示服从,并上书称贤为单于。

说起来,贤对西域各国偶然发点号令并无不妥,即便他被收回了都护印绶,毕竟还有汉朝大将军的称号。但问题在于,在强求一致的时候,即使是最正确的原则和真理,也是对人类的侵犯。况且,贤过度地使用了都护一职,不仅对各国颐指气使,而且加重了赋税,还征发西域联军攻击不服调遣的龟兹等国。他对西域的统治策略,既无原则可讲,更无道义可言,是露骨的"大棒加刀剑"政策,是典型的"顺我者昌,逆我者亡"逻辑。

一天,于阗使者路经鄯善,偷偷告诉安:"贤对你向敦煌太守告密很不高兴,他多次向大臣们发誓,一定狠狠地收拾你。"

安清楚,贤是个心胸狭窄、睚眦必报的人。从此以后,一向沉稳如山的安变得十分烦躁,不是嫌饭菜不好吃,就是说卫士不顺眼。

如果等待能解决问题的话,乌龟早就统治了地球。安从根子里就不是缩头乌龟,因此绝不甘心束手待毙。

那么,他会采取什么行动呢?

二十一、国王哭了

战争对于男人,就如生孩子对于女人。

——奥斯瓦德·莫斯利(Oswald Mosley)

安与车师、焉耆王躲进黑暗的屋子,商讨起对策。几天过去了,这几个西域最强大脑想出了多个主动出击的"好主意",可无人敢于实施。因为他们深知,贤已经蒙蔽了太多的人,并纠集了一支人数不菲的西域联军,与他公开对着干无异于螳臂当车、以卵击石。

这就好比"老鼠与猫"的寓言:一群老鼠想出一条妙计,把银铃挂在猫的颈上,以后铃声一响,大家便知逃避,但当商议谁负责挂铃时,大伙儿就你推我搪,结果不了了之。

好在,他们没有不了了之。既然无人敢于挑头对抗贤,那么就剑走偏锋,集体行动:一起向东汉求援。尽管这是一个典型的"以远水解近渴"之举。

建武二十一年(45),鄯善等18国一起派遣王子到东汉为侍子,奉献珍宝。见到刘秀的那一刻,王子们痛哭流涕,叩头不止。刘秀十分惊异,便询问他们为什么痛哭。王子们争相控诉贤的恶行,强烈要求东汉向西域派驻都护。一向低调的刘秀考虑到中原初定,北疆未平,便委婉地回绝王子们在汉为侍和派驻都护的要求,厚厚地奖赏了各国王子,要求他们各回其国。

消息传回西域,贤对各国的攻击愈加猛烈,而派出王子的国家更为惊恐,紧急投书敦煌太守裴遵,要求将侍子们留在敦煌,对外宣称王子们已留在京城为侍,西域都护即将到任。这样一来,莎车或许会投鼠忌器,罢兵回国。显然,这是一个无奈而尴尬的策略,因为时间一长必然露馅。思虑再三,裴遵还是把西域各国这一低劣的瞒天过海计报告了皇帝,皇帝只有答应。

第二年,得知东汉近期不会派出都护,贤更加毫无忌惮。他派出使者带信给鄯善王安,要求他断绝东汉进出西域的道路。

是言听计从,还是抗命不遵,安在这两个选项之间必须做出抉择。他深知,东汉虽然一时无力西顾,但瘦死的骆驼比马大,其军力之强,绝非莎车可比。而且,汉室对待鄯善,可谓恩重如山,没有汉朝这棵大树,鄯善不可能摆脱匈奴的羁绊,也难以在塔里木盆地东南部称雄。鄯善如果关闭丝路,与莎车一起对抗东汉,既有悖于良心与情理,也不会有好的前景。就在安冥思苦索之际,莎车使者沉不住气了:"鄯善王还犹豫什么,你除了听莎车王的号令,没得选择!"

"本王如果不从呢?!"安眯着眼,轻蔑地盯着这位使者。

"只有死路一条,西夜王和拘弥王就是这样死的。莎车王是西域王中之王,顺之则存,逆之必亡。"莎车使者以牙还牙。

"本王心中只有大汉,没有什么西域王中之王。"

"那你就等死吧。"

莎车使者话音刚落,安便发出命令:"来人——把这个无礼的莎车人拉出去砍了!"

发出命令的那一刻,午后的阳光带着罗曼蒂克的色彩,把他的面容照得神采奕奕。

不一会儿,宫外传来莎车使者被杀时凄厉的哀号,一位近侍低声提醒安说:"陛下杀掉此人,不怕莎车王报复吗?"

"不怕!"话是这么说,但安的眉头还是皱了起来,脸上的神采消失了,每道光线恋恋不舍地离他而去,就像儿童离开充满乐趣的游乐场那样。

安的举动,对于唯我独尊的贤来说,无异于当头一棒。消息传进莎车王宫,他先是一愣,然后用从牙缝里挤出的字问信使:"尔再说一遍!"

"王使被鄯善王杀了——"信使回答。

在人突然受到猛烈打击时,情绪猛然紧张,神情往往具有强烈的戏剧色彩,以致无论图画,抑或话语,均无法用同样雷霆般的强力予以再现。我们只知道,那一刻,贤的手不自觉地颤抖起来,口中发出含糊不清的尖叫,脸憋得像猪尿泡一样通红,报信的士兵也被他一脚踢翻。是啊,平时大臣们在我面前大气都不敢出,西域国王们连正眼都不敢瞧我,如今居然有人抗命不遵,甚至公开挑战我的权威,难道你吃了熊心豹胆?再说,你凭什么违背外交惯例,杀掉我的使者?王使如龙之逆鳞,触之必死!你说什么,他是妹夫?妹夫不是妹妹,和我有一星半点的血缘关系吗?!

在历史老人看来,贤肯定是会出兵的。有仇必报固然重要,更重要的在于,以鄯善为首的西域同盟之于莎车,几乎就是一个"修昔底德陷阱"(Thucydides's trap),他不能眼睁睁地看着对方做大做实。

很快,贤点起数万大军扑向鄯善。

这是贤的似锦繁花,安的背水一战。安尽管也做了多种战术准备,他的军队也足够顽强,但终因兵力悬殊,很快便像一只只可怜的蚂蚁一样被滚滚的车轮碾过。为了保存实力,他只有带领残兵、家眷及青壮年平民,像一只只被拔光了毛的鸡一样,拼命逃进阿尔金山中。撤退令下达后,昭仪却赖着不走。

贤抓不住安,便将因腿脚不灵便未及逃走的千余名鄯善老弱民众报复性地全部屠杀。就像一个没有得到奥运金牌的运动员,朝着赛场边卖冰棍的老头狠狠踹了一脚。

然后,意犹未尽的贤带上妹妹引兵西还。

时值深秋,芦荻萧萧,有如祭烛千丛;水天苍苍,恰似惨白的尸布;被洗劫的鄯善,更是墙颓壁断,尸横遍野。还都后,面对无限凄凉的家园,安蹲在地上,头深深埋在双手之中。安的部下也一个个失魂落魄,并发出了这样的疑问:带头与莎车对抗,把鄯善暴露在敌人的刀尖下,让千百名无辜的平民埋单,到底是值,还是不值?

但我要说,鄯善的失利,比对方的胜利还令人血脉偾张。他们以宁为玉碎、不为瓦全的惊艳表现表明,即使在以实力论英雄的战场上,依然存在着一种超越胜负的正义感;即使在功利主义大行其道的世界上,这种理想主义的价值观仍然会赢得所有被奴役者的暗暗喝彩。

当晚,风在林梢月在天,但如水的月色里流淌的不再是浪漫,周边的秋虫吟唱的全都是悲叹。在被洗劫一空的王宫,王后将安拥入怀中,用身体的温度给了他语言无法提供的安慰,任他的眼泪滚落在她的肩膀上。他知道自己的眼泪夺眶而出了,但他毫不为此感到羞耻,因为他做得没有错,唯一的错误在于没有提前转移城中的平民。男儿有泪不轻弹,只因未到伤心处啊!

"看来,我们面前只有两条路可走了。"王后试探着说。

"哪两条?"安抬起头,眼里闪烁着星星点点的希冀。

"一是再次要求后汉派驻都护,二是尊匈奴为盟主对抗莎车。"

"本王从感情上难以接受第二条。我不想刚出虎穴,又入狼窝。"

"如果后汉再不答应呢?"

他沉默了半天,然后叹了口气,"不到最后一刻,不能轻言放弃呀,因为汉朝对我们不薄,还是向后汉再斡旋一次吧。"

几天后,滞留在敦煌的鄯善、焉耆、车师前国等国王子也分别回国了。一来瞒天过海计已被莎车看穿,二来这些王子思乡心切,再在敦煌耗下去还有用吗?

不死心的似乎只有安了。不久,安再次奋笔上书东汉,说明了本国被洗劫的经过,表示愿意再次派出儿子广为人质,请求东汉重设西域都护,否则,自己只能另寻靠山,奉匈奴为宗主。这既是一封求援信,也是一封通牒书,口气之恳切令人动容。

但刘秀竟然回复说:"目前不可能派出都护与军队,如西域各国力不从心,可以便宜行事。"这就好比一个父亲对孩子说,我身体不够壮,没有力气保护你们,你们如果怕挨揍,就去认一个新爹吧。

正所谓,"夫唯不争,故天下莫能与之争"。那一刻,刘秀的脸一定很难看。透过两千年的历史风烟,我们仿佛能洞悉这位东汉开国君主满腹的愁绪和一脸的无奈。

渐渐地,互相攻伐的西域各国再次被匈奴控制。直到一个满脸络腮胡子的汉人在密集的锣声中登场亮相。

二十二、风高放火天

有卓越智力作用指导的胆量是英雄的标志。

——卡尔·菲利普·戈特弗里德·冯·克劳塞维茨

(Karl Philip Gottfried von Clausewitz)

冬日的洛阳,刚下过一场大雪,银装素裹,寒气逼人。在一个门禁森严的官府里,一张书案上堆着如山的竹简与帛书,正伏案抄写文书的,并不是一个清瘦典雅、细眉顺眼的文人,而是一个虎背熊腰、浓眉豹眼、满脸络腮胡子的中年人。只见他叹了一口气,对身边的同事说:"大丈夫应当效法傅介子、张骞立功异域而封侯,怎么能天天悠闲地围着笔砚转呢?!"然后,将毛笔狠狠地扔到地上。"投笔从戎"的成语由此诞生。

立刻,屋子里发出一阵哄笑。

这个被哄笑的人名叫班超,字仲升,今陕西咸阳东北人,生于建武八年(32),是史学家班彪的幼子,《汉书》作者班固的弟弟,才女班昭的哥哥,目前的身份是替官府抄抄写写的小文书。按说,生在书香门第的他应该是一个文质彬彬的书生,不知为什么,他不仅长相剽悍,而且不修边幅,行侠仗义,俨然一位地地道道的武林中人。

"戴他一顶帽,坐上一乘轿,刻他一部稿,讨他一房小。"是历代文人梦寐以求的人生境界,一代代读书人青灯黄卷、十年寒窗,甚至皓首穷经,为的是登科入仕,光宗耀祖。但那时科举制度还未出世,报国立功的捷径似乎只有投身沙场,驰骋边关。有感于抄写匠的碌碌无为,他才"投笔"于地,立志"从戎"。永平十六年(73),41岁的班超终于实现了"投笔从戎"的夙愿,任务是随同奉车都尉窦固北征匈奴,职务是假(代理)司马。走出书斋的那一瞬,他有了可以自由发挥的广阔空间,从此成就了他军旅生涯的永恒直线。假司马官虽小,却是班超文墨生涯转向军旅生活的第一步。一到军中,他就显示了超凡的胆略,并在蒲类海[①]之战中旗开得胜,迅速赢得了窦固的赏识。

不久,窦固将出使西域的重任交给了班超,为班超腾出了一方叱咤风云的舞台。

经过短暂而认真的准备,班超和从事(负责协助的官员)郭恂率领36名骑兵向西进发,一个旷古的传奇开场了。

班超一行来到鄯善,受到了鄯善王广的热情接待。欢迎宴会过后,他们被安置在专门接待外来使者的房舍。

但是不久,鄯善王广突然变得冷淡起来。凭着自己的职业敏感,班超估计必有原因,便把接待他们的鄯善侍者找来,出其不意地问:"匈奴使者

---

① 今巴里坤湖(Barkol Lake),位于新疆巴里坤县西北18公里处。

班超像

已来数日,今安在乎?"仓促间,侍者透露了实情。原来,匈奴使者也已到访鄯善。

非常之人,方能行非常之事。傍晚,班超避开郭恂,摆酒宴请36名部下。酒到酣处,班超通报了调查结果,并发出了战前动员令:"不入虎穴,焉得虎子。当今之计,唯有乘夜色火攻匈奴使者。灭此虏,则鄯善破胆,大功即成。"

当时,一名部下提醒他:"您应该与从事郭恂商议一下吧。"

班超大怒:"吉凶决于今日,从事郭恂是一名庸俗的文官,听了我们的计划必定会因害怕而泄露机密。死了不为人所称道,非壮士也!"

部下们再无异议。

天一黑,大风突起。正所谓月黑杀人夜,风高放火天。班超率领36名部下神不知鬼不觉地潜入匈奴使者营地。他安排10人持鼓藏在屋后,约定:"看到火起,便击鼓呐喊。"其余的人手持刀弩埋伏在营门两侧。班超顺风放火,屋后鼓噪,匈奴人乱作一团。班超亲手杀死3人,部属斩杀了匈奴使者及随从30余人,剩下的100余人也全部葬身火海。

次日,风停日出,晴空万里。班超把战斗经过告知了郭恂。郭恂先是

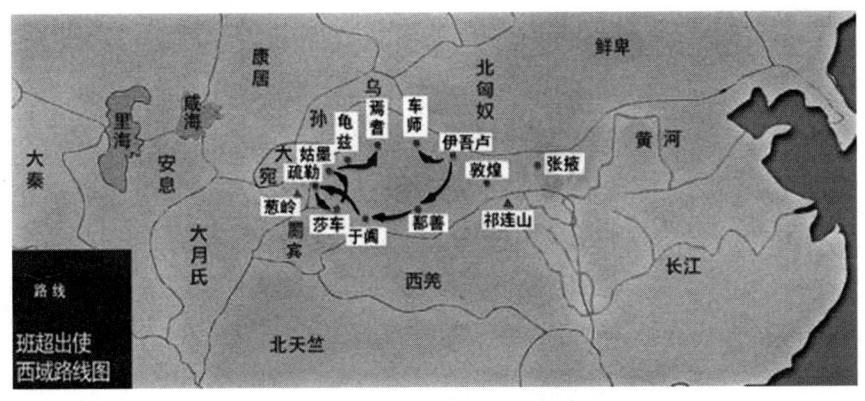

班超出使西域路线图

吃惊,继而脸色大变。班超拍了拍郭恂的肩膀,满脸堆笑地说:"考虑到你非武士出身,容易在战斗中受伤,所以才没有告诉你,这都是为你好啊!"继而,班超突然严肃起来,"你虽然没有参加行动,我怎么会存心独占这份功劳呢?"

听到这里,后者脸上方才绽出喜色。

待到日上三竿,班超才将鄯善王广请到自己下榻的房舍,一边揉着惺忪的双眼,一边令手下将匈奴使者的首级扔在广的面前。

"这是什么?"广大惊失色地望着血肉模糊的人头。

"嘿嘿,忘了提前告诉你,他就是前几日到访的匈奴使者。"班超一脸坏笑。

"其他匈奴人呢?"

"全被我杀了。"

立刻,惊恐万状的广匍匐在地,宣布归附汉朝。

那一刻,班超轻抚满脸胡须,昂首问候天空:从今天起,西域的万里长空,将是我镶着太阳的湛蓝桂冠。

前方将消息快马奏报给窦固,窦固上书汉明帝刘庄为班超请功,要求派出使节出使西域。

望着窦固的上书,以贤明著称的刘庄笑了,他在奏章上批示:"像班超这样有胆有识的汉吏,为什么近在眼前不加重用,却要更换他人呢?现任命班超为军司马,继续西域未竟的使命。"

163

在鄯善小试牛刀之后,班超又用武力迫使于阗王广德归附了汉朝,将大本营设在了丝路西段的槃橐城①,在极西的疏勒,在这个汉威从未达到的地方扎下了根。随之,西域都护府重新设立,丝绸之路再度开通。

此后,班超收服了莎车、大月氏、龟兹、姑墨、温宿、焉耆、危须等国,西域大大小小近50个国家全都归附了汉。总之,他已经可以拔剑平四海,横戈却万夫;再也没有攻不下的堡垒和征服不了的国家,只要他愿意。我仿佛听到一个粗犷而坚凝的男高音隔着2000年的历史洞壁高喊:举世滔滔,舍我其谁?!

永元四年(92),班超被正式任命为西域都护,站上了事业与荣誉的峰巅。永元七年(95),刘肇颁诏说:"班超历尽艰险,坐镇西域22年,西域各国无不宾服。班超除掉依附匈奴的国王,改立心向汉朝的国王,不动丝毫钱粮,不须大军远征,便得远夷之和,同异俗之心。鉴于班超立下大功,封班超为定远侯,食邑一千户。"

论起来,班超不是挥手起风雷的政治家,也不是笔落惊风雨的文学家,但这个名字却已超越了具象化的人物和事件,也超越了历史和时代,成为一种人类精神与秩序的化身。当时间的尘埃早已将走马灯式的中国皇帝和成千累万的宰辅大臣无情埋葬的时候,这个满脸络腮胡子的武人,却依然亮晶晶地高悬在历史的长空里。

我只能说,他是一尊战神。

二十三、班超东归

> 生命是一团欲望,欲望不能满足便痛苦,满足便无聊,人生就在痛苦和无聊之间摇摆。
>
> ——亚瑟·叔本华(Arthur Schopenhauer)

但战神也有寿限。

永元十二年(100)盛夏,宫里的花树落英满地,洛阳的空气湿热得像要拧出水来,21岁的汉和帝刘肇接到了一封远方的上疏。上疏者是68岁

---

① 位于今喀什市东南郊的吐曼河岸边,别名艾斯克萨城,维吾尔语意为"旧城"。

的西域都护班超。他在上疏中动情地说:"臣听说姜太公虽然封在齐,死后却安葬在周;狐狸死时,头往往朝着出生的山丘;代地所产的马,总是怀恋北边吹来的风。周与齐同在中原,相隔只有千里,太公尚且思恋故土,何况小臣远处绝域,怎能没有'依风''首丘'之情?当年苏武滞留匈奴19年,现在臣奉皇命驻守西域已近30载,如果终老于此也将无怨无悔,只怕后人因此不愿出使西域。臣不敢奢望到达酒泉郡,但求活着走进玉门关!我老而多病,身体衰弱,冒死上言,谨派遣我的儿子班勇①携带贡品入塞,趁我活着的时候,让班勇回去看一眼亲爱的中国。"

看完这封上疏,刘肇打了一个寒噤。昨天夜里他做了一个奇怪的梦,梦见洛阳西部的一个关城狼烟滚滚。难道,这个不祥的梦应在渴望东归的班超身上?

皇帝在犹豫。

不久,班勇随汉使一起踏上了东去洛阳的漫漫途程。路过鄯善时,班勇见到了与自己同龄的鄯善太子尤还,两位年轻人惺惺相惜,一见如故,擦出了英雄所见略同的智慧火花。分手时,他们相约日后在洛阳相见,而且发誓永远不负汉家。

第二年农历十月,洛阳进入中秋,天越来越阴沉,厚厚的乌云堆积在空中,黑夜一天比一天漫长,金黄的落叶铺满了城中大道,偶尔吹过一阵凉爽的风,沙沙作响。从西域归来的班勇见到了从未谋面的姑姑,侄子跪在姑姑脚下,姑侄二人泣不成声。

班勇对姑姑说:"父亲老了,可能不久于人世了,考虑到他死后西域形势难料,所以提前把我送了回来。"

"你怎么能舍下老父不管呢?"姑姑用责备的口气说。

"我哪里愿意离开父亲,是父亲强迫我随汉使一起归来的,我实在拗不过父亲啊!"班勇又号啕大哭起来。

第三年初春,冰雪尚未消融,寒风依旧刺骨。年轻皇帝的案头又多了一份上疏,上疏者名叫班昭,又名班姬,字惠班,是班超的妹妹,东汉才女,14岁嫁给曹世叔,丈夫早逝后一直清守妇规,她写的《女诫》是中国古代妇女的行为准则,她还是中国第一位女史学家。负责编撰《汉书》的哥哥

---

① 字宜僚,班超第三子,乃班超与疏勒女子所生。

班昭像

班固被酷吏冤杀时,八表和《天文志》尚未完成,汉和帝下诏让守寡的她进入东观藏书阁,负责续写《汉书》。如今,班昭已经56岁。

这封上疏是替哥哥求情的,大意是:我的兄长班超侥幸立功,特蒙皇帝重赏封侯,我们全家将永远铭记皇帝的恩德。哥哥当初出使西域,立志以生命报效国家。不意碰上陈睦事变,哥哥孤身辗转挣扎于险地,以智慧与勇气艰难维持着西域的局势。每当爆发战争,他总是身先士卒,虽然身受重伤也不避死亡。幸蒙陛下的神灵,他才得以延续生命于大漠,到现在已经整整30年了。30年啊,我们兄妹骨肉分离已久,就是见面恐怕也已经认不出对方。同他一道出使西域的将士都已不在人世,而年龄最大的哥哥也将近70岁了。我听刚刚归来的侄子说,他身患重病,须发皆白,两手麻木,耳不聪,目不明,依靠拐杖才能正常行路。他虽想竭尽全力报答皇上的天恩,但迫于年岁迟暮,犬马之齿将尽。而西域诸国素来对老人不敬,如不及时派人接替班超,恐怕坏人会伺机而动,萌生犯上之心。一旦发生暴乱,班超定然力不从心,其结果上会毁灭国家累世的功勋,下会废弃忠臣长期的努力,那将是最为令人悲痛的局面啊!所以哥哥于万里之外,怀归国之诚,自己陈述痛苦焦急之心,伸颈企望,已过三年,但仍未蒙皇上省察。

我听说古代十五岁服役,六十岁免役。陛下登基以来,以至孝治理天下,得万国之欢心,就连小国的臣子都体恤有加,况且班超已获封定远侯,所以我才敢冒死为班超乞求,乞求允许班超回乡安度余年。《诗经·大雅》说:"老百姓通过劳动,可以得到小康。先施恩惠于中国,然后乃安定四方。"班超已在信中和我生别,今生恐怕真的见不到他了。我实在不忍看到班超壮年时尽忠于大漠,年迈时遗尸于荒野啊!如果皇上执意不允许班超归来,西域一旦发生恶变,希望班超一家能像赵母、卫姬那样,因事先上奏而免于牵连之罪。我愚笨不明大义,触犯朝廷忌讳,万望皇上见谅。

看完上疏,刘肇已泪眼蒙眬。

那应该是刘肇上任以来少数几个吃不下、睡不香的日子。他闭上眼睛,体味着焦急、疑惑、担心、沮丧混杂在一起的那种复杂感觉。是啊,班超去西域时自己还没有出生,如今已经过去了30年,人生有几个30年啊,况且这位老将已经年近70。他模糊地意识到,班超兄妹的上疏已经在群臣中传扬开来,多数人既担心,又同情。如果不允许班超回来,那将是一个多么令人心寒的决定啊。第六感觉告诉他,他其实已经没得选择。

终于,刘肇诏命任尚接任西域都护,允许班超东归故里。

在继任者的选择上,刘肇很是谨慎。任尚,也是一个干才,有着担任护羌府长史和戊己校尉的丰富履历。对于这一任命,监察御史们无一反对。

即将离开西域的班超坐卧不宁,一连几天,他既兴奋,又痛苦。因为,他的根已经深深植入了浩瀚无垠的西域,他的梦已经完全融入了羌笛声声的边关。

临行前,任尚要求老都护将经验留下。面对风烛残年的班超,正值壮年的任尚表面上十分谦恭,实际上是在履行官场的一道程序而已,或许他还对面前这个已经卸任的老头儿有些可怜。他所不知的是,时间这把刀,刻得出人老去的形状,却刻画不出人一路走来的辛酸与荣光。如果他不是忘我地为国尽忠,如果他有一点儿私心,如果他不是忍辱负重,如果他依着自己的性子做事,那么他也就永远不可能至今仍被中华民族深深铭记着。想当初,当生擒了疏勒王兜题后,他并没有依照疏勒臣民的要求杀掉这个龟兹派来的人,而是出人意料地放走了兜题,为东汉赢得了宽宏的声誉。当听说东汉使臣李邑向朝廷上书诬称自己"拥爱妻,安乐外国"之后,他果断地"休"了疏勒籍妻子,并且没有依照皇帝的旨意扣留李邑,而是客客气气地将李邑送回了朝廷。面对部下的不满,班超的回答是:"以邑毁超,故今遣之,内省不疚,何恤人言?"翻译成现代文就是,正因为李邑诬陷过我,我今天才送他回去。既然自己问心无愧,为什么要害怕别人的闲言碎语呢?泰戈尔说:"世界痛吻我,而我回报以歌。"班超就是这样一个人,严厉起来杀人不眨眼,宽容起来忍得胯下辱。正是这种人格的力量,在敌寇林立的铁血残阳中鞭霆掣电,拔山贯日,支撑起东汉西域一片天。

  班超是谁呀,不会看不出任尚复杂表情背后的深意,但出于对西域大业的那份责任,他还是告诫任尚说:"您一定要我提建议,我就贡献一点愚见。塞外的官吏士兵,本来就不是孝子顺孙,都是因为犯有罪过而被迁徙塞外,守边屯戍。而西域各国,心如鸟兽,难以扶植,却容易叛离。水至清则无鱼,人至察则无徒,应当采取无所拘束、简单易行的政策,宽恕他们的小过,只求总揽大纲而已。"显然,这是一位将军置身激流漩涡之中却能惊弦雁避、骇浪船还的原因所在,也是一位外交家在西域各国之间纵横驰骋三十载的经验之谈。

  表面上,任尚连连称是。私下里,却不以为然地对手下说:"我原以为班君会有奇策,他今天所言不过平平罢了。"

  这位新西域都护行事苛刻严酷,不久就激起了西域各国的反叛。是啊,如果你的心是一座火山的话,怎能指望从你的手里开出花朵?

  一瞬间,闪电划破了夜空,暴风雨终于来了。其实,也不能完全怪任尚。因为,班超在西域留下的烙印太深了。换了任何一个人,都无法达到班超的威望与境界。况且,这位新都护根本听不进老都护的临行嘱托。在四面楚歌中,东汉不得不将任尚撤回,班超30年的苦心经营一朝尽废。

二十四、是进是退?

  我不能移山,但是我能够发光。

——保罗·安格尔(Paul Engle)

  东汉西域都护府一撤,鄯善只得在表面上依附于北匈奴。
  元初六年(119),敦煌太守曹宗派西域长史索班率兵进驻伊吾[①],鄯善

---

① 突厥语意为"狭长的河道",今新疆哈密。

王和车师前王背弃北匈奴,重新向东汉归降。时隔数月,匈奴北单于与车师后部联合攻杀了索班,迫降了车师前王。作为汉人外孙的鄯善王尤还急忙向曹宗求救,曹宗因此请求朝廷派兵攻击匈奴,收复西域。而多数朝臣则以劳民伤财为由,建议放弃荒蛮偏远的西域。

是进是退？25岁的汉安帝刘祜束手无策,执掌朝政的邓太后也秀眉紧锁。是啊,世间没有全知全能的人,有见解的不一定有权力,有权力的却不一定有见解。于是,邓太后想到了班超的三子班勇。她清楚,这个出生在西域的名将后代,不仅熟悉西域的山川地理,而且有着超群的智慧、超前的预判和超值的理想。特别是,他有一个梦想,一个烂熟于心的梦想,那就是梦想有一天像父亲一样,提三尺剑立不世功,让荆棘成沃土,令歧路变通衢。于是,她以朝廷的名义向班勇发出了进宫参加朝议的邀请。

一个大雾弥漫的早晨,班勇趴在深3米、宽18米的西垣外护城河边,脑袋长长地伸在水上,排演他想了一个晚上的说辞,陈述时如何滴水不漏,反驳时如何步步为营,声音何时激越,何时低沉,语速何时该快,何时当慢,何时停顿,停顿多久,表情何时凝重,凝重几分,每一个眼神,每一个微笑,他都设计了又设计,直到他认为无可挑剔为止。有路人经过,以为他要投水自尽,还别有用心地起哄。

太阳温柔地升起来,羞怯地挂在天边,仿佛醉酒的月亮。朝堂上气氛凝重,几乎每个人都心事重重。一开始,公卿们大多主张关闭玉门关,放弃西域,但班勇按照打好的腹稿,痛陈了放弃西域的严重后果,要求朝廷恢复对西域的控制。他指出,汉明帝时期西域内附后,匈奴远遁,边境得安;而西域放弃后,北匈奴对西域一味奴役与压榨,使得西域各地"皆怀愤怨,思乐事汉"。至于此前西域发生的事端,都是因为朝廷官员"牧养失宜"所致。如今的鄯善王尤还,乃是汉人的外孙,如果匈奴得志,那么尤还必死。若出屯楼兰,足以招抚其心。为今之计,应该像永元年间那样,恢复敦煌郡营兵300人,在敦煌重新设置护西域副校尉。同时,应该派出西域长史,率领500人屯居楼兰,"西当焉耆、龟兹路径,南强鄯善、于阗心胆,向北抗拒匈奴,向东拉近敦煌"。

如此天衣无缝的陈述,如此不容辩驳的设计,自然会取得预想的效果。史载,朝廷采纳了班勇的主张,在敦煌重新设置了西域副校尉。延光二年(123),朝廷又任命班勇为西域长史,率500名士卒出屯柳中。柳中位于吐鲁番盆地南部,故址在今新疆鄯善西南部的鲁克沁,处在楼兰通往车师的交通要道上,土地肥美,是一个理想的屯田基地。

以这样一支微不足道的兵力,走出玉门,箭指西域,不仅令质疑者摇头嗤笑,连班勇的部下们也不敢抱有奢望,即便是乐观的大臣们也认为,班勇率军屯田柳中,只不过在玉门关外建立了一个前哨阵地,勉强作为河西四郡的缓冲而已。

而班勇却不这样看,因为他的心中充满了期待……

临行前,全家为班勇饯行。因为班超的次子早死,为班勇饯行的其实只有3人而已,一是班超的长子、袭爵定远侯、现任京兆尹的班雄;二是班雄的夫人;三是班雄的儿子班始。班雄生性宽容仁厚,对班勇这位突然冒出来的同父异母的弟弟多有照应,少年班始也很喜欢这位长着半个胡人面孔的叔叔,而班雄的夫人最近一直忙着为小叔子张罗婚事。听说班勇即将远行,哥嫂一家心情分外沉重。酒宴开始不久,班雄就喝大了。酒一过量,平时寡言少语的班雄话就多了起来:"三弟,我今天真的高兴不起来。"

"大丈夫就应该像父亲一样立功异域,大哥应该替我高兴才是。"闻听长兄之言,本来笑逐颜开的班勇脸立时拉长了。

"我当然高兴,但我对你不放心啊!"

"西域乃我家乡,父亲在西域又声名远播,大哥有什么不放心的?"

"我是不放心你的性格。"

"我的性格怎么了?"班勇显然不服气。

"你太直率,太锋芒毕露了。木秀于林,风必摧之的道理你懂吧?"

"我注意就是。"

"明枪易躲,暗箭难防。你在小心敌人的同时,也要注意和身边的将军们周旋啊。"

"大哥的担心有点过了吧?"

"小心驶得万年船。"平时不太较真的班雄,今天显得有点不看势头。

"好了好了,你还是少说一句,不要坏了三弟的兴致。"最后,还是班雄的夫人打起了圆场。

"我喜欢三叔的性格,"16岁的班始早就沉不住气了,"前怕狼,后怕虎,什么也干不成,大丈夫就要敢作敢当!"

"小孩子懂什么,你这种做派以后会吃大亏的。"一向温和的班雄狠狠地瞪了儿子一眼。想不到,班雄一语成谶。班始成年后,官拜京兆尹,有幸娶汉顺帝刘保的姑母——清河王刘庆之女阴城公主为妻。婚后,公主恃贵而骄,淫乱无度。对此,班始也咬咬牙忍了。在他看来,公主喜欢几个男人倒也算不了什么,王子们不也同样三妻四妾吗?只要她还认这个家,认他这个丈夫。但到了后来,为了显示自己说了算,公主与宠爱的下人在帷帐中厮混时,居然逼着班始进屋伏于床下,倾听她与下人的淫声浪语,并慢慢品尝床震造成的粉尘。班始实在忍无可忍,刀劈了正赤身嬉戏的公主与男仆。事发后,汉顺帝下令将班始腰斩,班始的兄弟也全部被杀。当然,这是后话。

眼见班雄发了火,其他人再也不说话,只是不停地喝闷酒。

二十五、名将之死

比敌人的炮火更精准的,是友军的炮火。

——美国西点军校军规

第二年初春,吐鲁番盆地风开始微笑,鸟开始歌唱,大地也毫不吝啬地奉献出了一星浅绿。班勇如一个困兽,天天在柳中踯躅徘徊。漫漫回忆,他已领兵进驻西域半年有余,派出的多名信使走访了十几个西域国家,这些信使到处宣称,如今的西域长史是老都护班超的儿子,名叫班勇,是来代表东汉维持西域秩序,维护商路安全的。班勇想啊,父亲的威名在西域如雷贯耳,父亲对西域做过的好事多如牛毛,几乎所有的西域国家都受过父亲的恩惠,大凡懂事与感恩的国王,看在父亲的面子上,也会前来拜访的。但时至今日,没有一个国王相信这是真的,更没有一个国王前来觐见。难道,他们对西域长史府和班勇并不认同?

一天,东汉驻屯军哨兵来报,说是有一支上百人的骑兵部队正从南部逼近柳中壁。班勇爬上塔楼远眺,发现这支队伍阵型松散,不像是前来攻击的敌人。等对方走近,班勇才发现,为首的正是自己的故旧——鄯善太子尤还。

两人紧紧拥抱在一起。

等双方坐下来,尤还才告诉班勇,父王广已于12年前病逝,自己现在的身份是鄯善王,听说班勇带兵进驻西域,他这是专程前来归附的。听到这里,班勇不禁大喜过望,这可是第一个前来归顺的西域国王啊,尽管这一天来得很晚,但毕竟有了一个令人鼓舞的开端。于是,他命令部下准备酒宴,为老朋友接风洗尘。

那一天,两个壮年人醉得一塌糊涂。

两个月后,在征得朝廷同意,并得到尤还配合的前提下,班勇亲率500士卒进驻鄯善军人刚刚腾出的楼兰古城,在楼兰绿洲恢复了中断多年的大规模屯垦,并把西域长史府设在了那里。不久,他回访了鄯善,以"三绶"赏赐了鄯善王尤还。期间,尤还专门给龟兹王白英修书一封,信中说:"贵王之父白霸在洛阳做侍子多年,与汉感情深厚,西域都护班超也因此将都护府设在龟兹,并对贵王之父多有关照。今班都护与疏勒公主之子班勇,被汉任命为西域长史,并已领兵进驻我处。班勇智勇双全,豁达大度,有乃父之风,他已明确表态,如主动来附,将法外开恩,既往不咎。我鄯善已先行归附于汉,期待龟兹王早做决断,切切。"

接到尤还的书信,也就意味着班超之子班勇西来已非传言,于是,白英率姑墨王、温宿王反绑着双手赶赴鄯善投诚。由此可见,班超的威名与刻痕在西域是何等沦肌浃髓。从此,鄯善变成了班勇征讨叛逆的出发点和大后方。

随后,班勇召集西域各国步骑万余人,开进车师前王庭,在伊和谷击退了匈奴伊蠡王,接收车师前国军民5000余人,重新控制了车师前部和丝路北道,戊己校尉得以重新设立。从此,班勇以柳中和鄯善为基地,进可攻,退可守,吐纳风云,笑傲江湖。

他不再是那个躲在父亲班超背影里傻笑的孩子,而是一个飞天遁地、迅雷烈火一般的汉子,一个令九泉之下的父亲引以为傲的存在,一柄神剑,两面开锋,一半是海水,一半是火焰。

延光四年(125),班勇率西域联军大破车师后部,用后部王的人头祭奠了索班的英灵。第二年,班勇又派军诛杀了东且弥王,捣毁了北匈奴呼衍王的老巢,击退了前来报复的北匈奴逢侯单于。

放眼西域,只剩下一个焉耆未降。

历史有时如同蹩脚的连续剧,情节惊人地相似——只是时间已过去30年,东汉统帅换成了儿子,焉耆王由广换成了元孟。此时,鄯善王尤还已经病逝,班勇已经无法利用鄯善向焉耆展开亲情攻势,于是,班勇向汉顺帝刘保请求讨伐焉耆。永建二年(127),朝廷派遣敦煌太守张朗配合班勇发起攻击。他们事先商定,班勇率西域联军4万多人,从南路负责主攻;张朗率河西四郡兵马3000人,从北路负责包抄。而且,两人约好了共同抵达焉耆的时间。而此前有罪在身的张朗为了邀功赎罪,提前到达爵离关,抢先发起进攻,斩杀了2000多名焉耆军人。元孟害怕被杀,派出使者向张朗请降。还朝后,张朗因功被免除了前罪。

按说,张朗已经达到目的,对于不按约定与班勇一同发起进攻应该有所愧疚。依照常规,他应该与班勇见个面,做个说得过去的解释,说个客气话才是。但偏偏张朗是个小人,以自己的狭隘之心度班勇之腹,凡事都往坏处想,他认定班勇一定不会轻饶自己,有可能告发自己不依约行事,起码会臭骂自己一顿,因此,他恶人先告状,趁到朝廷受奖之机,诬陷班勇"迟到"。

张朗此举,何其毒也!因为"迟到"意味着畏缩不前,意味着贪生怕死,意味着置友军于不顾,这可不是一种小罪呀,轻者需撤职,重者要砍头。

要命的是,班勇远在西域,根本没有机会为自己申辩。

更要命的是,邓太后已经病逝6年,无法从邙山慎陵中伸出援手;皇帝刘保只有12岁,如果放在今天连被枪毙的资格也没有;执掌朝政的是一窝大字不识的宦官和心怀鬼胎的外戚,哪有公平与正义可言?结果,班勇无辜下狱。

一把钥匙开一把锁,锁开了,钥匙却被弃之于地。

至为悲惨的是,面对朝廷昏聩至极的判决,他还要匍匐于地,感谢皇上不杀之恩。他之所以这样"窝囊",是因为涉及一个重大而敏感的问题——忠君。要知道,像西周和春秋那样的分封制社会也是讲忠君的,但它是有条件的,就是君主对待臣子要符合礼仪与道义,所以伍子胥鞭笞楚平王的尸体,没人非议他不忠。而在秦汉这样的皇权专制社会,忠君是无条件的,君叫臣死,臣不得不死,即便是皇帝冤枉了你,你也不能反抗,一反抗就是大逆不道,自己的小命丢了不说,有时甚至会株连你的九族。

仰春风之和穆兮,听百鸟之悲鸣。出狱后的班勇无处申冤,也不敢申冤,只有默默还乡。之后,他含泪将父亲和自己在西域的经历整理成《西域记》一书。我仿佛看见：屋外秋雨潇潇，枯叶从树梢飞落，如翻来覆去的疼痛；房内一灯如豆，垂首静坐着一位满脸愁容的壮年，任悲伤像小刀抹过喉头。

神弓自然好，无箭也枉然。对于一只有着满嘴钢牙的老虎来说，没有什么比关进囚笼更为凄凉；对于一个有理想的人来说，没有什么比理想的破灭更为痛苦。因冤屈生成的暗疾夜以继日地生长，最终覆盖了班勇的每一寸身体。书成日，他病死在家中。在他的遗梦中，一定有楼兰的月色，清辉一片，凉白如雪。

时间宛若流水，涤荡人事的浮尘；历史宛若碑铭，写定古今的是非。班勇尽管结局暗淡，蒙冤而死，但这丝毫无损于他的英名，直到如今他仍是熠熠闪亮在中国历史长河中的一颗将星。

我忍不住要说的是，"雷霆雨露，皆是君恩"的道理，人们不会不懂。但让每一个人真心实意地对待帝王的黑白不分，的确不是一件容易的事，尤其是在奴性尚未普及众生的汉代。班勇"无辜"获罪，张朗"投机"获利，不仅在汉顺帝的鼻梁上涂上了白粉，而且为东汉的西域之治造成了难以弥补的损失。这就如同在足球场上，依靠任何一个技术精湛却不守规则的球员都不可能取得胜利一样。东汉朝廷的做派，既伤了东汉众将的心，也使得西域各国对东汉心灰意冷。据说，鄯善王是第一个公开宣布背叛东汉的西域国王。此后50年，鄯善与中原的联系彻底中断，就连尤还的继任者叫什么，我们至今仍蒙在鼓里。

就这样，班氏父子勠力创造的大好局面，最终变成了两片飘零的晚霞。也就是说，西域又被锁上了，当皇帝和太监们疯了一般到处寻找那把钥匙时，钥匙已入土多时。

二十六、向西转

> 文化是人类最伟大的接头暗号。
>
> ——《另一种文明》

班勇无辜获罪后，汉人势力渐渐淡出西域，西域陷入了群龙无首、自行其是的状态。

木牍上的佉卢文

当某一地区出现政治真空时,往往是外来势力渗透的最佳机遇。于是,一个中亚国家将触角伸到了塔里木盆地,它的名字叫贵霜。

贵霜帝国的创建者不是别人,正是汉初被匈奴从河西走廊赶走的大月氏。大月氏西迁到伊犁河沿岸不久,匈奴就帮助乌孙攻入了伊犁河流域,迫使大月氏继续南迁。汉武帝建元二年(前139),大月氏进占妫水以南的大夏,在那里建立了大月氏国。公元1世纪初,大月氏五翕侯之一的贵霜翕侯吞并了其他四个翕侯,建立了与东汉、罗马齐名的贵霜帝国。

伽腻色迦二世(Kanishka II)在位时,也就是公元178年之后,贵霜攀上了帝国发展弧线的顶点,将版图向东推进到恒河流域,向南深入到南亚次大陆,向西扩展到伊朗东部,向北伸进了塔里木盆地。疏勒国王臣磐,就是在贵霜帝国的支持下回国就位的。更重要的是,伽腻色迦二世大力弘扬大乘佛教,投资兴建了包括巴米扬大佛(Bamyan)[①]在内的众多的佛教建筑,亲自召集了佛教史上的第四次结盟,因此当东印度佛教不那么兴盛之时,贵霜帝国得以成为佛教的伟大中心。

在东汉持续衰落的日子里,特别是疏勒、于阗相继引入佛教,与贵霜帝国结盟之后,位于塔里木盆地东南部的鄯善必须做出选择:要么继续亲汉,被西邻于阗吃掉;要么转向贵霜,使国祚得以延续。

---

① 位于阿富汗巴米扬山谷,开凿于公元1世纪—5世纪,2001年被塔利班用大炮摧毁。

在"利益"面前,"道义"往往是苍白的。考虑到自身的生死存亡,也考虑到贵霜祖先所使用的语言与鄯善曾经用过的楼兰话同属于吐火罗语,鄯善王在东汉后期果断地向右转,不仅将王子派往贵霜做侍子,加强了与贵霜的政治交往,而且在文化上实施了三大举措:一是引入贵霜流行的佛教,兴建了一批寺庙与佛塔,使得佛教成为鄯善的国教;二是将官方文字由写在木简上的从上到下竖写的汉字,变成了贵霜流行的写在楔形木牍或羊皮纸上的从右到左横写的佉卢文;三是将汉姓改为贵霜姓氏,王室贵族与文武大臣带头,国王的名字率先改成了佉卢名,如童格罗伽(Tomgraka)、陀阇伽(Tajaka)、白毗耶(Pepiya)、安归伽(Amgvaka)、摩习梨(Mahagiri)、疏离阇(Sulica)等。

说穿了,作为一个文化不够发达、信仰一片空白的国度与族群,鄯善是没有能力抗拒佛教传入的。一方面,"人"作为上苍未完成的动物,只有在超自然力量的神祇面前有畏惧感,才能最大限度地抑制人的动物性本能,这就决定了宗教对古代民众和统治者所具有的精神力量;另一方面,佛教作为一个拥有完备的体系、高深的教义的伟大宗教,从创立初期就显示出强大的向心力,而贵霜以佛教为国教更是把佛教的影响力推向了新的高峰,这就使得鄯善不得不接受这一伟大宗教的雨露和洗礼。也就是说,仅从佛教传入这一点上,鄯善倒向贵霜也是必然的。

从此,鄯善这朵向阳花,开始向着贵霜这座新世纪融汇着神与力的太阳媚态十足地绽放。证据是,近代探险家发掘出的魏晋时期的鄯善国文书,只有少量的汉文木简,大量的则是佉卢文书。其中一封佉卢文书,是劝人信奉佛法的演说词:"无论何人参加迦诺达摩佛仪式,便会变得目洁眼明,手足肌肤洁白细嫩,容貌美丽。无论何人参加迦诺达摩佛仪式,便不会长脓肿、生疙瘩、长疥癞或疥癣,身体洁白芬芳。无论何人参加迦诺达摩佛仪式,便会变得目大眼明,手足肌肤呈金黄色、容光焕发并得到解脱……愿世间时刻祈祷丰衣足食,愿奉献之主帝释天增多雨水,愿五谷丰登,王道昌盛,愿你在诸神之佛法中永生。"透过这部演说词,可以想象鄯善民众那久旱逢甘霖般期待的眼神,也可以推测佛教布道者最初抵达鄯善时受到的异乎寻常的欢迎。

在斯坦因收集的621、632号佉卢文书中,记载着一个"第三者"的故事:说的是鄯善国精绝州叶吠县有一个陶工的儿子,名叫沙伽牟韦,年轻时代居住在奥古侯无忧的左多庄园。在这里,已婚的他与沙门(Shramana)①苏达罗的女儿善爱一见钟情,继而成为难舍难分的情人。由于双方家庭的阻挠,特别是沙伽牟韦的妻子胡搅蛮缠,他们的爱情受到了预想中的阻挠与打压。万般无奈之下,两个相爱的人儿只得痛苦地作别亲切的家乡,趁着沉沉夜幕逃出左多庄园,冒着生命危险从南向北穿越塔克拉玛干沙漠,私奔到丝路北道国家龟兹,去过寄人篱下的艰难日子。流浪多年后,已经成为夫妻的他们回到家乡。沙迦牟韦公开表示,他愿意将自己名下的庄园和一切财产送给前妻,与患难妻子善爱开始新的生活。但他的前妻与善爱的父亲不依不饶,向官府控告了沙迦牟韦,并提出了一笔赔偿要求,这笔赔偿是一个在当时看来无法再大的天文数字,这个数字已经到了让任何懂数学的人发疯的地步。国王听说后,专门下达了一道旨意:不支持诉讼人的请求,既然沙迦牟韦与善爱真心相爱,并且已经付出了漂泊半生的代价,州长应当允许他们在故乡安居乐业。

我无法断定这是否是世界上最早的事实婚姻法,但千年前这位鄯善王的贤明与宽厚,足以焐暖漫长而冰冷的历史时空。

这位富有同情心与浪漫情怀的国王是谁?我尚未破解。

但我知道的是,第一位引入佉卢文的国王,名叫童格罗伽。

二十七、成为"地头蛇"

深窥自己的心,而后发觉一切的奇迹在你自己。

——弗朗西斯·培根(Francis Bacon)

根据出土的佉卢文书推测,童格罗伽在位于公元176年至210年,执政长达36年之久。从时间上推算,他应该是尤还的孙子或重孙。他一生都像拉车的骡子一样,一刻不停地工作。但是他拉载的货,实在多得令人望而生畏,足以累死十几个身强力壮、能征善战的将军。他不是一条叮咚流淌的小溪,而是一道日夜咆哮的大河。其巨大惊人的能量,是他后来的几位国王——陀阇伽、白毗耶、安归伽、摩习梨、元孟(伐色摩那,Vasmana)、疏

---

① 出家修道者,对非婆罗门教所有宗教人士的称呼。

离阁、休密驮(Sumitra)所望尘莫及的。他并不是一位妄自尊大、鼠目寸光的国王,他的胸怀足以装下整个罗布泊,出于对佛教文明的无比尊敬,他向大乘佛教的伟大中心——贵霜帝国张开了友好的臂膀,派出了人质,并将贵霜通行的佉卢文引入鄯善。他决定将自己的名字贵霜化,还要求自己的继承者一律采用贵霜化名字。正因为如此,他得到了贵霜帝国的公开支持。

正如近亲婚姻"其生不蕃"一样,单一的文化基因是不会拥有强大生命力的。一种文化,必须有多种异质文化的不断渗入、交糅与刺激,才能在互补中焕发出勃勃的生机。带着吐火罗文化基因扬鞭东来的楼兰—鄯善,先是受到了汉朝农耕文明、匈奴游牧文明的氤氲,后又接受了南亚印度文化、中亚贵霜文化的熏陶,才使得这个具有塔里木盆地绿洲特质的混血文化,放射出了熠熠四射的光华。

接下来,童格罗伽高擎着贵霜文化的大旗,带着罗布泊赋予的充沛元气,带着南河一样的灵性,带着大漠狼的凶狠,毫无后顾之忧地进行力的推演,肆无忌惮地兼并周边各国。

这是一个中流砥柱般的领袖,如同美国的亚伯拉罕·林肯(Abraham Lincoln)、俄罗斯的伊凡四世(Ivan the Terrible)、英国的伊丽莎白一世(Elizabeth I)。他接手鄯善时,鄯善还是一个小不点儿;当他撒手人寰时,鄯善已经吞并了小宛、精绝、戎卢、且末国,晋身"西域八强",成为塔里木盆地的巨人。

可惜,后几任国王继承了他的智慧,却没有继承他的低调。尼雅出土的佉卢文书,多是鄯善王发布的号令,号令开头为:"伟大之国王、众王之王、太上、胜利、正法、侍中、威德宏大之大王、天子陛下敕谕"。这些自称集中了古印度、波斯和古代中国皇帝的一切称号,比三皇五帝称号集于一身的始皇帝有过之而无不及。在他看来,本国拓疆千里,属民数万啊!岂不知,中原的哪个县人口会少于10万呢?如此规模在中原充其量就是一个鼻子上涂着白粉的七品县令。

"但我是国王!"时至今日,我们仍能想象到鄯善王发布诏令时鼻孔朝天、夜郎自大的气派。

从出土的佉卢文犍陀罗语(Gandhari)文书得知,"强国"鄯善采取州镇制,下辖5个州,有扜泥州、精绝州、莎阇州、且末州、楼兰州;有伊循、小宛、戎卢、麦德克、佉台等州一级的城；有阿迟耶摩、哲蒂沙女神、眦陀、童格罗伽大王、特罗沙、纳缚、皮吉那、奥古·安努加耶女神、梵图、叶吠、夷龙提那、尼壤12个村镇；村镇之下设百户、十户、部、管区、庄园。王都设在扜泥城，又称"京城""大城"，也就是汉史中的"大鄯善"。

说它是"大鄯善"，并非有意夸大，因为它不仅吞并了汉代的精绝国、婼羌国、且末国、戎卢国与小宛国，而且在东汉势力退出西域后收回了汉军一直驻扎的楼兰城，境内绿洲密布，驿站处处，炊烟袅袅，其规模已相当于今天新疆的四分之一。由斯坦因发现的尼雅遗址——汉代的精绝国都，此时已经沦落为鄯善国下辖的一个州。斯坦因在精绝收集的第275号佉卢文书，是鄯善王向精绝州长下达的措辞严厉的诏书，诏书写道："威德宏大的国王陛下敕谕，致州长索者伽谕令如下：和往年一样，阿迟耶摩乡的年税从你那里征收。二十年来，你一直在侵吞这笔税收。当你收到这份楔形泥封木牍时，应立即将这笔税收登记造册。这笔税收和账本务必由列帕陀转交司税和税吏，并从速将它们送来。既不能隐瞒，也不能短少。"

但其实啊，所谓的"大鄯善"，除了地盘大了一点，战斗力并未提升多少，不过是欺负一下下属州县和老实邻居的"地头蛇"而已。对待西部的霸主贵霜，鄯善王的嘴脸就不用说了，即便是对东部的大国，童格罗伽之后的历任鄯善王也明智和乖巧得很，他们先后臣属于曹魏、西晋、前凉、前秦、后凉、西凉、北凉，并依例派使者前往内地朝贡。

童格罗伽死后十年，鄯善新王陀阇伽派出使者前往刚刚成立的大魏朝贡。就是这次朝贡，最终要了楼兰城的命。

二十八、拦住孔雀河

只考虑自己生存而不考虑别人生存，这就是恶。

——季羡林

东汉延康元年（220），庚子年，主鼠。3月，魏武帝曹操因脑中风病逝，嫡长子曹丕继承了曹操的魏王、丞相、冀州牧，也接收了曹操的所有姬妾。10月，已完全控制了朝政的曹丕，撕掉"挟天子以令诸侯"的遮羞布，

魏文帝曹丕

逼迫在位31年的汉帝刘协禅位,自己一脸灿烂地走上帝位,改元黄初,是为魏文帝。闻听曹丕篡汉,刘备与孙权也先后称帝,尔虞我诈、风起云涌的三国演义拉开序幕。而汉废帝刘协则被降封为山阳公,允许在封地奉汉正朔和服色,建汉宗庙以奉汉祀。末了,曹丕还给刘协留了句客气话:"天下之珍,吾与山阳共之。"

曹丕是个文武全才,他文能赋诗,其诗作《燕歌行》风采斐然,脍炙人口,他在文学上与父亲曹操、弟弟曹植并称"三曹";武能带兵,刚刚接任魏王便率兵平定了河西叛乱,称帝后更是北拓西进,大大扩展了魏的疆域。他习惯于软硬兼施,软起来令臣民感觉如生身父母,他创立了九品中正制,开创了士族政治的先河,大大缓解了贵族阶层的矛盾,他免徭役,轻关税,倡薄葬,与民生息,赢得了民众的一片叫好之声;硬起来让贵族与大臣感觉脊背发凉,整起弟弟曹植来眼都不眨一下,抛弃宠妾甄宓简直就像扔掉一件衣服,甚至逼迫已经退位的刘协将两个女儿嫁给了他。其人前"笑面虎"、人后"中山狼"的做派,丝毫不亚于他的父亲——"一代奸雄"曹操。

受到曹丕的震慑,包括匈奴在内的邻国使者纷纷前来朝贡,鄯善使者也一溜烟地赶到了魏都洛阳。

见到鄯善使者,曹丕开门见山地问:"童格罗伽大王可好?"

鄯善使者回话:"前王童格罗伽已经病逝,陀阇伽王已当政十年。"

"原来如此——"曹丕侧身问司徒(相国)华歆:"此事为何无人报告?"

华歆回答:"回陛下,我西域长史府已撤销多年,鄯善王只向原汉帝刘协朝贡,很少光临魏王府。"

"为什么不向魏王朝贡?"曹丕问鄯善使者。

"我王不知有魏,只知有汉,实属有眼无珠。"使者战战兢兢地说。

"此事已经过去,朕就不追究了。"然后,曹丕把目光转向文武大臣:"如今,河西诸胡已经平定,匈奴已受到朕的加封,为什么不恢复西域长史府?"曹丕语调平缓,不怒自威。

太尉钟繇急忙接话说:"臣已准备了一支5万人的大军,随时可以誓师西征。"钟繇稍作停顿,望了一眼表情僵硬、面如死灰的鄯善使者,"但是——"

"但是什么?太尉但说无妨。"曹丕道。

"今鄯善使者已到,如果鄯善王主动让出楼兰城,以便于我大魏在那里恢复西域长史府,陛下可以考虑不必加兵鄯善,以免生灵涂炭。"钟繇的话似乎早就想好了,这更像是一出双簧戏。

"太尉所言甚是,容本使赶紧回国禀报我王,请陛下暂缓出兵。"使者叩头如捣蒜。

"使者不必紧张,朕依你便是。限你两月,一定回话。"然后,曹丕撇了撇嘴,"否则,别怪朕无情。"

曹丕音调不高,但声声如锤。

两个月不到,驿马就载着鄯善使者到了:"楼兰城已经腾出,请大魏西域长史抓紧到位,也好让鄯善有个靠山。"

就这样,这个"靠山"带着家眷如期来到楼兰。为了解决衣食住行问题,他们不得不在周边屯垦开荒,并大张旗鼓地名之曰"惠及万民"。

如同万里长城堆满了修建者的累累白骨,京杭大运河吸干了万千民众的骨髓一样,站在漫长的历史时空中鸟瞰,许多在当时看来"惠及万民"的善举,在后来却被证明是历史的灾难。接下来发生的事情就是一个典型例证。

《水经注》记载,一位名叫索劢的军人,被刺史毛奕上表为"行贰师将军",率领肃州(今甘肃酒泉)和敦煌的1000人马进入楼兰屯田。据我考证,索劢经略楼兰的时间,不是汉贰师将军李广利出征大宛时期,而是魏景元元年(260)。此次出兵,应该是经魏国权臣——相国司马昭授意的。尽管郦道元笔下的毛奕、索劢并未在正史中出现,但并不影响此事的真实性,此地出土的魏晋文书就是铁证。

进驻楼兰城后,索劢招募鄯善、焉耆、龟兹各1000名军人,在孔雀河下游的注宾河修筑拦河坝,引水开荒,试图造出一块丰饶的粮食基地。

大坝即将建成那天,河水以少见的威力冲击大坝,很快就把它冲垮了。索劢沉下脸说:"西汉东郡太守王尊为阻止水患,以身填补河堤,结果他的节义感动了河水,水患立刻停滞;东汉刘秀的部将王霸为安抚军心,谎称前方的大河已经结冰,结果他的精诚感动了河流,刘秀率大军抵达滹沱河时,河流坚冰如砥。我今天也是为了万千百姓,和他们二人一样!"于是,他一边组织人力重修被冲垮的大坝,一边命令将士擂响战鼓,挥动刀戟,搭弓射箭,与大河"大战"三天,河水果然退却,大坝得以合龙。

清凌凌的河水灌溉了曾经饥渴难耐的土地,加上军民们的精耕细作,丰收自然水到渠成,三年便打下粮食百万石。

消息传到洛阳,司马昭替傀儡皇帝曹奂草拟了诏书,诏书先是表扬了司马昭:"九服之外,绝域之氓,旷世所希至者,咸浮海来享,鼓舞王德。"然后才是对楼兰屯垦的奖赏:凉州刺史毛奕赏铜钱15万[①],赏粳米200斛[②],赐锦缎50匹;行贰师将军索劢赏钱10万,赏粳米100斛,赐锦缎20匹。

朝廷的一次性奖赏,相当于二人三年的俸禄啊。接到诏书与奖赏,毛奕的嘴咧到了耳边。而索劢呢,更是高兴得涕泪横流,他拿出奖赏的十分之一,大宴部属三天。

那几日,整个楼兰城笼罩在漫天的酒气中。如果今人有幸穿越到那里,一定会误以为闯进了"酒都"茅台镇。假如这个穿越者碰巧喜欢浓香型白酒,他就会认为到了"万里长江第一城"——五粮液酒厂所在地宜宾。

二十九、哭楼兰

正像一个年轻的老婆不愿意搂抱那年老的丈夫一样,幸运女神也不搂抱那迟疑不决、懒惰、相信命运的懦夫。

——泰戈尔

在渺远浩荡的天宇中,地球不过是上苍黑色夜礼服上一颗小小的蓝色纽扣。这颗"蓝扣"之所以明亮,是因了水与生命而发出的独有光波。人类文明史,实际上是一部分统治者欲望不断膨胀的历史,这种膨胀一定

---

① 相当于黄金15斤,为汉代三公一年的俸禄。
② 汉代计量单位,10升为1斗,10斗为1斛,1斛相当于小米2万毫升。

伴随着对人类一刻也离不开的水的占有与开发,而世界上的工程、纠纷乃至战争往往因水而起。索劢将军所获的奖赏与美名就是以占有孔雀河的水源并牺牲罗布泊的生态环境为代价的。

不是吗?由于数千名屯田官兵需要造房,结果大量的树木被砍伐,罗布泊地区绿化覆盖率急剧下降。孔雀河被拦,导致下游的楼兰故都水源断绝,楼兰古城只能遗憾地废弃。

没有办法,屯田士卒只得在罗布泊西岸起"白屋"建新城,逐渐形成了今天依稀可见的有"三间房"的楼兰古城——魏晋时期的西域长史府治所。而建设新城,又使得大量树木被砍伐,罗布泊的生态灾难再次在屯田官兵的无意识中降临。为此,我终于稍稍领悟了那句让人百思不得其解的话:世界上的坏事主要是好人干的,坏人只能干小的坏事。

孔雀河的流水越来越少,罗布泊的面积越来越小,楼兰古城周边的绿地、游鱼、飞鸟、老虎在慢慢消失。

到了这个地步,鄯善国王和西域屯田官兵才意识到保护生态的极端重要性。斯坦因收集的第482号佉卢文书,发掘于鄯善境内,上面写道:"绝不能砍伐沙卡的树木。原有法律严禁砍伐活树,砍伐者处罚一匹马;如果砍伐树权,则要处罚一头母牛。"据说,这是目前已知世界上第一部森林保护法。

可是,这太晚了。当人们意识到要生存下去必须保护生态环境时,大自然已经失去了耐心,楼兰被沙漠吞没的脚步已经无法停下。如同新中国在建国初期拒绝控制人口,后来推行计划生育都无法使人口在30年内下降一样。

而且,当东汉迫使北匈奴西迁,牢固占领伊吾之后,开通了由敦煌北上伊吾,经高昌至焉耆,与丝路北道汇合的"北新道",由于这条新道避开了黄沙漫漫、滴水全无的白龙堆雅丹群,因此由敦煌西去楼兰的传统商路——楼兰道受到冷落。

更恐怖的是,继塔里木河改道之后,孔雀河主流也向南汇入塔里木河,那从昆仑山和天山滚滚涌来的蓝色诗行,那不断发出炸雷般声响的白色标点,再也汇不进万卷史诗般的古罗布泊湖盆。于是,整个罗布泊向西南飘移,楼兰古城所在的罗布泊北部三角洲生态急剧恶化——随之而来的是胡杨林大片枯死,庄稼因干旱无法播种,绿地挡不住流沙侵袭变成荒漠与雅丹。因此,当西晋末年前凉兵进西域之后,也没有在楼兰城驻兵,而是将西域长史府南移到了楼兰城南部的塔里木河入湖口——海头。

由于没有足够的劳动力,也没有官方出面兴修水利,疏通河道,平整被风沙侵蚀切割的耕地,楼兰城周边只能听任风沙肆虐。

尤其是建元十二年(376),前秦灭亡前凉后,将前凉7000多户居民强制迁徙到关中,根本没有经营河西及其楼兰的打算,驻扎在海头并已宣布投降前秦的前凉西域长史,只得卷起铺盖走人,负责供应长史府和屯田人员的商业陷于停顿,军事重镇海头城与本已凋敝的楼兰城失去了赖以存续的基础。

在他们身后,楼兰城更为凄凉。它正变成岁月的一部分,与丝绸之路无关。

在海头城与楼兰城人去城空的日子里,西南部的鄯善未能及时填充这一政治和军事真空。当时,年仅13岁的王子胡员叱为此专门面见父王休密驮:"父王,前凉西域长史已撤,为什么不派兵进占楼兰与海头?"

"本王不是不想进占这两个城镇,但最近苏毗频频袭扰我南部边境,我实在分不出兵力啊!"

"那也不能任其荒废啊!请允许孩儿和一位大臣分别带领部分平民前往居住。有了居民,还怕没有兵吗?"显然,胡员叱是一个有胆有识的人。

"王子言之有理,北方二镇不能丢啊!"大臣们群情激昂,摩拳擦掌,异口同声地赞赏王子的提议。

"孩儿太小了,本宫怎舍得他离开?"听到大臣们的议论,王后担心幼小的王子真的被派到北方,居然在朝堂上哭起来。

"王后不要悲伤,本王也舍不得王子离开啊。不知哪二位亲王或者大臣主动承担这一使命?如有人报名,本王重重有赏。"休密驮一边为王后拭泪,一边面向贵族与大臣们说。

刚才还摩拳擦掌的贵族和大臣们,一个个翻起了白眼,没有一人出声。此时,如果白痴和懦夫会飞,鄯善朝堂就是机场。

"唉,也罢!"望着面前这些唯唯诺诺、面面相觑的人,休密驮的心都凉透了。"在国家用人之际,你们却贪图安逸,选择自保,其胆量还不如一个13岁的小儿,国家养公等何用?百姓仰公等何为?"他本想痛快地说出这些话,但考虑到大家的自尊心,也考虑到自己同样锐气不足,也就把这些嘴边的话硬生生地咽了回去。

罗布泊周边的雅丹地貌

不论小王子怎样吵闹,此事只能搁置下来。"相思成疾"的小王子一个人跑到南河岸边,呆呆地望着通向北方的蜿蜒大道:道路的尽头还是道路,但曾经的故乡将不再是故乡。

就这样,绿洲内两座繁华的古城、汉晋驿路和从敦煌到罗布泊的汉代烽燧系统全被废弃,文明的链条骤然断裂,风干的胡杨兀立不语,死去的红柳在风中游走,渴死的骆驼尸骨零落,罗布泊周边已经变成了乌紫色,如同黄昏时分缓缓闭合的天空,如同荒芜深处无法窥见起始的从前。

公元4世纪末,楼兰古城杳然消弭在永恒的迷雾之中。

是啊,千年的风沙削饰了城台,湮没了河道,埋葬了森林,风干了女尸,却永远刮不掉她用数百年时光深深刻在这片神奇土地上的文明的印痕。从此之后,楼兰若隐若现在绝远的荒漠中央,世人非经艰苦卓绝的跋涉根本无法到达,即便是有幸来到这里也不见得能遇见她,这就使得她婀娜的身姿更为婀娜,神秘的面庞更加神秘,诱人的眼神愈加诱人,如海市蜃楼,如惊鸿一瞥。难怪千年之后偶然邂逅她的斯文·赫定激动得要哭,难怪今天每一个来到楼兰古城的人都感动得要疯。

聊以自慰的是,楼兰城于4世纪末消失的时候,楼兰的替身鄯善还活着,而且还活得有些滋润,有些多彩,其中不乏玫瑰色的爱情故事。

三十、败将会被处死吗?

将军赶路,不追小兔。

——张瑞敏

魏咸熙二年(265)十一月十二日,漫天的大雪覆盖着凋敝的原野,洛阳皇宫里人声鼎沸。俗话说,欠债总是要还的。45年前曹丕逼迫刘协禅位的一幕再次重现,不过,这一次还债的是当年的受益者曹氏,权臣司马炎逼迫魏元帝曹奂禅让于己,自称晋帝,是为晋武帝。随后,曹奂被降封为陈留王,哭丧着一张驴脸迁居洛阳西北角的一座小城——金墉城。

历时155年的西晋,是一个黄色的王朝。司马炎上台后,特别是灭亡东吴、统一中原之后,过度地吸取以往汉与魏被权臣所篡的教训,一是大肆分封宗室为王并使其掌握兵权;二是将各州郡的守卫兵全部撤除;三是于公元273年下令全国禁止婚姻,以便于他遍采美女入宫,还在灭亡孙吴后将孙皓后宫的5000名宫女全部纳入后宫,使得西晋后宫达到了万人的规模。司马炎为临幸方便,自己乘坐羊车在后宫内逡巡,停在哪个宫女门前便前往临幸;而宫女为求皇帝临幸,便在住处前洒盐巴、插竹叶以引诱羊车前往。这些,都为西晋的快速衰落埋下了祸根。

尽管如此,由于祖父司马懿、伯父司马师、父亲司马昭积累的那点威望,加上他建晋初期实行了颁行户调制、兴修水利、奖掖农耕等与民生息的政策,居然在他执政中期——太康年间出现了难得的稳定与繁荣,史称"太康之治"。他所派出的西域长史依旧屯扎在楼兰城,长史府辖区囊括了天山以南、葱岭以东的大半个西域。太康四年(283),鄯善王安归伽派王子元英到晋朝入侍,安归伽因此被晋朝封为归义侯。

但是,当司马炎的次子、痴呆愚钝的司马衷上台后,朝政被荒淫、丑陋的皇后贾南风以及几个居心叵测的亲王把玩于股掌之中,朝廷内讧不断,"八王之乱"爆发,边疆民族趁机逐鹿中原。到了东晋前期,晋朝已萎缩到四川以东、长江以南,长江以北则形成后赵与前赵并立局面,中原政权对西域失去控制。

此后的西域史,每隔几行,就透出战刀的交响声。

西晋灭亡后,原西晋凉州刺史张寔虽继续使用晋愍帝的年号,奉晋为正朔,但实际上形成了独立的割据政权,史称前凉。

不久,一个叫张骏的人走进了历史的视线。张骏,字公庭,生于公元307年,是第一任前凉王张寔的儿子,第二任前凉王张茂的侄子,少时相貌奇伟,9岁被封为霸城侯,10岁就能写文章,18岁接替病逝的叔叔张茂就任凉州牧、西平公,是一个敢作敢当、理想远大的人。但他有一个弱点,就是放荡不羁,淫逸无度,常常一个人在暗夜中微服穿行于街巷之间,并乐此不疲。一时间,独自夜行,成为前凉的一大时尚,姑臧(今甘肃武威)男儿纷纷仿效之。

张骏担任凉州牧后,远奉晋室,近交前赵,攻城略地,多有建树。为经略西域,前凉在鄯善境内设立了西域长史府。由于楼兰城的母亲河——孔雀河改道南下汇入了塔里木河,楼兰城周边的自然环境已经急剧恶化,长史府被迫南迁到了塔里木河边的海头。从此,海头成为新的屯垦基地和军事中心。全面接收西晋时期的西域地盘后,前凉疆域达到了创纪录的120万平方公里。

西域长史府设立后,西域各国纷纷派出使者前来敬献汗血马、火浣布、孔雀、大象等珍奇,前凉的威势如同火箭般向上蹿升,张骏也有些飘飘然不知其所以然起来。但他好色、奢侈与浪荡的做派,并不能让所有部下宾服,有人甚至与他公开唱起了对台戏。带头挑战张骏的,是驻守高昌的戊己校尉赵贞。闻听赵贞图谋不轨,张骏没有亲自动手,而是把任务交给了驻扎在海头的西域长史李柏,据说李柏也大包大揽地表示保证完成任务。

双方一交战,李柏就大败而归。张骏的近臣与美人纷纷要求处死回来领罪的李柏,但张骏没有直接表态,而是给身边人讲了一个久远的故事:"战国时期,秦穆公手下有一个将领,名叫孟明视,是百里奚的儿子。有一年,秦穆公不听重臣的劝告,决定拜孟明视为大将兴兵讨伐郑国,不想在路上中了晋军埋伏,秦军全军覆没,孟明视也被俘虏。孟明视被释放回国后,秦穆公把战败的责任全部揽在自己身上,不但没有处罚孟明视,而且一如既往地信任他。过了两年,孟明视要求领兵进攻晋国,以报上次失败之仇。结果,孟明视再次被准备充分的晋军击败。虽然这次败得没有上一次惨,但也足以使他无地自容。于是,他自己上了囚车,不希望秦穆公再免他的罪……"讲到这里,张骏喝了一口水,美人们急不可耐地问:"他被治罪了吧?"

"没有!"张骏接着说,"富有阅历的秦穆公明白,只有久经大风浪甚至翻过船的人才能更好地掌舵,因此对他勉励了一番,让他继续统领军队。经过两次失败,孟明视更为机警与老练,他拿出家产和俸禄送给阵亡将士家属,并与士兵们一起吃粗粮、啃草根、埋头苦练。不久,晋国联合宋、陈、郑三国攻入秦国边境,孟明视命令将士坚守不出。两座城池被联军夺去了,他仍熟视无睹。许多人骂孟明视是胆小鬼,请求秦穆公另选良将,但秦穆公不为所动。三年后,孟明视请秦穆公御驾亲征,出征前他对秦穆公说:'要是这次再打不了胜仗,我决不活着回来!'大军东渡黄河,烧掉渡船,以背水一战的气概奋勇冲杀,很快就夺回了上次丢失的两座城池,还打下了晋国的几座大城。此战过后,晋国闻风丧胆,秦穆公开始称霸西戎,虎视关东,周襄王也承认秦穆公为西方霸主。《左传》称原因在于'用孟明也'。"听完这个故事,近臣们张着嘴巴半天不说话,美人们则口中"啧啧"有声,一脸钦佩。

咸和二年(327),张骏诏命李柏再次领兵出征。为了消除后顾之忧,李柏在战前与西域的几个国王结成了军事同盟,甚至专门给焉耆王龙熙写了一封措辞谦恭的书信——《李柏文书》,从而最大限度地孤立了赵贞。为了确保马到成功,李柏在兵马配置、行军路线、战术安排、后勤保障等方面做了充分准备,一切该想的都想到了,不该想的也考虑到了。因为他深知,自己能二次挂帅,是因为遇到了有知人之明的主子张骏,换了别人自己早被撤职甚至除掉了。此次西征,不仅关乎自己能否洗刷耻辱,也关乎前凉的大局,更关乎主子的声誉。也就是说,自己只能大胜,不能小胜,更不能有任何闪失。

功夫不负有心人,战争的进程果然未能超出李柏预料,西征如水银泻地一般,叛将赵贞被生擒,高昌之乱得到彻底平定。1500年后,《李柏文书》被一个名叫橘瑞超的日本和尚从海头废墟中偷走,李柏的名字也因此在世界考古界尽人皆知。

战后,张骏在原戊己校尉驻地设置了高昌郡;在柳中设立了田地县,作为戊己校尉的治所。

张骏深知,刀剑唱着死亡之歌,但唱不出镰刀的收获。咸和五年(330),占据长安的石勒称大赵(史称后赵)天王。为了避免战争,张骏让使者带上高昌图籍,率领于阗、鄯善、大宛使者向石勒朝贺,因此后赵没有动他们一根毫毛。

后顾之忧消除后,前凉把矛头对准了尚未彻底降服的鄯善。东晋咸康元年(335),前凉沙州刺史杨宣率精兵渡过流沙,进讨鄯善。大敌当前,鄯善王元孟不是赶紧厉兵秣马,而是下令选拔一位绝代美女,呈送给凉王张骏。这位楼兰美女一进前凉都城姑臧,便羡煞了万千男儿,压倒了三宫六院。

有时拥有一朵花,已然胜过整个花季。如获至宝的张骏立刻将她封为"美人",特意为她建造了"宾遐观"金屋藏娇。

接下来,前凉没有再为难鄯善,而是把主要精力放在了与后赵周旋上。

三十一、听命于苻坚大帝

能干的领航员永远见风使舵。

——爱德华·吉本(Edward Gibbon)

其实,后赵没有什么可怕的,因为它在20年后就发生了内讧,并于东晋永和八年(352)被后赵天王石虎的养孙——汉人冉闵灭掉了。真正可怕的是,前凉也爆发了内讧,原因当然还是继承权问题。张骏的嫡长子——凉王张重华病逝后,张重华年仅10岁的儿子张耀灵即位。不久,张骏的庶长子张祚施展权术夺取了王位。为人狡诈的张祚,不仅与张重华的母亲马氏通奸,而且霸占了张重华的妻子裴氏,派人暗杀了废帝张耀灵,结果激起了前凉军民的义愤。前凉大户起兵,杀死了张祚,立张重华的儿子张玄靓为王。随后,王位又被张骏的小儿子张天锡夺去。经过十年内乱,前凉大势已去,形同一棵树上的枯叶。每一阵风来,它都摇摇欲坠。

当时还真有一个人要风得风,要雨得雨,并刮起了强劲的"统一之风"。他叫苻坚,前秦皇帝,出身于五胡之一的氐人。这个来自西部高原的游牧部落,尽管在五胡内迁初期并不显山露水,但正是这种低调使得他们有效地保存了实力,并在其他四胡疲态尽显后取得了后发优势,成为四世纪下半叶最为强劲的力量。前秦建元八年(372),苻坚发13万步骑兵进攻前凉,张天锡在阵前投降,被苻坚封为归义侯。前凉所属的西域,当然也应该顺理成章地归附前秦。

并非所有人都能审时度势,其中包括自恃强大的龟兹王和焉耆王。但鄯善王显然明智得多,乖巧得很。建元十八年(382)九月,鄯善王休密驮与车师前部王弥寘相约,一起前往长安朝拜苻坚。

这是一次留名史册的朝拜。史载,苻坚特别赐给了二王朝服,带领他们参观了自己的京都与宫殿。休密驮和弥寘参观的过程,形同《红楼梦》中的刘姥姥进了大观园。是啊,与八方来朝、人头攒动的长安比起来,自己的王治不就是一个寂寞的荒村吗?与巍峨庄严、金碧辉煌的前秦皇宫比起来,自己的所谓王宫不就是一个用土坯垒起来的鸡窝吗?尤其是看到"宫宇壮丽,仪卫严肃",二王既震惊又紧张还害怕,因此请求年年前来贡献。苻坚的自尊心得到了极大的满足,他一边看着二王谦恭与惶恐的表情,一边大度地说:"西域路途遥远,一年来一次太多了。特令你等三年一贡,九年一朝,以为永制!"

苻坚就是这样一个人:善于制造黑暗,然后发出光亮。

看到苻坚如此豁达,二王进一步请求说:"大宛等国尽管也派使者前来贡献,但态度不够纯正,请仿照汉例,在西域设置都护。如果王师出关,我们愿担任乡导(指向导)。"

于是,苻坚愉快地接受了二王的建议,任命骁骑将军吕光为持节都督西讨诸军事,由陵江将军姜飞、轻骑将军彭晃等辅助,领兵7万挺进西域。不过,苻坚所宣称的出兵理由,令二王目瞪口呆:"朕是一个虔诚的佛教徒,不想打仗,更不想死人。此前,我一直试图让龟兹高僧鸠摩罗什(Kumārajīva)前来长安弘法,但可恶的龟兹王一直不许。我这次出兵西域,目的只有一个,就是把鸠摩罗什请到长安!"他还当着二王的面对吕光说:"找到鸠摩罗什,马上送到长安来,一刻也不能耽搁!"

听完苻坚的话,二王一脸的叹服与崇敬。

建元十九年(383)正月,一个冰封大地的季节,吕光从长安出征,剑指西域。征西大军的向导,就是鄯善王休密驮、车师前部王弥寘及其麾下将士。当然,苻坚不会亏待他们,休密驮被任命为使持节、散骑常侍、都督西域诸军事、宁西将军,弥寘被任命为使持节、平西将军、西域都护。

"都督西域诸军事""西域都护",这些名号也太大了吧,就好比将今柬埔寨国王任命为亚洲王。我不知道鄯善王接到这一任命后,是受宠若惊,还是无所适从。

西征军兵锋所指,无不摧枯拉朽。焉耆王投降,拒不投降的龟兹也于一年后被攻克,龟兹王城中的鸠摩罗什当了俘虏。只是,身为酒徒的吕光沉溺于醇美的葡萄酒,忘了将鸠摩罗什送回长安。关于鸠摩罗什,《高僧传》和《晋书》讲得太详细了,包括他收了多少弟子,睡了多少女人,死前说

后凉天王吕光像

了什么话,死后舌头为什么不烂。因此,我不打算再补充什么。我虽然喜欢吃回锅肉,但不愿鹦鹉学舌,更不愿吃别人嚼过的馍。

在吕光携鸠摩罗什东归姑臧,建立后凉的日子里,鄯善王仍倾心归附,年年贡献。贡献之物中,是否还有楼兰美女,不得而知。但目前已知的是,焉耆王、车师前部王、东叶捷翕侯都娶了楼兰美女为妻。

他们共同的体会是:娶了楼兰女,做鬼也风流。

三十二、那片缭绕的佛火

> 事实上,信仰是真是假并不重要,只要这些信仰对你有意义。
> ——小奥西多·席克(Theodore Schick,jr)、
> 刘易斯·沃恩(Lewis Vaughn)

公元400年(东晋隆安四年),又是一个没有记忆负担的年份,一个由11名僧人组成的"西行巡礼团",从河西走廊出发,越过白龙堆沙漠来到鄯善。据这个团队的领队——中年高僧法显介绍,因为中原有关戒律方面的佛教典籍残缺,佛众无法可循,所以才不远万里前往佛教发源地——天竺(Sindhu)寻求戒律。

在熟读历史、通晓地理的法显心目中,沙漠环绕的鄯善应该是一个荒蛮之地,但一进鄯善却蓦然发现,这里香火缭绕,诵声悠扬,佛教僧人居然达到4000多位,从国王胡员叱到百姓尽行"天竺法"——小乘佛教

法显像

(Hinayana)①,整个绿洲已经被佛教文明熏染成一片金色。在这里,法显并未被楼兰女人的美色绊住双脚,只逗留了一个月。据说,他已经修炼到近乎无我的境界,站不歪身,目不斜视,听不侧耳,言不高声,就连淫浪无比的女人见了他也肃然起敬、正襟危坐。

一天,法显将僧人们召集在身边,不容置疑地说:"我们必须去天竺,因为那里才是佛教的家。"之后,他经过"不通礼仪"的焉耆、"国泰民安"的于阗,向目的地匆匆走去,一直在外游荡了15年。直到义熙七年(411),他才从狮子国(今斯里兰卡)带着大量经卷启程,搭乘一艘破旧的商船,经今印度尼西亚的耶婆提国、广东沿海、东海,于义熙八年(412)七月十四日漂流到青州长广郡(今山东即墨)。之后,他回到南京,共译出佛教经典六部六十三卷,其中的《摩诃僧祇律》(也叫《大众律》),成为五大佛教戒律之一。法显还将取经见闻写成了一部不朽的世界名著——《佛国记》。

假如读者是个有心人,完全可以推算一下法显记录鄯善的国民人数:按有四分之一的国民为成年男丁,每4个成年男丁有一人出家估算,鄯善国民应该在64000人左右。如果按照东汉人数三倍于西汉来推算,鄯善统一塔里木盆地东南诸国后的人口总数估计可达84579人,算得上是名副其实的西域大国。此时,鄯善尚且处于极盛时期。

根据法显的观感,我们仿佛可以得出另一个结论:这个尽行"天竺法",佛僧超过4000人的地方,是一个名副其实的小乘佛都。

斯坦因从西域盗走的511号佉卢文书,是一份佛教诗颂的抄本,抄自

---

① 以自我完善和解脱为宗旨,最高果位为阿罗汉果及辟支佛果,佛教两大教派之一。

米兰壁画《佛陀与比丘》，现存大英博物馆

小乘佛教法藏部（Dharmaguptaka）文献《解脱戒本》。斯坦因承认，这份佉卢文书出自鄯善王国治下的尼雅。由此可以推知，当时的鄯善王国都城，也应该信仰小乘法藏部。

当时的鄯善国都——扜泥城，就是今若羌县城西南6公里处的且尔乞都克遗址。1876年普尔热瓦尔斯基到访时，在此见到过一座高大的瞭望塔。1958年黄文弼前来考察时发现，这是一个方形古城，有两重城墙。内城属鄯善王国时期，以土坯建造而成，周长约220米，墙厚1.62米；外城属唐代建筑，以卵石垒砌而成，周长约720米，墙厚1.5米。内城中心有一座4.9米高的佛塔，古城内外皆有住宅、寺院、僧房等遗迹。他还在佛寺废墟内发现了鎏金木佛手残片、泥塑佛立像的双脚、与米兰佛寺类似的壁画、笈多体梵文佛经残片等。

而作为鄯善王国陪都的米兰遗址，更是佛教的乐园。米兰佛寺有可能就是小乘法藏部的寺院。因为米兰壁画《太子须大拿》的故事，就出自小乘佛教教义中的"礼拜佛本生故事画"。这则故事说的是印度叶波国太子须大拿，把家产全部施舍给了乞丐，又把具有神力的白象送给了本国的敌人。由于施舍无度，太子被国王赶出了王宫。画上接着是他带领妻子和两个孩子走进森林的情景。后来，他又在别人的苦苦恳求下，将自己的孩子和妻子全都施舍了出去。须大拿的精神感化了敌国也感化了父王，不但敌国与叶波国握手言和，父王也把他从森林里迎回家，他也最终成佛。另一幅被斯坦因盗走的壁画《佛陀与比丘（bhiksu）①》，描述的是释迦牟尼之父净饭王派给他的几个臣仆，在释迦牟尼成佛后听他说法，然后成

---

① 俗称和尚，指年满二十岁、受过具足戒的男性出家人。

为比丘的情景,其画面也出自小乘佛教教义。

佛经上说,佛灭100年后,小乘原始佛教分成上座部(Sthavira-vada)[①]与大众部(Popular Buddhism)[②]两派。随后,上座部佛教又分出化地部(Mahīśsāsaka)、犊子部(vātsī-putrīya)两派;化地部进一步产生出说一切有部(Sarvāstivāda)、法藏部两派。作为小乘部派之一的法藏部,又称法护部,由目连[③]的弟子法护所创,最初活跃于印度西北的乌仗那国(Uddiyana)[④],继而向西传入今阿富汗一带,在刚刚到来的大月氏人中流传。此部有经、律、对法、明咒、菩萨"五藏说",小乘佛教四《阿含》中的《长阿含经》(Dirghagama-sutra)是法藏部传承的佛经,《四分律》(Dharmaguptavinaya)是法藏部的基本戒律。法藏部有可能是第一个利用陀罗尼(Dhāranī)[⑤]咒语简化佛法的部派。

据笔者考证,公元3世纪,大乘佛教在贵霜帝国兴起后,信奉小乘佛教的大月氏人纷纷从贵霜沿丝路南道东逃,以便返回他们在敦煌的老家。本来,鄯善王国境内的尼雅、扞泥城、伊循是他们东去的中转站,但这些语言相通、人种接近、经济发达的丝路重镇,不仅接纳了他们,而且接受了他们的信仰,继承了他们的语言。而邻国于阗原本信奉小乘法藏部的僧人,也在这个时期流亡鄯善。渐渐地,鄯善国成为小乘法藏部的聚集地和栖身所。也就是说,巴基斯坦寂寞山谷里的星星之火,在塔里木盆地东南部形成了燎原之势。

透过民众们对佛教迷离的眼神,已成为佛教徒的鄯善王似乎找到了让民众安贫顺命,使国家长治久安的灵丹妙药。从此,他和他的继承者越发虔诚地对待佛教,越发宽厚地接纳远道而来的游僧,听任民众出家。在他及继任者治下的民众,则幸福地沐浴着佛的阳光雨露,优哉游哉地过着清苦而知足的日子,直到另一个凶神恶煞的游牧部落从东部杀来。

好在,那一天尚且遥远。

一天,一个印度僧人向鄯善走来,这是一个大乘高僧,还是一个美男子。

---

① 意思是"长老们的观点",以僧团长老为主,偏重于说实有。
② 以革新派比丘为主,与保守的僧团长老形成对立,偏重于说"空",认为事物的过去和未来都没有实体,乃大乘佛教的源头。
③ 又名摩诃目犍连(Maha^maudgalya^yana),佛陀十大弟子之一。
④ 又译作乌苌国,在今巴基斯坦斯瓦特河谷(Swat Valley)。
⑤ 梵语意译为"总持、能持、能遮",指能令善法不散失,令恶法不起。

在小乘法藏部之都,他能被接受吗?

在美女如云的鄯善,他把持得住吗?

三十三、他不甘心

上帝不掷骰子。

——阿尔伯特·爱因斯坦(Albert Einstein)

"唉,倒霉透了——"

东晋元熙二年(420),庚申年,属猴,一个躁动不安的年份。东晋大将刘裕逼迫晋恭帝禅位于己,在建康(今南京)建立宋国,所谓的南朝拉开帷幕,南方汉人集团与北方游牧民族集团开始了历时169年的分裂和对峙;亡命西方的匈奴人,则在欧洲腹地建立了强悍的阿提拉(Attila)帝国。这年的一天,鄯善扜泥城一座佛寺前,一个白皙而英俊的壮年和尚正长吁短叹。

他叫昙无谶(Dharmaksema),意译为"法护",一个脑袋里塞满圣典、裤裆里装满故事的高僧。他出生于中天竺①,6岁丧父,被做织工的母亲送到沙门达摩耶舍门下,10岁便显出超凡的记忆力,每天诵经一万余言。初学小乘,口才了得,讲说经辩无人可敌。后来,遇到大乘高僧白头禅师,与之辩论150天之久,不论他从任何一个角度发起攻诘,对方都能旁征博引地一一化解,如同虎虎生风的铁拳打在柔软无比的棉团上。心告诉他,对方不仅年长,而且比自己高了不止一个层次。按照规律,大凡高手一般都怀揣武林秘籍,自己的对手也一定手握经典。最终,争强好胜的他只得认输,拜对方为师,并追问师父:"师父能让我折服,一定是依据某一经典吧?"白头禅师对新弟子的执着与悟性十分欣赏,便将自己珍藏的桦树皮本《大般涅槃经》(Mahāparinirvāna-sūtra,大乘佛教经典)送给了他,他读后惊悟道:"吾以坎井之识久迷大方也!"于是聚集僧众向白头禅师悔过,从此弃小乘专修大乘。20岁时,他已诵经200余万言。尤其与众不同的是,他在研修大乘的同时精修了神奇的密咒,被西域人称为"大咒师"。

---

① 古印度中部的国家。

一天,他以驯象为业的堂兄,误杀了国王的坐骑白耳大象,被愤怒的国王杀死,国王还下令贴出布告:"敢有视者夷三族。"面对怒气未消的国王,连堂嫂都不敢前往收尸,昙无谶却哭着喊着安葬了堂兄。国王当然不会放过昙无谶,要当众处死他,但他不亢不卑地回应国王说:"王以法故杀之,我以亲而葬之,并不违大义,何为见怒?"当时,围观的人都为他捏了一把汗。意外的是,他不仅被公开赦免,还成了国王的座上客,并负责为国王解咒。据说,他曾跟随国王进山打猎,在大家口渴难忍之时,他不仅口诵密咒使山石涌出了甘泉,而且宣称是国王的英明感化了枯石。明明有了功劳,又不居功自傲,还心甘情愿地把功劳让给主子,看来此人已经具备了极高的涵养,国王愈加对他另眼相看。

如同两人对视,距离越近越容易出现盲点。时间一久,国王对他心生厌倦。无奈之下,他选择了外出弘法。

他深知,在等级观念根深蒂固的天竺,主张众生平等的佛教已被婆罗门教(Brahmanism)①的现代形式印度教(Hinduism)②所取代,佛教的中心渐渐转移到贵霜、罽宾、西域、河西甚至东方的中国。遥远而神秘的东方,已经成为佛的乐土。

于是,年方36岁的他,从罽宾北上,沿着丝路南道,经于阗、尼雅、且末,进入了扜泥城。

一进鄯善,他就后悔了。因为,这里流行的文字,既不是天竺流行的梵文,也不是在木简上竖写的汉字,而是从贵霜传入的在楔形木牍或羊皮纸上从右到左横写的佉卢文。还好,他在罽宾停留期间接触过这种文字,能勉强读懂它。更大的问题在于,这里的君民所信仰的,不是他所精修的大乘佛教,而是与大乘水火不容的小乘法藏部佛教。

满怀信心到鄯善弘法的昙无谶,如同被兜头浇了一盆冷水,其尴尬与失望可想而知。尽管他是公认的大乘高僧,鉴于他在西域人所共知的名气,尽行小乘法的鄯善寺庙还是大度地接纳了他,住持(Abbot)③接纳他的理由是:"请大师歇歇脚!"

言外之意,这里没有你的位置,等你休息好了,请继续上路。

---

① 印度古代宗教,把人分为婆罗门、刹帝利、吠舍、首陀罗四种姓氏和等级。
② 主要流行于印度,宣扬世袭等级制度,把种姓制度作为核心教义。
③ 又称住职,掌管一个寺院的主僧。

我们的疑问是,昙无谶会知趣地离开吗?

三十四、谎言般的美丽瞳仁

如果樱花常开,我们的生命常在,那么两相邂逅就不会动人情怀了。
——东山魁夷(Kaii Higashiyama)

通常情况下,流亡者一旦离开原先养育他的土地,就再也无法像从前那样富于激情,生机勃发了。因此,一般人会认为昙无谶应该离开鄯善。

但昙无谶是个例外。

因为他不甘心,而且他有不甘心的理由。尽管大乘与小乘势同水火,但毕竟,大乘与小乘系一根而生,都是从原始佛教分化而来,大乘佛理中随处可见小乘原始佛教的烙印。

那几天,临时僧舍的油灯彻夜不熄,案头上摊开着《长阿含经》和《四分律》。第一天,他还对面前的小乘经律有所抵触,毕竟大乘佛理已深入他心;第二日,他便凭借超常的记忆力,能全文背诵这两部经律了;第三日,他一边诵经,一边咀嚼其中的法理。渐渐地,他的眼睛亮起来,如苍茫夜空中的长庚星。他发现,法藏部不仅有明咒之说,而且是第一个利用陀罗尼咒语简化佛法的部派。显然,他已经找到了自己与法藏部的联系——陀罗尼咒语与自己精通的密咒同出一宗,任何人再也没有理由请自己上路了,自己的"大咒师"身份终于可以派上用场了。

接下来,他信心满满地走进法藏部寺院,公开要求与小乘高僧辩经。

这已经是第9场辩论了,此前8场都以小乘高僧的惨败而告终。今天出面应战的,是鄯善佛寺的住持,一位银须飘飘的老年僧人,据说是法护的第5代嫡传弟子,对小乘特别是法藏部佛教教理把握得炉火纯青。明眼人都清楚,对于小乘法藏部来说,这是最后的决战,成败荣辱在此一举,因为在老住持身后,已经无人可派。而对于孤军作战的昙无谶来说,败与不败似乎无关大局,胜了固然可喜,败了最多卷起铺盖走人,开始下一轮面向东方的云游。

那是一个南河如碧、胡杨如丹的秋日,大殿前的空地上挤满了观战的僧徒与民众,就连胡杨树杈上也骑满了好奇的人们。可以说,鄯善几乎全城空巷了,除了城头上放哨的士兵。鄯善王胡员叱也来了,带着貌若天仙的嫔妃和公主。当然,嫔妃与公主只露着妙曼的腰肢,而脸庞全被轻纱遮盖着,更增加了几分神秘,几分朦胧和几分遐想。

左边蒲团上坐着纹沟深深、慈眉善目的老者,气定如天边悠悠的云朵;右边蒲团上坐着一个眉眼舒朗、器宇轩昂的壮年,神闲如胡杨树梢缓缓飘零的落叶。

辩经开始了。

老住持先是介绍了法藏部的教理,然后讲述了小乘佛教对佛陀的忠实继承,分析了人为什么要寻求自我完善与解脱,也剖析了小乘教律之所以严谨繁复的理由,洋洋千言,条分缕析,深入浅出,丝丝入扣。他几乎没有提到与其对立的大乘教派,也没有明火执仗地发起攻击,甚至没有什么慷慨激昂的指责,但却生发出水到渠成、不言自明之奇效,听众们也已经明白:如想成佛,必须断除尘念,入寺修行。真正弘扬释迦牟尼精神的,无疑就是小乘佛教。看来,老住持的辩论技巧,已臻"无敌"之境界。

老住持话音刚落,寺院里就爆发出一片叫好声。

待大家全部平静下来,对面的壮年僧人才一板一眼地开了口:"大师的气度与讲述的确令贫僧五体投地。"然后,他双手合十,默默地施了一礼。就在观众们以为他未辩先输的时候,他接着说:"大师几乎是我遇到的最强的对手,除了我的师傅白头禅师和达摩耶舍。"

老住持不禁一愣:"大师的师傅耶舍,可是《四分律》的译主?"老住持这样问,显然是把天竺的达摩耶舍与《四分律》的译主——从罽宾来到长安译经的佛陀耶舍弄混了。

"正是。"壮年僧人嘴角露出一丝外人不易察觉的狡黠,"其实,贫僧在10岁前就随师傅耶舍研修过法藏部佛经了,直到如今,贫僧尚能一字不漏地背诵《长阿含经》与《四分律》。"言毕,观众席发出一片啧啧之声。

然后,他随便选了一段经文,闭上眼睛一字一句地背诵起来,如数家珍,毫无停顿。待诵到近一万言时,他微微睁开双眼,盯着对面满脸惊奇的老者,似乎在问:"有错吗?"

老住持无奈地摇摇头。

他接着说:"贫僧与7年前圆寂的鸠摩罗什大师一样,都是先修习小乘,然后在经历了漫长而艰苦的辩论与比较之后,才下决心改宗大乘的。

所谓'乘',是梵文yana——衍那的音译,本义是道路,在佛教中指抵达彼岸的途径与方法。公元1世纪,佛教才发展出'大乘',音译为摩诃衍那,意思是'普度众生'。大乘出现后,便将此前的佛教派别称为'小乘'——音译为希那衍那。对此,被称为'小乘'者并不认账,他们仍自称上座部。其实,小乘与大乘,都以佛陀为宗,都没有违拗佛理,只是修行的方式不同而已。两派的区别在于,小乘注重苦修,寻求'自度',也就是自我解脱;而'大乘'不仅能够自度,也能度人,更为关注众生苦难。小乘认为,世上只有一个佛——释迦牟尼,其他人通过修行,最高可以达到罗汉(Arhat)[①]的境界,但不能成佛,要想成佛,必须抛妻别子出家修行;而大乘认为,世上三界十方,过去、现在、未来,四面八方有无数的佛,佛祖只是众佛中的一个,无论出家与否,通过修炼,人人都可成佛。由于大乘好比一艘巨船,承载着无量众生到达彼岸,向更大范围的世人打开了救赎之门,并且将通往救赎的道路改造得更加简单易行,强调圆融、慈悲、方便,因此得以在西域与中国广泛流行开来。如今,大乘信众已经远远超过了小乘信徒。在座的国王要治理国家,大臣要辅佐国王,百姓要渔猎耕织,岂能撇下责任人人出家?如果不用出家就可以修炼成佛,去往美好的极乐世界,这个世界岂不是最美满的世界?"

他那循循善诱、鞭辟入里的讲解,加上灵动飞扬的神采,君临一切的气概,令现场听众全神贯注,如醉如狂。讲到关键处,他的双手随着音调舞动起来,像一个画师在潇洒地泼墨,也像一个鼓手在忘情地表演。渐渐地,他的表述越来越精彩,说理越来越严密,词句越来越有力,声调越来越高亢,听众的眼睛随着他的手势而摇动,脉搏随着他的音频而律动,情绪已经被他肆意点燃,口中不自觉地发出赞叹声。也就是说,他已经折服了包括对手在内的所有听众。

就在人们以为壮年僧人会向小乘佛教借势发难时,他用舌头舔了舔干燥的嘴唇,话锋一转:"偏见是思想的放假,固执是无知的代名词,'攻其一点,不及其余'是不可取的。大乘与小乘并非绝对的对立,正可谓你中有我,我中有你。譬如大乘,仍然以小乘的戒、定、慧三学为基础。譬如法藏部的'五藏',是指经、律、对法、明咒、菩萨,其中的明咒与法藏部惯用的

[①] 阿罗汉的简称,即自觉者。

陀罗尼咒语,与我所精通的大乘密咒同出一宗。那些将小乘与大乘完全对立起来的做法,是不通达,不明智的,只能说明未达佛的境界。"

他稍稍停顿并抬眼望去,发现对面的老住持也微微颔首。"说起来,贫僧也与法藏部有缘,法藏部又称法护部,而贫僧的佛名昙无谶,原意就是法护。"

继而,他温和地望了一眼老住持:"今天的辩经没有胜败,小乘有小乘之道,大乘有大乘之理,任何一种宗教之所以流行,总有它流行的价值和因由,人们信仰哪一种宗教,只能说明与这一派宗教有缘啊!下面,请允许贫僧用陀罗尼咒语与密咒,为鄯善祈祷一场久违的秋雨。"

他抬起头来,面朝青天,双手合十,口诵咒词。

不多时,几朵白云从东方飘来,在鄯善上空叠加成一片乌云,淅淅沥沥的秋雨,便从天而降。如果蓝天是一本无字天书,这片云必是无字的注脚。

民众忘情地欢呼起来,国王胡员叱也张开手臂感受着秋雨那难得的清凉,就连嫔妃和公主们也纷纷掀起盖头,以便让晶莹的雨滴滋润白皙的脸庞。

壮年僧人不禁眼前一亮,就在那刚刚掀起的几个盖头下面,他的眼睛碰到了一双黑亮得如同谎言一般的美丽瞳仁。他一眼就看出,这位女子年龄应该在30岁以内,她既然出身王族,应该是纯正的塞人,与自己的祖先雅利安人一样,同属白种人。

他与她的眼神偶然对接了,如死囚得到了特赦,天雷勾动了地火。立刻,他的整个生命,仿佛麦田一样随着她的笑靥与眼神摇摆起来,呈现出炫目的金黄;又如在十度空间中的电子,震荡出小弦的幻觉之美。

他知道,这是他无论如何也躲不过去的一个魔咒。

三十五、她是谁?

一切都无所忌惮了,因为激情无法等待。

——《爱经》

"她是谁?"

在辩经中大获全胜而又保全了法藏部颜面的他,被鄯善佛众聘为小乘与大乘共同的"大咒师",住进了老住持诚心诚意为他腾出的正堂,老住持则迁往了伊循城的大寺。但端坐在金色的法座上,他无论如何也高兴不起来,因为他一直在纠结一个问题:她是谁?是王后、嫔妃,还是公主、翁主?如果是王后、嫔妃,他也就死心了;假如她是公主、翁主,假如她恰巧没有出嫁,也许……然而,自己从出家那天起,就断了尘缘,如今又贵为大乘高僧,万万不能沾染女色啊。

但是,这个女子太漂亮了,恰如水墨画中的一点丹红。出家以来,他会晤过的女施主何止千万,但从无一人让他如此。他知道,魔咒要应验了,但他却无论如何也走不出这个魔咒。因为他越想忘掉这个女人,这个女人越是从他的脑海里跳出来,盯着他看,对他娇笑。

尽管老鄯善王胡员叱连续两天向他发出了进宫讲经的邀请,但他一直下不了决心,他知道,前面等待他的,一定是一个无法排解的魔咒,一个永远走不出的陷阱,但他又不甘心,不甘心承受夜以继日的折磨。

一个阳光灿烂的午后,他被卫兵迎进宫去,国王胡员叱拉着他的手,将神情恍惚的他扶上提前准备好的莲花宝座。一会儿工夫,国王的家眷们都到齐了。国王依例宣布开讲,但昙无谶面向国王说:"陛下,能否介绍一下在座的各位施主,也好日后特别照应。"因为他必须弄清楚,那位有着谎言般美丽瞳仁的美女到底是谁。

尽管他的要求有些不合常理,考虑到他高贵的身份与冲天的名气,喜欢较真的国王迟疑了一下,还是向他一一介绍了在座的家眷:

"朕的王后。"国王指了指最靠近自己的一位美人。她雍容典雅,目不斜视,高贵得如同墙上的画。"谢天谢地,她不是。"高僧在心中默念着。

"朕的太子比龙。"国王将爱抚的目光投向一位30出头的年轻人。他英俊潇洒,举止有度,眉宇间透着几分温和与儒雅。

"这是朕的女儿——曼头陁林公主,已经嫁人。"国王话音刚落,一个女人掀起盖头,面对高僧嫣然一笑。这一笑,烧透了高僧36年的漫漫人生。因为那如花的笑靥之上,正是那双让他朝思暮想的美丽瞳仁。如果我们用斤来掂量芭蕾舞,用米来测量莫扎特,用升来量度《红楼梦》,又怎能用一生、半生、三又五分之一生来衡量爱的质地?

接下来的介绍,他再也提不起兴趣……

讲经开始了。依照常理,自己暗恋的女人在场,他应该心神不定甚至神思恍惚才是。但不知为什么,他的眼睛突然亮了起来,他的血脉轻快地涌动着,他的思维从未像今天这样敏捷,他的表达从未像今天这样顺畅。

这哪里是讲经啊,简直就是一场目光博弈战。

如果是细心人,一定能看出高僧嘴角漾出的一丝得意,那可是一个男孩抽了第一支香烟时洋洋自得的神情。

后来,昙无谶几次躲在寺庙里,面对光秃秃的墙壁抽自己的嘴巴。他从小就接受了《人生欲本经》中的理念:"爱为秽海,众恶归焉"。但他想不通,自己用近30年的漫长时光凝聚成的近乎铜墙铁壁的道德观念与行为准则,怎么会因为一个女人而轰然坍塌?造物主将人分成男女,除了让他们传宗接代,难道还有让他们互相折磨的目的?佛陀能做到的,为什么自己做不到?是自己修炼不到家,还是上天注定把这个女人呈现在自己面前,让自己有此一劫?

自从人类告别蒙昧、步入文明以来,开始以欲望的满足为耻,以欲望的成功克制和去除为荣,于是,文化的面纱遮蔽了勃勃的春情,礼仪、道德与律法成为人类必须共同遵从的准则。但问题的关键在于,人们真能做到"坐怀不乱"吗?真能实现"存天理、灭人欲"吗?生而为人的那些普遍存在的劣根性,对健美异性的那种与生俱来的冲动,犹如一个磁力强劲的吸盘。无论人们如何标榜自我,如何信誓旦旦,一旦机缘巧合,总要自觉不自觉地回归本位,真实本性便会得到毫无遮拦的宣泄。因为本性的宣泄往往是最彻底、最疯狂、最不可遏制的一种满足。连口口声声"革尽人欲,尽复天理"的朱熹都不能免俗——据同僚叶绍翁揭发,朱熹曾经"诱引尼姑①二人以为宠妾,每之官则与之偕行",还使"冢妇不夫而孕"。对此,朱熹在皇帝面前供认不讳,并以"臣乃草茅贱士,章句腐儒,唯知伪学之传,岂识明时之用"而谢罪。一个更有名的例子是,圣雄甘地晚年为了考验自己的修炼,故意与一个妙龄少女同床。然而,他悲哀地发现,灵魂深处那份属于人类天性的情欲,仍然没有从他变老的身体里泯灭。

经过一次次的思想斗争,昙无谶的理性最终还是向本能缴械投降了。他再也无心讲经与解咒,而是把全部精力放在打听曼头陁林公主上,譬如她婚配几年了,夫妻关系如何,有什么嗜好,是否喜欢装扮,多长时间

---

① 是中国对归入佛门、受过具足戒的女子——比丘尼的俗称。

外出一次。他打听这些琐事的目的,就是找到对方的弱点,然后适时发起爱的攻势。

他打听到,公主和丈夫关系不算太差,但不知什么原因,公主一直没有生育。为此,他们曾经四处求医,但天边的月亮圆了又缺,宫中的大树绿了又黄,公主的腹中却不见任何动静。

"有办法了!"他自言自语地说。随后,他把几个新收的徒弟叫到面前,对他们说:"我发现,鄯善民众体弱多病,人丁也不够兴旺,最近城中还常常闹鬼,而老衲恰恰能驱鬼治病,让妇人多子,你们把这个喜讯散播出去吧!"

显然,这是高僧向公主发出的一个魔咒。众所周知,时间是无限的,人的生命是有限的,人为了用有限的生命抗衡无限的时间,让生命得以延续,才采取了繁殖这一本能的手段。对于古代的已婚女人来说,能否有生育能力,进而生育男孩,从而为丈夫所在的家族传宗接代,关系着这位女子的声誉、地位。因此,闻听高僧能治疗不育,公主便主动前来就医。

情欲之于成年男女,就像小鸟在田野上歌唱一样自然。但对于出家的僧人和已婚的女人来说,却是一个不能逾越的禁区,一旦被发觉就将是一个爆炸性的丑闻。

为了堵住徒弟们的嘴,昙无谶一再教育他们:"当你觉得保守一个秘密比传播一个秘密更有价值时,你就成熟了。"但并不是所有的人都渴望成熟,特别是管不住自己嘴的公主的侍女们。

不久,丑闻败露,曼头陀林的丈夫四处纠集人员准备围攻佛寺,国王胡员叱准备下达逐客令,佛寺的僧人们也准备依照小乘戒律处置他。

小乘佛教《四分律》卷一"四波罗夷法之一"规定:"若比丘犯不净行,行淫欲法,是比丘波罗夷不共住",意思是犯淫欲的比丘,不得与僧人共住,要一律开除僧团。开除僧团是佛教最严重的处罚,相当于世俗的"死罪"。

于是,昙无谶只有乘隙从小路逃亡。

该是日暮时分了,他挎上装有佛经的包袱,牵着公主为他准备的快马,仓皇消失在苍凉的夕阳中。他悄悄掩上佛门的那一刻,把多少个寂寞而欢欣的日夜"吱扭"一声关在了寺中。此时,寺院的暮鼓恰好敲响。鼓声沉闷而连续,仿佛一种反复的叮咛。在他耳中,那不是老住持的善意提醒,而是公主说不完的话呀。

一人,一马,清冷冷的夜色,黑漆漆的天涯。

三十六、洗心革面

手上有汽油,就要离火远一点。

——中国民谚

"菩萨清凉月,常游毕竟空。为偿多劫愿,浩荡赴前程……"为了缓解低落的情绪,他在马上吟咏起《华严经》①中的经文。

之后,他沿着尚未断流的南河一路向西,经且末、尼雅、拘弥抵达于阗,然后沿于阗河北上,进入了鸠摩罗什的出生地——龟兹。

当时的龟兹,是西域继疏勒、于阗之后新的佛都,那里建有大型寺院17所,特别是仿照印度寺庙建造的雀离大寺,巍然屹立在阿羯田半山上,仿佛一片绵延几十公里的城市。就连许多印度、中亚的王室成员也翻越葱岭来到这里修行。鼎盛时期,龟兹可以容纳一万名僧侣。

龟兹与西邻的疏勒一样,最初流行的是小乘佛教。直到公元365年,从罽宾、疏勒学成归来的鸠摩罗什在论战中折服了数位小乘高僧,广开了大乘盛宴,才使得龟兹万千信众接受了大乘,他也因此被国王白纯聘为国师。但19年后,龟兹被前秦大将吕光攻克,白纯逃亡国外,鸠摩罗什被作为俘虏押往东方,龟兹政权的反对派——白纯的弟弟白震被立为新王,小乘佛教在龟兹得到迅速复辟。

当昙无谶怀揣《大般涅槃经》与《菩萨戒经》(大乘佛教戒律),满身风尘地进入龟兹后,方才发现,自己的处境与刚刚进入鄯善时一样:这里尽行小乘法,不信《大般涅槃经》,他是一个不受欢迎的人。

"唉,真倒霉——"面对恢弘而繁盛的龟兹国都延城,他再一次发出了无奈的叹息。

他面前有两条路:一是向西走,回到阔别已久的故乡,可那里已是印度教的天地,他除非蓄发还俗,全心侍奉老母,但他不甘心,心中的佛祖也

---

① 全称《大方广佛华严经》,大乘佛教主要经典,华严宗的立宗之经。

不答应;一是往东去,从玉门关进入中国传教,尽管前路茫茫,世事难料,但那是一个文化最为宽容的地方,他就不信,凭借自己的满腹经纶,就找不到一个用武之地?!但前提是,他不能再近女色。

稍事休整,他挥别延城,沿丝路北新道,经轮台、焉耆、高昌、伊吾、玉门关,进入"佛教东渐"的黄金通道——甘肃走廊。

甘肃走廊,因位于黄河上游以西,又称河西走廊,东起天堑乌鞘岭①,西至巍巍玉门关,南倚一脉千里的祁连山和阿尔金山,北靠罡风浩荡的马鬃山、合黎山②和龙首山,是一片长约900公里,宽不足100公里的狭长平原,土地富庶,牛羊遍野。汉武帝从匈奴手中夺取此地后,在此设立了张掖、武威、酒泉、敦煌"安西四镇",贯通欧亚大陆的"丝绸之路"从此打通,这里也成为一条闻名世界的黄金走廊。

此时的河西走廊被称为凉州,而凉州的主人,出身于匈奴卢水胡,名叫沮渠蒙逊。因为他是在灭掉后凉、西凉之后做大的,在方位上一度处于"南凉"西北,所以这个国家史称"北凉",中心设在姑臧。

昙无谶的落脚地,正是崇信佛教的姑臧。

也就是说,姑臧是佛教东渐的重要一站。

佛教东渐,是人类文明史上的一个重大事件。原因在于,作为被传入一方的中华大地,已经通过全方位传播儒学实现了超浓度的精神自足,似乎一切思维缝隙都已填满,怎么可能虔诚地接受万里关山之外一种全然陌生的文明呢?但是,由于中华文明与印度文明的双向高贵,抗拒与防范的心理居然被一步步克服,其中一个重要原因,就是在佛教刚刚进入西域,进而踏入河西走廊时,就开始了本土化的过程。在此过程中,佛教雕塑艺术呈现出神性与人性、威严与慈祥、壮大与婉柔、崇高与平和、高雅与世俗融合汇流的趋势,佛像也由隆鼻深目、大耳垂肩的西域特征演变为秀骨清相、圆润柔美的中国模样。后来的释迦牟尼造像,既有佛祖超尘绝世、深不可测的神秘感,又有世间中人端庄闲雅、温和慈祥的亲切感,既表现了人们所向往的佛国理想,也体现出了浓厚的人间情调和世俗趣味。更为令人惊奇的是,也许女性形象更能体现审美情趣,更能让中国百姓感

---

① 突厥语意为"和尚岭"。
② "合黎"与"赫连"读音相近,"赫连"匈奴语意为"天"。

到温馨,印度的男性观音菩萨竟然被改造成了一手持柳枝、一手端净瓶、身处莲花座中的慈眉善目的女观世音,以至于百姓只知菩萨不知如来。从此,"菩萨保佑"几乎成为中国百姓的口头禅,这也是佛教之所以在中华大地落地生根的重要原因。如果说石窟是皇帝为国家安泰发出的祈愿的话,那么微笑安详的观音菩萨则是身处乱世向往和平安定生活的民众的心声。

北凉也是和平与安定的追求者,因而也就对劝人向善的佛教极其推崇。

北凉玄始十年(421),昙无谶住进了当地接待云游僧人的临时僧舍。最初,他既没有对身边的僧人亮明自己的身份,也没有忙于拜访寺庙的住持,而是天天盘坐在阳光下,捧读那本随身携带的桦树皮经书。

渐渐地,他引起了周边僧人的注意与围观:他从哪里来?那可是一张天竺人的面孔呀?他居然拥有连住持也没见过的桦树皮经书?那本经书上好像写的是梵文吧?

此事传到一位老和尚耳中,见多识广的他对传话的人说:"那是个什么人我说不准,但那本经书一定非同寻常,起码是来自天竺或贵霜的佛经孤本。"

于是,几个僧人试图盗取昙无谶随身携带的那部经书,昙无谶就每晚枕着经书入眠。一天,昙无谶听见空中有声音说:"这是如来解脱之藏,怎么能枕着?"于是,他把经书放在高高的房梁上。夜里有人又来盗书,却举之不动。第二天清晨,昙无谶到高处取书,书仍是轻的。几个盗贼看出昙无谶并非凡人,便从此拜他为师。

此事传进北凉王宫,国主沮渠蒙逊先是大惊,继而狂喜。他把头伸进自己的肚子①,在里头一阵狂喊:"天佑我也!天佑我也!"

他这种近乎癫狂的兴奋,不是没有来由的。因为就在半年前,也就是昙无谶与公主的绯闻未暴露的时候,已向北凉称臣的鄯善王胡员叱亲自到姑臧贡献,曾向沮渠蒙逊说起鄯善有一位高僧,能呼风唤雨,驱鬼治病,是远近闻名的大咒师,当时信佛的沮渠蒙逊就羡慕得要死,嫉妒得要命,甚至一再要求对方将高僧送到北凉传经解咒,但被对方以种种借口推拖过去。如今鄯善高僧却自己送上门来,沮渠蒙逊能不喜上眉梢吗?

"快请,快请!"沮渠蒙逊立刻派出一乘轿子,在众僧惊奇与艳羡的目

---

① 文学式表达。

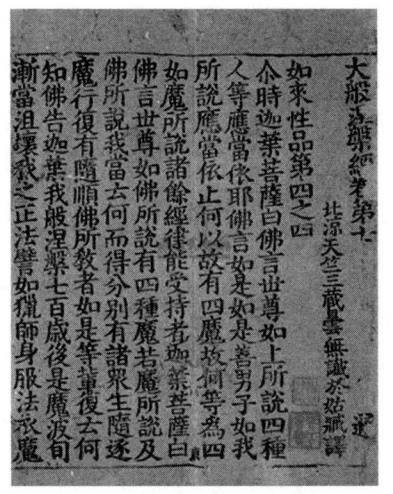

昙无谶所译《大般涅槃经》卷七

光里,将高僧抬进了王宫。

宾主落座后,沮渠蒙逊问:"师父可是昙无谶大咒师?"

"正是,老衲从不打诳语。"

"大师修习的可是大乘?"

"正是。"

"大乘博大精深,德润万民,寡人早就希望推行大乘佛经,苦于没有经典,大师能否将经书翻译成当地语言?"

"陛下的要求,正是老衲东来的心愿。"

一个人的最大幸运,莫过于在年富力强的时候,发现了自己的人生使命并据此实现了自己的人生价值。仅仅是国王的一句虔诚的请求,就把昙无谶在西域用一个强壮男人的性欲、印度高僧的派头和高智商者的骄傲自负建造起来的浮夸虚饰的空中楼阁,轰然推倒了。接下来,他把全部的身心献于佛教,表现出一种动物嗜血般的狂热,恰如一个酒徒赶赴一场酒香四溢的盛宴。他一边修习汉地语言,一边搜集佛教经书,先后翻译出《大般涅槃经》《菩萨戒经》《悲华经》《金光明经》《方等大集经》《方等大云经》《优婆塞戒经》《佛本行经》《菩萨地持经》《海龙王经》《菩萨戒优婆塞戒坛文》等11部112卷佛经,成为当时中国五大译经集团之一——凉州集团的首领。他所译的40卷本《大般涅槃经》中,有"一切众生悉有佛性"之说,对中国佛教思想的形成产生了深远影响,这一译本世称"北本涅槃"。后来,南朝谢灵运以他的《大般涅槃经》结合法显与佛陀跋陀罗的译本,修订为《涅槃经》，称"南本涅槃"。从此，南北各派都提倡《涅槃经》，直到唐初仍兴盛不衰。而且，他是将大乘戒律译成汉语的第一人，随后的僧人从进受戒所依据的，就是他译的《菩萨戒经》。因此，他被沮渠蒙逊封为"圣人"。

既然是"圣人"，就应该心无旁骛，目不斜视，超越凡尘，无视男欢女爱，不食人间烟火。在译经期间，他的表现的确配得上"圣人"之名号。

就在西域佛僧们都以为他已"洗心革面"的时候，他又出事了。

三十七、故态复萌

你越把它当回事，它就越是回事，所谓"性"就是这样。

——韩少功

说起来，世上最难测的是人心，最难控的是人性。

在信佛的沮渠蒙逊看来，太监是身体上被阉割的男人，圣人是精神上被阉割的男人，这两种人当然可以随便进出宫闱。

但他忘记了人的本性，忘记了理性与感性只隔着一层薄纸，更忘记了出家的"圣人"也是男人，而且是精血旺盛、器官健全的男人，只是长期蜗居深山与寺庙，远离世俗与女人，将欲望的烈焰人为压埋住了而已。如深埋在土中的灰烬，一旦遇到狂风，接触氧气，定会死灰复燃。何况是曾经品尝过性爱之甘甜的昙无谶了。

能够出入花团锦簇、群芳争妍的宫禁，是一种特别的待遇，是一种高度的信任，昙无谶当然不想辜负国王的特别信任，也记得在鄯善"走火入魔"的深刻教训，更不想被称为"花和尚"，因此一度极力控制自己的眼睛与身体。但流沙坠箭似的岁月在无情流逝，这个中年人已经预感到老之将至，身强力壮的日子也不多了，自己还有必要与本能较劲吗？而且，随着进宫次数的增多，他见到的美人越来越多。他知道，摆在他面前的，不是一个魔咒，而是无数个魔咒。但贵为"大咒师"，他似乎毫无办法。尽管如此，他还是日以继夜地诵经，试图通过经文压住身体里躁动不安的怪兽。

欲望是生命力的内在显示，是一种极其自然的能量，你对它的压力越大，反弹力往往越强。在某些情况下，这种反弹力能穿透任何的坚守与麻木，唤起一种飞蛾扑火般的勇气。一个旭日东升的清晨，他的上半身终于再一次向下半身投降了。

有引鄯善长公主上钩的经验,加上自由出入后宫的特权,他做起这件事来可谓驾轻就熟。他所采取的办法,就是通过太监将自己深谙"房中术"的消息悄悄传进寂寞的后宫。

"房中术"在古代并非洪水猛兽,据称是一种关于性的科学,但它又不局限于性,而是把性与气功、养生结合在一起,因此被涂上了一层神秘、奇妙、玄虚的色彩,在相对闭塞的西域具有巨大的吸引力。

云中藏不住云雨事,雪中埋不住雪花银。一天,蒙逊无意中听到路人议论:"圣人哪里是在讲经,他是以讲经为名引诱女人,听说凉王的公主和儿媳都和他上床了。"沮渠蒙逊派人暗中调查,果如路人所言。

生气归生气,窝囊归窝囊,但家丑不可外扬,再加上高僧是自己请进宫的,女眷是自己上钩的,沮渠蒙逊陷入了左右为难的窘境。

北魏神䴥元年(428),北魏太武帝拓跋焘闻听昙无谶通晓各种神术,于是专门下达诏书,要求臣属国北凉将昙无谶送到平城。对于北魏的要求,沮渠蒙逊显然不敢拒绝,但又怕昙无谶去北魏对自己不利,因此以各种理由相搪塞,一直拖着不给。

北凉义和二年(432),拓跋焘派遣使者李顺出使北凉,李顺见到沮渠蒙逊就是一句话:"如果不送昙无谶进京,魏帝马上就要加兵。"沮渠蒙逊见无法再拖下去,可把昙无谶送到北魏呢?自己又实在不甘心,因此对昙无谶动了杀心。

昙无谶不是傻瓜,不会看不出沮渠蒙逊对自己态度上的变化,他甚至从沮渠蒙逊眼里看到了越聚越多的杀气。这一天,昙无谶收到了一个密封得很严的信札。就着恍惚的油灯,他小心地打开封泥,发现里面是一片鄯善国通用的简牍,上面密密麻麻地写满了佉卢文。他的心狂跳起来,来信人正是久违的曼头陁林公主。公主在信中说:"大师逃走不久,本宫就发现自己怀孕了,丈夫明知是大师的孽种,也强装欢笑,因为他终于有后了。现在孩子已经8岁,人见人爱。从姑臧归来的使臣偷偷告诉本宫,大帅已被凉王封为'圣人',日子过得滋润而风光。但本宫无时无刻不在想念大师,实在控制不住自己的思念,才斗胆写了这封信。本宫渴望啊,一旦大师路经鄯善,一定别忘了前来探望本宫和我们可爱的儿子。见字如面,万望珍重。"

书信落款处写着:"曼头陁林顿首"。

第二天,抢在早朝前,他进宫面见沮渠蒙逊,提出去西域求取《涅槃后分》。他的如意算盘是,一来可以借机与沮渠蒙逊分手,躲过杀身之祸;二来可以借此回绝北魏的要求,免了北去的辛苦;三来可以路过鄯善,见一见久违的曼头陁林公主。

三十八、他的两种死法

> 多情若是招惹了权威,往往以死来句读。
>
> ——《大写西域》

尽管他深谙密咒,由于"孽缘太深",最终还是难逃一死。但对于他的死,历史上有两个截然不同的版本。

据北齐史学家魏收的《魏书》记载,沮渠蒙逊没有放走昙无谶,而是当众揭穿了他的污秽之事,在拷打与讯问之后,愤而"杀之"。他的死法,与其堂兄惊人地相似。

昙无谶之死的另一个版本,见南朝梁时僧人慧皎的《高僧传》。书中说,义和三年(433)三月,一个桃花盛开的季节,昙无谶坚持西行取经,沮渠蒙逊对昙无谶执意离去非常愤恨,于是密谋杀害他,并假惺惺地为他准备干粮和路费,还赠给了他许多珍宝。临出发时,昙无谶流着眼泪对徒弟们说:"老衲前世的宿对将至,圣人也救不了我!世上有无数条路,但对老衲来说,唯独缺一条生路……"

当昙无谶西行进入荒无人烟之地,沮渠蒙逊派出的刺客便亮出了利刃,刀光一闪,滚落于地的那颗秃头上的眼睛在三秒钟之内就永远闭上了,这可是一双阅尽人间春色的眼睛呀——它们曾看到过鄯善和北凉最美的女人。此时,"花和尚"昙无谶49岁。

以上两个版本哪个更接近真实,今人已无从考证。我要说的是,反正都是死,这两个版本其实并没有多少实质性不同,就如同猪肉红烧还是清蒸都要吃进肚里一样。

时隔一个月,66岁的沮渠蒙逊也突然病倒(据说是昙无谶的临终咒语起了作用),无奈地赶往另一个世界与昙无谶会合。

武威白塔寺

  如一阵狂躁的春风,将刚刚凋零的花瓣吹得无影无踪。两个当事人都死了,姑臧变成了没有留下任何指纹的犯罪现场。

  作为佛教东传的黄金通道,河西走廊留下了无数的佛寺、石窟与佛塔。2015年夏天,我借休假之机,偕妻子儿女专程前往武威,先后走访了鸠摩罗什寺、大云寺、天佛寺、白塔寺等,也询问了当地的多个僧人与导游,但没人能说出昙无谶的遗迹,甚至很少有人知道这个有些奇怪的名字。是因为他尸骨无存?还是因为他名声不佳?

  在我看来,尽管他的名气比不上鸠摩罗什,但毕竟也是一代译经大师,对大乘佛教传入中原、江南乃至朝鲜、日本不无贡献。可这又怪谁呢?只怪大咒师定力不足,也怪西域女人太美。

  读到这里,许多读者或许会发出叹息。不是故事的结局不够好,是我们对故事的要求过多啊。

三十九、连锁反应

  正入万山圈子里,一山放过一山拦。

——杨万里

  昙无谶被杀的噩耗传出,远近僧人和百姓都惋惜不已,鄯善长公主曼头陷林几天不吃不喝,拓跋焘也气得哇哇大叫,诏令滞留在姑臧的李顺调查高僧的死因。

拓跋焘的旨意到达姑臧时,沮渠蒙逊已死,世子沮渠牧犍刚刚登上凉王之位。牧犍一上台就做了三件事:第一件是为父王举行盛大的国丧,其隆重足以表明他是一位孝子;第二件是遵照父王的遗嘱,将妹妹兴平公主送给拓跋焘,妹妹随后被拓跋焘封为右昭仪;第三件便是想办法掩盖昙无谶被父王所杀的真相。

要掩盖昙无谶被杀的真相,沮渠牧犍必须摆平一个人,这个人就是北魏使者李顺。

李顺,汉族,赵郡平棘(今河北赵县)人,先后任给事黄门侍郎、散骑常侍、四部尚书、太常、使持节、都督秦雍梁益四州诸军事、宁西将军、长安镇都大将,晋爵高平公,深得拓跋焘之宠信。此人博古通今,满腹经纶,以谋略见长,就是有一个致命的弱点——手有点长,见钱眼开。每当拿了别人的钱财,便开始说言不由衷的话,做口是心非的事,不惜损害国家之利益。

沮渠牧犍亲自来到专门接待外国使者的馆舍,一见李顺,就寒暄道:"帝使近来可好?"

"还算不错。"李顺当然知道对方的来意,所以一副带搭不理的德性。

"父王在世时待帝使如何?"言外之意,是问你拿了父王多少好处。

"还算可以。"李顺显然有些理亏。

"魏人言,帝使从不做过河拆桥之事。本王还听说,帝使也为凉国说了不少好话。我想知道,帝使在魏帝(指拓跋焘)面前是如何评价本王的?"

"让在下想想……在下的原话应当是,'臣略见其子,并非才俊,能保一隅。如闻敦煌太守牧犍,器性粗立,若继蒙逊者必此人也。然比之于父,盒云不逮。殆天所用资圣明也。'"李顺顿了顿,反问道,"想必凉王也听说了吧?"

"是啊,帝使所言与本王听说的并无二致,在此谢过。"牧犍微微欠身,算作行礼,然后面向窗外,使劲拍了两下手,几个北凉太监闻声抬进了几个箱子,箱子里装着足以令对方舌头翻转的金银财宝与锦衣丝帛。

"凉王这是何意?"

"特使明知故问了吧?魏帝让帝使前来调查高僧之死因,显然是听到了什么不实之词。此案发生在凉地,问明此案是本王职责所在。本王已经调查清楚了,父王赠给高僧的财物过多,又加上他执意孤身西行,所以被盗贼盯上了,经现场勘察,他的财宝被抢劫一空,高僧之死显然是盗贼所为。这事父王也是大意了,为什么不派出士兵护送高僧呢?事后,父王痛悔不已,并因此染病驾崩。说起来,高僧淫乱我后宫,父王却以怨报德,也算仁至义尽了。帝使见多识广,不知是否同意本王的推理?"

"有道理啊,有道理!"

继而,两人相视一笑,释然作别。

回到平城,拓跋焘向使者李顺追问高僧的死因,拿了北凉贿赂的李顺依据沮渠牧犍的思路,对高僧被盗贼所杀之事做了细致入微的分析与推理,并替北凉说了不少好话,才暂时把拓跋焘的火气压了下去。事后,拓跋焘仍对随从嘟囔道:"凉州早晚当灭!"

话虽这么说,拓跋焘对粗鲁强悍的沮渠牧犍还是比较友好的。就在这一年,拓跋焘任命沮渠牧犍为使持节,侍中,都督凉州、沙州、河州三州以及西域羌戎各地军事,车骑将军,开府仪同三司,领护西戎校尉,凉州刺史,封河西王。北魏太延三年(437),拓跋焘又把妹妹武威公主嫁给沮渠牧犍为妻。

然而,粗鲁强悍不代表没有情调,沮渠牧犍追求的情调,就是与貌美如花、性感如狐的寡嫂李氏双宿双飞。有意思的是,李氏不仅与沮渠牧犍相好,还同时与牧犍的两个弟弟偷情。而且,牧犍还听任李氏与牧犍的姐姐合谋在武威公主的食物中下毒,多亏拓跋焘派出御医飞马赶到姑臧,才救下妹妹的一条小命。拓跋焘要求交出李氏,沮渠牧犍拒不从命,只是让李氏偷偷迁到了酒泉。这一著名的桃色事件,发生在太延五年(439)。

消息传到平城,拓跋焘勃然大怒,立刻谋划进攻北凉,但遭到四部尚书李顺、尚书古弼等重臣的反对。李顺作为北魏的特使曾12次出使北凉,对北凉山川风貌了如指掌,但他一向贪财,并已被北凉重金收买。俗语道,拿人钱财,替人消灾。所以他编造谎言说:"从温圉水以西直到姑臧,遍地枯石,绝无水草。姑臧城南的天梯山上,冬有积雪,深达几丈,春夏之季,积雪融化,形成河流,当地居民引雪水入渠,灌溉农田。如果凉州人听说魏军赶到,一定会断绝渠口,让水流尽,魏军人马将无水可用,因此不宜远征。"

闻言,另一位北魏重臣坐不住了。他叫崔浩,清河郡武城(今河北清河县)人,时任北魏司徒,尽管与李顺同为河北老乡,却因为争宠而势同水火。见对方满嘴跑马,便站出来反驳说:"《汉书·地理志》记载,'凉州畜产,天下最为富饶',如果没有水草,牲畜如何繁殖?汉又为何在那里兴修城郭、设置郡县?"

李顺不禁恼羞成怒:"耳闻不如目见。你未曾到过姑臧,有何资格和我辩论?"

崔浩一针见血地指出:"你接受了贿赂,当然要替对方说话,你以为我没有亲眼看到就能被你蒙蔽吗?"

最终,拓跋焘采纳了崔浩的意见,亲率两万大军攻入北凉,迫使沮渠牧犍开城投降。拓跋焘将凉州3万民户迁到平城,北凉就此灭亡。

事后,拓跋焘巡视姑臧,发现周边水流潺潺,牧草丰美,便笑着对崔浩说:"卿昔所言,今果验矣。"

崔浩答:"臣从不无中生有,向来讲求事实。"他支开身旁的卫士,凑近拓跋焘说:"当初,蒙逊有西域沙门昙无谶,颇懂方术。陛下曾派李顺前往凉州,传令蒙逊将昙无谶送到京邑。但李顺接受了蒙逊的贿赂,听任蒙逊杀死了他。"

班师回朝后,拓跋焘专门派出尚书郎贺多罗私访凉州。贺多罗回来后,证实了拓跋焘与崔浩的怀疑,他还特意收集了沮渠蒙逊的12宗罪,其中之一就是沮渠蒙逊杀昙无谶之前,曾经刑讯过昙无谶。

当察知了高僧昙无谶死于蒙逊之手,李顺多次接受蒙逊父子贿赂,与牧犍联手隐瞒高僧死因的经过,拓跋焘的肺都要气炸了。高僧在拓跋焘眼中的价值与心中的分量,是蒙逊父子和李顺万万想不到的。如同当年前秦苻坚为了得到一代高僧鸠摩罗什不惜劳师西征一样,拓跋焘做梦也想得到昙无谶。倒不是仅仅因为自己信佛,更因为他清楚这位从天竺东来的高僧在当地、臣属国特别是即将进军的中原佛众中非凡的影响力、感召力与向心力,还清楚地知道自己身边一直缺少一位能驱鬼治病、预测吉凶的咒师。他认为,有了高僧,自己将百毒不侵,百战不殆,并将从此罩上一圈佛的金色光环。如此一来,他的统一大业将倚马可待,他的自身形象会更加完美。

但如今,自己的美好向往与辉煌蓝图,都因为老奸巨猾的蒙逊、贪图钱财的李顺、貌似敦厚的牧犍化为了泡影。他再也无法忍耐这三个无耻"小人"。他甚至一度想把蒙逊从陵墓中扒出来鞭尸,考虑到伍子胥对楚平王鞭尸所带来的负面效应,他决定不再追究这个已经入土的人。死者可以放过,生者不能轻饶。于是,他下令将李顺斩杀于城西,将沮渠牧犍赐死,就连自己那位貌似天仙、柔情似水的右昭仪兴平公主他也没有放过。

"让牧犍的妹妹——朕的右昭仪留个全尸吧。"拓跋焘一脸平静地对当值太监说。

面对前来宣读诏书的太监,兴平公主先是面如死灰,继而要求面见君上。

兴平公主一向人缘很好,尽管她平时手头并不宽裕,但每逢过年过节,总忘不了打点身边的侍女与宫中的太监。前来宣读诏书的太监也受过她不少的恩惠,因此哭丧着脸回应说:"请右昭仪原谅,奴才实在不敢向陛下回复您的懿旨。陛下已经下了这样的决心,怎么还会面见您呢?"然后,恭恭敬敬地递上一匹让她自缢的白绢。

"为什么逼臣妾自缢?总要让臣妾死个明白吧?"她已泣不成声。

"陛下说了,因为右昭仪的父王杀死了高僧,右昭仪的哥哥隐瞒了实情,还涉嫌对陛下的妹妹武威公主不敬。右昭仪的哥哥也将被赐死,右昭仪的和亲使命已经完结。"

"这些我都不知情,臣妾冤枉啊!"她不禁哭出声来,身旁的侍女们也陪着垂泪。

"这也许就是命运吧,谁让右昭仪生在凉王家呐!"太监低声但清楚地说。

一句"命运",让多少无辜的人闭上了嘴巴和眼睛。在君权至上的年代,在官本位的社会,百姓乃至臣下的任何反抗,不仅无济于事,而且会牵连亲属,他们能做的,也只有"屈从",只有"认命",被皇帝杀头还要"谢主隆恩",这也许正是自秦汉以来中国专制文化的一个独特音符。

听到这句话,兴平公主不再哭泣,只见她双手接过白绢,向情同姐妹的侍女们点头道别,然后缓缓走进内室……

身后,是一片哭声。

北凉虽亡,但余孽尚存。姑臧陷落时,沮渠牧犍的弟弟沮渠无讳占据了昔日情人——寡嫂李氏所在的酒泉,李氏的另一个情人——无讳之弟沮渠宜得也率部前来投奔。在北凉风雨飘摇之际,兄弟二人仍沉迷于"双龙戏凤"的黄色游戏,实在令人费解。为此,我们恐怕只能从李氏那倾国倾城的美貌上寻找原因了。

  无讳的另一个弟弟沮渠安周则逃亡吐谷浑①。

  太平真君二年(441),敦煌太守沮渠唐儿背叛沮渠无讳。沮渠无讳留下堂弟沮渠天周镇守酒泉,自己与沮渠宜得率主力西征,杀死沮渠唐儿并重新占据了敦煌。当然,这支西征的军队里,一定少不了他们的寡嫂李氏。

  拓跋焘担心沮渠无讳坐大,便派兵围攻酒泉,势单力孤的沮渠天周城破被俘。酒泉陷落后,敦煌已朝不保夕。无奈之下,沮渠无讳计划率领部族西渡大漠,向北魏势力薄弱的塔里木盆地发展。而他们向塔里木盆地发展的第一站,无疑就是距离敦煌最近的鄯善国。

  如果说昙无谶之死,直接为鄯善带来了灭顶之灾,未免有些牵强。但假如昙无谶被顺利地送到平城,此后的一系列灾难性后果也许就不会发生,起码不会如此迅猛地发生。如果我们反推一下,就不难看出其中的一条因果链:昙无谶被沮渠蒙逊所杀——北魏攻陷姑臧——沮渠牧犍被软禁——北魏加紧清理北凉残余——沮渠牧犍的弟弟们被迫西逃——战火烧向鄯善。

  典型的"蝴蝶效应"!一只南美洲亚马逊河热带雨林中的蝴蝶,偶然扇动几下翅膀,两周后,就可能在美国德克萨斯州引起一场龙卷风。高僧被杀虽然是个偶然事件,但它碰巧发生在北魏加速统一北方与西域的特殊时期,因此引发了一系列的连锁反应。结果,鄯善的历史就被这样一次风月事件改变了。

  沮渠无讳是个胆大而心细的人,他并没有仓促地行动,而是计划由弟弟沮渠宜得先行打通前往鄯善的行军路线,他再择机率主力西迁。为此,他专门将沮渠宜得叫来商议此事,但这个无赖弟弟死活不肯打头阵,理由是:"我从小没有离开过哥哥您,一直生死与共,除非我们一起西进。"他的潜台词则是:"我走了,你就会独享李氏了,想得美。"据说,李氏也劝无讳:"你这个弟弟有力气,无智谋,打架可以,打仗不行,你执意让他领军,难道不怕坏了大事?"

---

① 辽东鲜卑慕容部的一支长途迁徙到青海、甘肃后建立的政权,中心位于青海湖附近。

沉吟了半天,沮渠无讳想到了从吐谷浑赶来汇合的另一个弟弟沮渠安周。他的这个弟弟一身腱子肉,是个直筒子,一提起打仗就亢奋无比。没费多少口舌,沮渠安周就愉快地接受了率精兵西进的任务。

当年十一月,沮渠安周作为先锋,率领5000精骑,走丝路南道,向位于罗布泊西南的鄯善挺进。

一场突如其来的风暴,卷向阳光和煦的鄯善。

四十、乌云当空

> 世人缺乏的是毅力,而非力气。
>
> ——维克多·雨果(Victor Hugo)

读到此处,可能多数读者并不为鄯善的未来担心,因为北凉沮渠政权在文化上、经济上比鄯善强不到哪里去,而且前来攻击的不过是北凉的残渣余孽。

但我不这样看,因为决定战争走向的因素并非只有实力,以少胜多、以弱胜强的战例屡见不鲜,而统帅的因素往往处于第一位。为此,我想到了所谓的"老鹰文化"。根据动物学家所做的研究,老鹰一次生下四五只小鹰,由于巢穴很高,所以猎捕回来的食物一次只够喂一只小鹰,而老鹰的食物分配方式并不是依据平等的原则,而是谁抢得凶就给谁。在此情况下,瘦弱的小鹰吃不到食物便渐渐倒下,只有其中最凶狠的小鹰存活下来,代代相传,老鹰因此进化为所有鸟类中最强壮的种族。"老鹰文化"告诉我们,一个组织若无适当的淘汰制度,常会因平均主义或小仁小义而耽误了进化,进而在残酷的竞争环境中遭到淘汰。楼兰的最终结局,就很好地验证了这一原理。起初,楼兰民族和其他游牧民族一样,首领的诞生一般都通行竞争机制,通俗的说法就是"谁的拳头硬,谁是老大哥"。即便是在世袭制确立后,也是由首领在众多的儿子中选择一位优秀者作为继承人。但在张骞出使西域,特别是汉文化引入楼兰之后,他们开始像汉朝一样实行长子继承制,无论这位王子是否有德有能。而北凉沮渠氏前来进攻时的鄯善王,是老王胡员叱的长子,名叫比龙,生在深宫之中,长在帷幄之间,从未领教过日光何毒,夜风何寒,长得白白净净,常常一脸和气,善良有余而霸气不足,从小到大就没带兵打过仗,平时脑子里想的是如何到牢兰海摸鱼或躲在宫墙后面与父王的小妾接吻,活脱脱一个在毫无竞争的环境中成长起来的"瘦弱的小鹰"。长大后,这棵深宫里的嫩苗迷上了佛教,开口"宽容",闭口"随缘",口头禅是"凡事不能强求,慈悲是最好的武器",对武将并不重视,从未关心过军事训练,舍不得拿钱修补城墙,别人一提战争他就心烦。

其实,比龙这一性格的形成,不能仅仅归罪于鄯善王系的传承方式和他的成长环境,还应该考虑另一个万万不能忽视的因素——宗教文化。作为曾经的一张白纸,文化相对贫瘠与落后的鄯善接受起博大精深的佛教文化来,是真心实意的,是彻头彻尾的,是顶礼膜拜的。在佛教传入初期,因为宗教拥有解释世界、培养人的内在道德、充当人的行为规范、给人提供心理安慰等功能,所以鄯善借助佛教统一民众的思想,提升国民的文明素养,在客观上为政权稳固打了一针强心剂。但随着时间的推移,佛教与国家的文化性格的融合就会有问题。也就是说,民众一旦成了佛教徒,变得如同绵羊一般,对于统治者来说的确是好事。但一个国王一旦沉溺于佛教,对于这个国家来说就不见得是什么好事了。因为如此一来,国王就会变得不思进取,变得不食人间烟火,就不再崇尚武力,不再开拓疆土,轻者会随遇而安,重者甚至抛弃王位出家。

如果您认为我言过其实,就大错而特错了。比龙刚刚上台的那一年,凭借着对最高权力的新鲜感,为了不负父王的临终嘱托,做起事情来还算有板有眼。但一年之后,他就对自己的生活不胜其烦了。因为尽管他是一国之主,在这片广袤的区域内拥有至高无上的权威,但许多事情并不由得他。他既然坐在了这个位置上,就无法逃避那些无穷无尽的批阅、请安、应酬、恩典、尊崇与膜拜。譬如,他每天要迎着晨曦早早起床,与太后、王后、嫔妃和王子、公主们一起进早餐。辰时,他要按照惯例上朝,穿着硬邦邦的衣服正襟危坐在大殿里,接受众臣的朝拜,听大臣们婆婆妈妈的发言,现场处理他们的朝奏。午时,他要抽空接见外国使者,装出一副笑脸与对方虚与委蛇。之后,是午餐。未时,他顾不得休息,就要根据大臣们为自己排出的日程,到某地某城考察。夕阳落山时,他才披着一身征尘回宫。晚餐后,他必须安坐在油灯下,捧读一位帝王必须温习的"四书五经"和其他有关治国安邦的书籍。直到亥时,他才哈欠连天地睡去。而睡觉时,他也不能由着性子到自己最宠爱的女人那里去,而是按照太监所排出的顺序,到某位嫔妃那里"行房事",这一点绝对马虎不得,因为它涉及后宫的秩序与安宁,也涉及国家是否后继有人。有人形容说,他"睡得比狗晚,醒得比鸡早"。渐渐地,这些繁文缛节、规定动作,这种千篇一律、乏善可陈的日子,让他实在烦透了,他真后悔自己为什么排行老大,后悔担任了这个在外人看来辉煌无比但在自己看来麻烦至极的国王。他开始惰于朝政,开始应付公事,对国家大事不再主动过问,对臣下的奏报能拖则拖,能推则推,至于因此而省出的大量时间,他都用在了念经上,用在了佛事上,用在了与东来西往的高僧探讨高深莫测的人生哲理上。如果不是太后和重臣们的激烈反对,他真的想将王位传给太子。你想啊,在那个血雨腥风、弱肉强食的时代,这样的国王所领导的国家,能顺利生存下去吗?能不生灵涂炭吗?

　　面对远道而来的亡命之徒,身为佛教徒的比龙准备投降。他的所作所为,不禁让我联想到了传扬着佛教理念的同时期佛教壁画。在大量的佛教壁画中,有一则"舍身饲虎"的故事,讲的是摩诃国的三位王子相伴出行,在山下看到一只母虎气息奄奄,周围七只幼虎嗷嗷待哺,最小的王子决定主动投身虎口。但母虎已无力吃他,他于是用刀子割开自己的血肉,又从高山上纵身跳下,摔倒在母虎身边。饥饿的母虎舔舐着王子流出的鲜血,恢复了精力,然后把王子吃下。两位哥哥来找他时,地上只剩下一堆骨头和毛发。他们为他建造了一座塔,来弘扬他的精神。同类的壁画故事还有"割肉贸鸽""强盗剜目"等。它们固然在宣扬一种忘我的崇高,但当这些对于人性绝对化的、近乎苛刻的要求成为众生的紧箍咒,佛众们只能在忘我的境界、超人的耐性、超凡的执着中忍受苦难、宽宥犯罪、逆来顺受,又哪里能生出反抗强权与杀戮的力量?也许在比龙看来,一则,以暴制暴地抵抗对方侵入,肯定会造成生灵涂炭,与佛教教义不符;二则,对方也是为了生存而来,杀戮也非对方的目的吧。因此,开门迎"宾",也不失为一种"义举"。

　　当时,北魏使臣独孤贺正巧路过鄯善,听说鄯善王要向沮渠氏投降,不禁大惊失色,他匆匆闯入王宫,既焦急又镇定地对比龙说:"北凉沮渠氏乃是我魏国的手下败将,而且已是强弩之末,没有什么可怕的,您要动员一切力量抵抗,容我赶回平城去搬救兵。"这显然是一种站着说话不腰疼的"精神激励法",但他的话又句句属实,容不得反驳。在比龙答应抵抗后,独孤贺趁着夜色消失在了戈壁大漠中。为了保证万无一失,比龙又派出使臣前往于阗寻求援兵。

战斗异常惨烈,双方互有胜负。攻城者损兵折将,守城者也伤亡惨重。在双方对峙到180天左右时,沮渠安周眼看强攻无果,只得退保东城(伊循城)。

接下来,从不服输的沮渠安周只有派出信使,向在敦煌静候胜利消息的哥哥表示歉意,信中说:"不是弟弟不尽力,是扜泥城太坚固,敌人太顽强了。是我引兵退回敦煌,还是哥哥领兵前来,请明示。"

两强角力,比的就是耐力,就是恒心,就是最后那口气。不承想,在攻城者陷入进退两难境地的时候,守城者却自乱了阵脚,比龙一连几天站在城头发呆。他在想,北魏使者独孤贺能顺利穿越沮渠氏的封锁线吗?即便侥幸穿过了封锁线,从鄯善到北魏往返也不会少于两个月吧?而西部的于阗与鄯善早有过节,他们是否也盼着鄯善被吃掉呢?

就在沮渠安周退居东城当晚,比龙最终失去了耐心,留下太子真达继续守城,自己率领一半国民——约4000余户人你西逃且末。西逃的队伍里,有比龙的妹妹曼头陁林,有比龙的王后与嫔妃,还有几乎所有的王亲国戚。而老住持和佛僧们选择留了下来,因为他们清楚,西来的所有侵略者,无一例外都是佛教徒。

比龙一走,鄯善衰亡的命运已被注定。这一天,是鄯善的国殇之日。

比龙也许在想,这也正常啊,正如夜半啼血的杜鹃,阵雨飘零的秋叶,落花飘零的钟声,途中日暮的晚雪,不是都有一种无美不殇的情怀吗?

四十一、身后的弃婴

> 古者富贵而名磨灭不可胜记,惟倜傥非常之人称焉。
>
> ——司马迁

对于这一临阵脱逃之举,比龙在朝会时为自己找的理由是:"唇亡齿寒，乃自然之道啊。如今北凉被北魏所灭，接下来灾难就轮到我国了。特别是北魏使者已经知道了我国的虚实，一旦北魏军队来攻，我国就离灭亡不远了。只有提前逃走，才是保我国祚长久之计。再说了，敌人是走投无路才前来与我抢占地盘的，他们也是迫不得已，凡事不能强求，我带国人西去也是离苦得乐啊。"

分手前，比龙告诉太子："如果打退了敌人，你就可以提前当鄯善王了！"这就好比是一位遇到狼群的老猎人对稚嫩的孩子说："我先撤退，你去负责抵挡狼群吧！万一打退了狼群，你就可以接我的班了。"

国王身后的弃婴，名叫真达，还有鄯善。

无助加上惊恐，化成一地的伤感。真达欲哭无泪，只有在父王的队伍走远后，向沮渠安周开城投降。

见到真达，一向直来直去的沮渠安周不解地问："连你父亲都跑了，你为什么还在这里等死？"

真达回答："我的生命是父王给的，我只能用这种方式回报父王。"

听到这位俘虏的话，沮渠安周肃然起敬，仍待之以国王之礼。

太平真君三年（442）四月，据守敦煌的沮渠无讳受到北魏攻击，被迫率一万多部众西逃鄯善，与先期到达的弟弟沮渠安周汇合。沮渠无讳抵达鄯善时，真达已开城投降，而他们在西渡大漠时因干渴而死的部众超过了一半，假如比龙不率部西逃，凭借这支疲惫之师，恐仍难以攻克这座绿洲坚城。但历史不容假设，我辈只能叹息。

在常人眼里，真达阶下囚的日子就将开始了。但当历史认定沮渠兄弟二人会以鄯善为基地，西追比龙，进而独霸丝路南道的时候，一封求救信改变了历史。

来信人名叫阚爽，是高昌太守，因为面临着西凉残余势力和柔然的双重威胁，所以派出快马向沮渠兄弟求援。高昌，那可是翡翠般美丽、天堂般富饶的丝路北道重镇啊。考虑到今非昔比的鄯善已不是理想的卧薪尝胆之地，沮渠兄弟果断地率兵马转战高昌，顺便带走了一千多名鄯善士兵和他们的近三千家属，在高昌成功建立了北凉残余政权，并勉力维系了18年，成为沮渠氏涂抹在历史长空的一道绮丽的晚霞。

临走前，沮渠兄弟封真达为鄯善王，条件只有一个："要听从我们的遥控指挥！"

鄯善的四月,把冬与夏这张半绿半黄的纸从中对折。真达站在鄯善城头,从草色天光里遥望广袤的戈壁,不禁慨叹:人事代谢、岁月轮回是多么地深不可测啊!

四十二、出城迎降

> 我们唯一不会改正的缺点是软弱。
> ——拉罗什福科(La Rochefoucauld)

脑袋保住了,还成了国王,但真达无论如何也高兴不起来。此前父王比龙带走了4000户居民,刚刚又被沮渠兄弟挟持走了1000多户居民,再加上抵挡沮渠安周时阵亡的数百名士兵,剩下的鄯善人,除了2000多名不食人间烟火的僧侣,就是不到2000户居民,能拿起武器的青壮年已不足千人。可以说,鄯善已元气大伤。

因此,真达只能励精图治,鼓励生育,奖掖农耕。他咬着牙对大臣们说:"血没有变凉,梦依旧滚烫,给我十年时光,定能再创辉煌!"但私下里他也担心,身处烽火连天的乱世,鄯善岂能自安?

在真达埋头重建家园的日子里,北魏与高昌发生了诸多变故。北部的柔然汗国数度威胁高昌,北凉王沮渠无讳于太平真君五年(444)夏天病死,弟弟沮渠安周在悲痛与惨淡中继位,日子更为捉襟见肘。此消彼长,北魏军力已经接近巅峰,拓跋焘击退了柔然,征服了关中、敦煌,几乎到了攻必克、战必胜的无敌境界。

"该收拾鄯善了吧。"拓跋焘常常在心里嘀咕,但又苦于缺少发兵的理由。因为北凉灭亡后,鄯善就公开宣布向北魏称臣,并在第一时间向平城派出了质子。你总不能发兵进攻一个称臣的属邦,如果那样的话,谁还甘愿听从北魏的调遣?北魏的统一大业又如何实现?

但整个河西走廊被北魏占据后,鄯善与北魏之间已经没有缓冲地带,为此,鄯善君臣开始惶惶不可终日。

一天,真达召集智囊们商讨对策,人到齐后,真达诚恳地说:"各位爱卿,近来本王食无味,寝不安,盖因目前本国与北魏的情势。如何才能保证我国有十年安全期,请各位畅所欲言,拿出一个万全之策。"

大家一阵沉默,针落在地上都能听出响声。

真达实在沉不住气了,才指了指右排的武将:"请辅国侯先说吧。"

辅国侯是真达的堂兄,一位平时少言寡语,但一说话就声如洪钟的猛将。他支吾良久,才开口说:"对于兵多将广的拓跋老贼,我们打又打不过,降又降不得。孙子兵法有云,知己知彼,百战不殆。对方不知我,如何开战?为今之计,只有封锁消息,不让魏人知我鄯善之虚实。"

却胡侯跟着说:"辅国侯所言甚是,封锁消息,寻求自保,当是上策。"

鄯善都尉、左右且渠也随声附和。

"文臣的意见呢?"真达望着左侧的司徒说。

"臣下说不好,假如要封锁消息,首要的是不允许魏国使节随便进出鄯善。众所周知,使节几乎就是间谍的代名词,一旦魏人侦知我之虚实,鄯善距离灭亡也就不远了。"

司空、司农、尚书等也纷纷称是。

辅国侯发言后,大家居然一边倒地倾向于这种意见。连船夫都知道,如果所有的人都站在船的一侧,是极其危险的。一位西方学者也告诫人们:当所有的事物似乎都向着同一方向发展时,就需要对相反方向进行一次深层而严肃的展望。但真达不是船夫,也不可能听到来自西方的告诫,虽然有些迟疑与忐忑,但考虑到这是智囊们共同的意见,也就稀里糊涂地做出了决定,封锁了与北魏相通的丝路南道,暗中要求各处哨卡禁止北魏使臣进入鄯善国境。

真达,作为一个异常清醒的人,怎么能做出这种近乎灾难的决定,我们作为后人很难理解。但我们必须承认,历史,永远是属于后来者与回顾者的。在历史中行走的人,根本感觉不到历史的存在,就如同鸟儿感觉不到天空的存在,鱼儿感觉不到流水的承载一样,历史对于置身其中的人有一种天然的催眠作用。期望让绝大多数人具备超越历史的清醒,那是不客观的。我只能说,真达还不是一个看穿历史的天才,上苍没有赋予他一双穿透岁月的慧眼。

最要命的是,期间,一个北魏使团途经鄯善,一伙鄯善军人不是命令这伙北魏人绕行,也没有杀掉这伙人灭口,而是洗劫并放走了这个使团。

此事传进王宫,真达勃然大怒,大喊"愚蠢啊,糊涂"。按说,此时的他还可以采取两条补救措施,要么派精骑追上这个北魏使团,杀人灭口;要么赶紧派出鄯善使团前往平城,归还抢来的财物,寻求拓跋焘的谅解。

但真达太犹豫了,只是像关在樊笼里的猎豹一样来回踱步……

每逢重大历史关头,都会有无数条道路可供选择。一旦不选,或者选错,就会失去所有的机会,因为历史从来不给缺席者以补席的机会。与选择的利害性相比,可供选择的时间又极其紧迫,它其实就是一道抢答题。今天我们对包括真达在内的历史人物心存遗憾,并把他的犹豫所造成的局面与鄯善的消失联系起来,但我们很少想到,如果你我处在他的位置,是否可以胜任历史委任的使命?

就在真达举棋不定的时候,北魏使团已快马加鞭逃回平城,并在第一时间进宫报告了被鄯善洗劫的消息。拓跋焘先是大怒,继而大笑,因为自己终于有了吞并鄯善的借口。

于是,拓跋焘决定发凉州兵征讨高昌沮渠政权扶立的鄯善。我估计,那位从鄯善回到平城的独孤贺也在拓跋焘面前说了鄯善不少坏话,并一再称鄯善为软骨头。三年来,他一直为鄯善王投降北凉耿耿于怀。他不了解的是,软骨头的老国王已经西逃,留下的太子是一个顶天立地、敢作敢为的真汉子。

太平真君六年(445)八月,北魏大将——散骑常侍万度归率5000轻骑从敦煌突袭鄯善。

马作的卢飞快,弓如霹雳弦惊。这位皇帝的秘书兼侍卫,继承了主子拓跋焘的特有风范,抛下辎重,长途奔袭,很快便穿越流沙,悄然进入鄯善边境。

勒住马缰的万度归,被眼前的一幅田园画所吸引,只见鸟过田头陌上,风行河上林间,鄯善百姓布满田野,正在低头耕种放牧,他突然有了一种家乡般恬静的感觉,随即发出号令:"沿大道进军,不许惊扰牛马与百姓!"作为一名以攻杀为乐的将军,竟能反其道而行之,在心里张起一根"以民为本"的弦,可谓凤毛麟角。

见到这支仁义之师,本来准备抵抗的边兵犹豫起来:战斗的目的本就是和平,如今民众的生命财产没有受到任何威胁,我们何必要冒着生命危险拼死相搏呢?于是,鄯善边兵率相归附。

真达既无兵可派,也无险可守,还考虑到全城军民生命财产的安全,他选择了面缚出城,公开迎降。

说起来,这是他第二次开城投降了。

具有讽刺意味的是,这一天是8月6日,一个鄯善道人测定的黄道吉日。

四十三、零落成泥

零落成泥碾作尘,只有香如故。

————陆游

大功告成后,遵照拓跋焘的旨意,万度归留下三千兵马驻守,自己率两千兵马,将鄯善王真达、王亲国戚、文臣武将及其家眷共上千户,押往平城。

这条黑色的长龙,从鄯善北上,经海头、楼兰、居卢仓,走楼兰道、河西走廊、统万镇、雁门郡,历时三个月,方才进入平城。

作别鄯善时,是一个朝霞满天的清晨,罗布泊上空流淌着一层低矮的红雾,昔日清澈而平静的南河突然变得浑浊而喧闹,坐在一头老骆驼上的真达,回首眺望着自己的江山——远山隐隐,绿水迢迢,都城上空群鸟翻飞,一时泪流满面。他清楚,这一走,鄯善民众只剩下不足一千户了,连同各个城郭的僧侣,充其量还有4000人,哪里还算得上一个国家?也就是说,自己是楼兰—鄯善王谱系的休止符,名副其实的末代国王,地地道道的亡国之君。近年来,自己一不怕苦,二不怕死,三不扰民,如果不是一向遵从父命,在父王带着所有王子、公主远走高飞时,自己怎么会强装欢笑,一个人留下来为鄯善殉葬呢?如果不是为了保全民众的性命,自己怎么会担着"胆小鬼"的骂名,两次开城投降呢?他心知,人生不过几十年光阴,选择逃避是一生,选择坚守也是一生,历史并非没有给自己机会,只是自己经验匮乏、德能不足,让机会从手边轻易滑落了而已。

想到这里,他对身前身后垂头丧气、灰头土脸的贵族与大臣们说:"挺起胸来走路,拿出楼兰人的尊严!"

此后,这支情绪低落的队伍,变得坚强而有序,就连负责押解的万度归都肃然起敬。

见到真达,拓跋焘大喜,将皇宫西南的一座宅院腾出来,让真达与妻子儿女居住,还特意为他配备了一个太监,两名侍女,三个厨师。

不久,真达见到了那位对鄯善恨得牙痒的北魏使者独孤贺。那天,独孤贺一脸鄙夷地质问真达:"当年鄯善为什么不战而降?"

真达怔了怔,一脸无辜地回应道:"听从帝使您的话,我与父王联手抵抗了整整半年,岂可称之为'不战而降'?帝使声称回平城去搬救兵,可一直不见魏军的踪影。"

"臣三个月才赶到平城,魏帝也需要一段时间调兵遣将。再说,几万人的鄯善,岂能抵挡不住沮渠安周的5000残兵?"

"父王带走了一半国民和大部分精兵,剩下的人哪有能力抵抗?"

"老鄯善王为什么逃走?你身为太子,难道劝不住他?"

"父王向佛已久,一直厌倦战争,早就有西走的决心,儿臣只能屈从。"

"你这是愚忠!"独孤贺高声斥责道。

"我实在无能为力。"真达还是一脸无奈。

"那也不能开城投降啊!你不知道'宁为玉碎不为瓦全'的道理吗?你气节何在?颜面何在?"

"帝使所说的大道理本人不是不懂,但与全城百姓的性命相比,吾之颜面与气节不足挂齿。以一人之耻,换万人之安,吾心甘也!"真达脸憋得通红。

"你这是狡辩!"

接下来,无论对方怎么质问,怎么责备,怎么痛斥,真达的选择都是沉默。是啊,作为一个俘虏,还有辩白的必要吗?

生命一旦失去民族感,就会在瞬间变得卑贱起来。在平城,真达只能天天看飞鸟起落,听叶动如铃,在如烟的回忆中终了此生。不知道,他对那位舍弃自己西逃的父亲,是思念多于仇恨,还是仇恨多于思念?

考虑到不给真达添麻烦,他昔日的臣子很少前往北魏皇宫西南的小院拜访他,除非有了必须要报告的事情,特别是有关故国的重大消息。

次年三月,原鄯善却胡侯于夜半时分叩开了紧闭的大门,一脸沮丧地对真达说,由于崇信道教的崔浩的教唆,加上北魏在镇压盖吴起义的过程中发现关中佛寺藏匿有大量武器,拓跋焘下狠心颁布了《灭佛法诏》,各州郡及京师共有万名和尚被杀,境内的寺院塔庙无一幸免。屯驻鄯善的北魏将领也接到了号令,对扜泥城、伊循城、楼兰城的数座寺庙进行了残酷洗劫,未及逃走的和尚全部被杀,包括那位与昙无谶辩经的老住持。被杀时,老住持安坐在扜泥城佛寺门口,神态安详得如同一座佛雕。

此后,坏消息接踵而至,如一场八级地震后的余震。太平真君九年(448)五月,真达曾经的译长告诉老主人,北魏另派大将——交趾公韩拔镇守鄯善,任假节征西将军、领护西戎校尉、鄯善王。

又过了几个月,原鄯善左且渠跑来报告说:"魏宣布设立鄯善镇,像内地州郡一样承担赋税,鄯善民众苦不堪言。魏的西戎校尉府也从此设在扜泥城,常驻有大量枕戈待旦的魏军。"显然,鄯善已经不被作为一个国家对待了。

"有父王比龙和长公主曼头陀林的讯息吗?"真达满脸焦急。

"暂时没有。"

看来,父亲和姑姑已经走出了北魏的视线,找到了一块佛的乐土,心甘情愿地过起了随遇而安的平淡日子。也许,被历史与战争淡忘,正是真正的"胆小鬼"比龙最大的心愿。是啊,佛教的宗旨就是劝人出世,教徒基本不食人间烟火,当成千上万的成年劳动力出家为僧之后,军队缺少兵源,边城无人修缮,农田渐渐荒废,国力持续衰退,国家焉能存续?纵观古今,所有崇信佛教的国家都相继衰落了,鄯善岂能例外?就这样,鄯善——古楼兰国的替身,被降格为镇,国祚近600年的楼兰—鄯善国黯然退场,这颗丝路明珠在后人脑海里化为一缕青烟,像梦境,像传说,也像寓言。

秋露从夕阳腮边滑下,像从天而降的泪珠。真达举目远望着飘零的晚霞,发出了深长的叹息。

沙漠中"死了一千年不倒"的胡杨

第三章　落寞千年的背影

神祇编织不幸，以便人类的后代歌唱。

——《荷马史诗》

一、北魏撤走

外部敌人的最大作用，只能是在一个社会还没有断气的时候，给它最后一击。

——阿诺德·约瑟夫·汤因比（Arnold Joseph Toynbee）

"皇帝被刺了！"

皇帝的贴身太监刚刚吐出这几个字，便被人从背后刺死。

北魏兴安元年（452），一代英豪——太武帝拓跋焘被大太监——中常侍宗爱刺杀，带着他那未能一统天下的不甘。

这一年，北魏先后换了两任皇帝。宗爱先是拥立拓跋焘的幼子南安王拓跋余为帝，之后又杀死了他。在极度混乱中，部分大臣拥立拓跋焘的嫡长孙拓跋濬登基，是为文成帝。文成帝上台后，三管齐下：一是处死了北魏版的赵高——宗爱，清算了奸佞；二是恢复了被祖父所灭的佛教，下令兴建云冈石窟；三是对内采取休养生息政策，对外实施和平外交。但连续的内讧，导致王公大臣人人自危，朝廷的凝聚力急剧下降，人见人怕的北魏似乎一下子不见了。

尽管处处捉襟见肘，但北魏并未忽视西域。就在这一年，北魏散骑常侍王建的曾孙安都，被任命为鄯善镇将。

到了延兴二年（472），鉴于位于北魏北部的柔然大举南下塔里木盆地,北魏被迫采取应对措施。当时,孝文帝拓跋宏登基方才一年,虚岁只有6岁,大事皆决于父亲——19岁的太上皇献文帝拓跋弘。权衡再三,献文帝决定从西域撤军,将原来设在鄯善的军镇迁往西平郡(今青海乐都),西平郡也改名鄯善镇,孝昌二年(526)又改名鄯州。为了避开咄咄逼人的柔然,北魏一度想将敦煌镇迁到凉州,只是因为大将韩秀的劝阻方才作罢。透过历史的迷雾,我们似乎能看到小皇帝与太上皇的惊恐与无助,也仿佛能看到献文帝的对手——时年30岁的冯太后那喷火的眼神与气愤的表情。

太和十四年(490),太皇太后冯氏病逝,23岁的孝文帝拓跋宏亲政,并为祖母举行了隆重的国葬。高车王阿伏至罗派人出使北魏,向孝文帝贡奉方物之后说:"蠕蠕(指柔然)乃是陛下的贼人,我们一定替陛下讨灭蠕蠕,夺回鄯善!"

"祖母新逝,寡人日理万机,暂时腾不出手来西征,那就有劳高车王了。不过,蠕蠕一向强悍狡诈,不知高车王对此贼是否有胜算?"拓跋宏还是有些不放心。

"陛下放心,我高车王最了解蠕蠕的弱点,也了解蠕蠕在鄯善的兵力部署,请静待我们的好消息。"

这不是一句大话,因为高车已今非昔比。果然,在太和十六年(492),高车攻占了柔然统治下的高昌,然后从吐鲁番盆地南下,抡圆了臂膀,与柔然展开了争夺塔里木盆地的互殴。

光绪二十七年(1901)二月,斯文·赫定在库鲁克塔格山麓的丝路古道旁,发现了一件北方游牧民使用的青铜鍑,推测出高车人可能是从吐鲁番的托克逊翻越库鲁克塔格山,挥师南下鄯善河流域,攻克鄯善中心扜泥城的。

人类的文明地图,一直在战火的余烬中不断变换,往往越是富庶的所在,遭受的劫难越是严重,这也是包括鄯善在内的一系列丝路明珠悉数坠落风尘的主要原因。

永明十年至十一年间(492—493),南齐益州刺史任命江景玄为使者出访西域,目的在于宣扬南齐的国威。当他到达鄯善时,发现鄯善已为高车所破,"人民散尽",这个绿洲之星已经陨落,峨冠博带已零落成泥。有意思的是,听说南齐使者到访,号称"天子"的高车王,在一间透风漏雨的屋子里接待了江景玄,还煞有介事地要求他返回南齐复命。

面对鄯善镇的破屋残墙,特别是面对荒废的渠道和荒芜的农田,高车人也变得心灰意冷。对于习惯逐水草而居的高车人来说,既然这里已经没有多少油水可榨,那么何必在此受苦呢?后来,听说吐谷浑派兵来攻,高车人便知趣地打马而去。

二、改姓"吐谷浑"

对聪明人来说,空头支票也是支票。

——《草原笔记》

吐谷浑本来是一个人名,乃鲜卑慕容部首领的庶长子,因为对同父异母的弟弟——父亲的嫡长子继承父亲之位不满,在1700多年前率部落从今辽宁义县西去,经过20多年的长途跋涉,最终来到今甘肃临夏西北的羌人居住区——罕原地区。在那里,他们用先进的文化和铿锵的铁蹄征服了当地的羌人,陆续攻占了南到今四川阿坝、松潘,西到鄂陵湖、扎陵湖的广阔高原,并宣布建立了鲜卑、羌人联合政权,中心设在伏俟城[①]。东晋咸和四年(329),吐谷浑的孙子叶延用祖父的名字做了王族姓氏,立国号为吐谷浑。

早期的吐谷浑首领,大多强悍与智慧兼具,心胸豁达,长袖善舞,既喜欢招贤纳士,又善于结交邻国,因而能在群雄割据的五胡十六国时期渐渐走强。大夏胜光四年(431),首领慕瞶将大夏皇帝赫连定擒获,然后送到北魏请赏,被太武帝拓跋焘封为西秦王,占据了整个陇西地区,他们的地盘已经无限接近了鄯善。对于商路重镇鄯善,吐谷浑首领可谓垂涎欲滴。

太和十六年(492)秋,吐谷浑首领派遣太子到北魏朝贡。此时,拓跋宏正筹划迁都洛阳,根本无暇西顾,便下诏封吐谷浑首领伏连筹为"持使节、都督西陲诸军事、领西戎中郎将、西海郡开国公、吐谷浑王",同意将西域各国拱手相让。

拓跋宏很是幽默,土地都让柔然和高车抢走了,还敢拿这个开空头支

[①] 意为"王者之城",在今青海布哈河附近。

票。我想,对汉文化心向往之的拓跋宏一定读过《史记》,因为他的这一做法,与周武王封姜子牙于东夷人占据的齐,周平王将犬戎占领区封给秦襄公,如出一辙。

但伏连筹却认了真,拿着这张空头支票去找柔然与高车兑付。当然,兑付的方式不是去讲理,而是去拼命。

这样一来,他们才能在高车从鄯善撤走后,轻而易举地占据了传说中美丽富饶的鄯善。在太和二十一年(497)的中国地图上,鄯善已经划入了吐谷浑版图。

但经历过无数次战火与劫掠的鄯善,哪里还有传说中的美丽与繁华,目之所及,不过是坍塌的城墙,漏风的破房,荒芜的田地,以及到处躲藏的鄯善移民。

为此,吐谷浑人允许鄯善遗民回归故里,实行鄯人治鄯,前提是听从吐谷浑的调遣,承认自己是吐谷浑国民。就这样,在吐谷浑扶持下,一个名叫鄯善的地方小政权诞生了。

然而,吐谷浑绝非大慈大悲、乐善好施的圣人,不可能不向这些被征服的土著收取赋税,也不可能不在占领区放置一兵一卒。在他们眼里,鄯善土著就是随风倒的墙头草,如果听任他们长期占有坚城,反叛的种子将随时可能萌芽。于是不久,吐谷浑首领的次子——宁西将军占据了鄯善故都扜泥城,要求那个所谓的自治政权另找住所。接到命令,傀儡政权无奈地迁往扜泥城西部的且末绿洲。这个政权被称为"末国",他们的王(充其量是一位酋长)名叫安末深盘。

中国有幸,楼兰有幸,梁普通五年(524),安末深盘派往梁朝纳贡的一位使者,被梁朝的独眼王子——萧绎画了一幅肖像,这幅反映外交场面的绘画名叫《职贡图》,图中的末国使者头戴尖顶毡帽,身穿圆领长袍,大鼻子,八字胡,满脸谦恭,目不斜视。因为这幅画,我们才知道了末国,知道了这个躲在历史皱褶中的流亡政权。

尽管实现了自治,尽管远离了战火,但仍有许多鄯善遗民心怀遗憾,因为他们从所谓的王身上,已经看不到祖上的英武与锐气,看不到东山再起的希望;他们所能看到的,只有对国家的放任自流,对未来的得过且过,以及对吐谷浑与梁国的卑躬屈膝。《周书》记载,西魏大统八年(542)四月,一个桃花如流水的季节,王兄鄯米"率众内附"西魏,迁徙到了繁华绝代的

萧绎《职贡图》局部"末国使者"

长安。

这位王兄带着大伙儿一走,鄯善城还能有多少鄯善遗民?

有的,只是来往的商旅与僧侣,常驻此地的吐谷浑大兵,还有那位死抱着所谓的"王冠"不放的鄯米的弟弟。

三、路断人稀

大自然是善良的慈母,也是冷酷的屠夫。

——维克多·雨果

隋大业五年(609),40岁的杨广感觉应该做点什么了。于是,这个在登基前拥有与突厥、契丹征战经验的大头症患者,把矛头对准了西部小国——吐谷浑。阳春三月,柳绿桃红,满面春光的杨广亲率远征军大举进攻吐谷浑,远征军如伴随着电闪雷鸣滚滚而至的暴风雨,迅速覆盖并摧残了吐谷浑那片可怜的土地,吐谷浑士兵们作鸟兽散,伏允可汗远走他乡。战后,杨广在吐谷浑辖区设置了西海、河源、鄯善、且末四郡,然后调发戍卒,大兴屯田,以捍卫刚刚打通的西域商路。

从此,正式归入隋朝版图的鄯善郡,成为隋唐丝路上的一座重镇。似乎,鄯善城的复兴指日可待。

我这样推测,是有历史依据的。因为在隋建立前,南朝与西域的交往,大都是沿长江向上到达益州(今成都),再北上今松潘,经吐谷浑都城,从柴达木盆地西行,过阿尔金山隘口,然后直达鄯善;或者从柴达木盆地至敦煌,再由玉门关向西南,越过阿尔金山山口进入鄯善与丝路南道会合,这条道被称作"吐谷浑道""青海道"或"河南道"。如今隋朝占据了鄯善与且末,这条吐谷浑道已经远离了战火,我们有理由相信,中原西来必经鄯善。

但我的推测还是过于乐观了,因为地理的走向从来离不开历史的走向。唐朝建立后,不仅接受了隋朝占据的鄯善与且末,而且将疆域向西推进到了咸海,在那里设置了陇右道,使得偌大的西域全部划入了唐朝版图。然而,在唐朝艳阳冉冉升起的同时,吐蕃也在青藏高原上并排崛起,原吐谷浑的地盘基本被吐蕃接收,吐谷浑道也划入了吐蕃管辖区。这就意味着,唐人西去不会再选择走吐谷浑道。

无奈之下,古代游牧民族常走的草原丝路成为最佳选择,它就是从敦煌向北转而向西直达伊吾,然后过蒲类海,顺天山北麓西行,经庭州①、轮台②、弓月城③、伊犁河、伊塞克湖、碎叶城④、怛罗斯⑤进入中亚,继而通过咸海、黑海、地中海直达欧洲,这条道路后来被称作"丝路北新道"。

也可以从伊吾向西南行,经高昌、焉耆与原丝路北道汇合。由于高昌国处在这条道路上,收取的关税很重,所以许多商旅多选择走丝路北新道。本来玄奘西行也决定走丝路北新道,只是因为高昌王麴文泰的盛情相邀,他才临时改变计划,绕道南下来到高昌,这才有了现实中"高昌王强留唐玄奘,国王与高僧义结金兰"的故事和《西游记》中"唐三藏路阻火焰山,孙行者三调芭蕉扇"的传奇。

---

① 唐代在新疆所设的州,后来改设北庭都护府,驻地在今吉木萨尔北的破城子。
② 唐代轮台县,属庭州管辖,驻地在今乌鲁木齐南郊的乌拉泊古城。
③ 遗址位于今伊宁县吐鲁番于孜乡上吐鲁番于孜村,是唐代丝路北线重镇。
④ 唐朝在西域建立的重镇,在今吉尔吉斯斯坦托克马克附近。
⑤ 今哈萨克斯坦塔拉兹(Talas),唐安西都护府军曾在此与阿拉伯帝国联军发生激战。

但不管走哪条道,都将无法看到鄯善的身影。也就是说,汉代的丝路北道已被丝路北新道所代替,穿越白龙堆到古楼兰的艰险路段不再是隋唐丝路的首选。吐谷浑道也已很少有人来往。"路断城空",成为楼兰、鄯善及塔里木河下游城邦消失的一大原因。

在其他的诸如战争、瘟疫、天灾之类的原因中,最重要、最不容忽视的因素就是气候。公元600年至1100年,是中华五千年历史上的第三个温暖期。其中,公元650年、678年、689年冬季,长安无雪无冰,干旱异常,居然可种梅花与柑橘,柑橘味道与四川的无异。400毫米年等降水量线以内的长安尚且如此,炎热干燥的塔里木盆地遭遇的挑战就更可想而知了。气候的干旱,水分的蒸发,使得南北朝时期尚且存在的南河从此消失,南河周边的绿洲逐步萎缩,肆虐的沙丘持续南侵,一系列丝路南道城镇没入黄沙,楼兰南部文化区也遭到毁灭性打击。

早在后魏与后周时期,一批又一批的鄯善人就来到伊吾,并建起了自己的城池。据推测,当高车攻克鄯善后,鄯善国人除了先前逃奔且末的4000户外,其余的似乎多北逃伊吾。

唐初,居住在伊吾拉布楚克屯堡的鄯善后裔鄯伏陀,因不堪忍受东突厥严苛的税收,率族人南返罗布泊,试图重续古楼兰伴湖而居的旧梦,再现祖先横戈丝路要冲的雄姿。然而,他们却怅然发现,与时光一起褪色与凋零的,不仅是当年的树、屋、街道、城墙和天空组成的一个完整世界,其中也包括当年的人事、美梦与乡愁。天已被风沙染成黄色,再也不是那片湛蓝如水的天;地已被沙丘吞噬殆尽,再也不是那方绿意葱茏的绿洲;河已改道远去,再也没有了那条浪花飞溅的大河;城只剩下几段残墙,再也看不到那丝路明珠的模样;路已被沙丘隔断,再也见不到那条驼铃声声的丝路大道。无孔不入且无坚不摧的风沙,以它流质的身体销蚀着坚硬的建筑,就连孤傲的佛塔和坚固的"三间房"也渐渐低矮消瘦下去。在时间中负隅顽抗的,只有那棵苍老得看不出树龄的胡杨。那座繁华之门、文明之门、时间之门已被关上,过去的人与事、荣与辱、战与和都被彻底关在了里面;那个梦一般神奇、陶一般精致、画一样美丽的楼兰,已经幻化成一个只供回忆与憧憬的梦境,蒸发成一个无法住进居民的海市蜃楼。也就是说,摆在他们面前的困难,不是如何重建家园,而是根本无法重建家园。而这一切,仿佛一个无法更改的宿命,更像是一个早已写好的结局。用他们的首领鄯伏陀的话说,就是"听到了时间断裂的声响"。

尽管如此,他们还是用芦苇秆与红柳枝编织成篱笆状的屋墙,用胡杨木做房梁,盖上用树枝苇秆外涂草泥的房顶,撑起了极其简易的木屋,与干旱、缺水、少田、无路的自然环境对峙了许久。

现实告诉他们,"人定胜天"只是一个超值的理想,人类在大自然面前是如此地无助与渺小。经验告诉他们,当坚持的成本大于放弃的成本,放弃也是一种选择。于是,他们只得向命运屈服,再次折回拉布楚克。由于胡人称鄯善为"纳职",所以唐朝于贞观四年(630)在鄯善人所建的城池新设了纳职县,隶属新设的伊州(今哈密),纳职县治就是拉布楚克古城①。

玄奘从印度回国时,为了践行与麴文泰的约定,舍弃了归国比较方便的海路,甘心翻雪山、涉流沙,重走崎岖艰险的"丝路新北道"。但在抵达阿富汗的人首马身时,方才听说,麴文泰已在3年前魂归西天,高昌也沦为唐的西州。之后,玄奘选择了西域南道,经于阗、且末、鄯善回到了长安。他途经鄯善时是贞观十八年(644),《大唐西域记》中只有寥寥19个字:"复此(且末)东北行千余里,至纳缚波故国,即楼兰地也。"

不客气地说,玄奘不过是匆匆过客,对于繁华不再的鄯善,连多看一眼都是奢侈。

但楼兰—鄯善注定是一个拒绝结论的地方。就在玄奘与它失之交臂的同时,有一个人只看了它一眼,就深深地爱上了这片苍凉寂寥、无人驻足的土地,并下决心住了下来。

四、康国大首领

> 世界只存在一种成功——做到以自己的方式度过一生。
> ——克里斯托弗·莫里(Christopher Murray)

他身穿白袍,足蹬长靴,以布包头,额发已经剃掉,与西突厥(Western Turkic Khaganate)打扮类似,但一张口才知道,这是一个粟特人(Sogdian)。粟特人来自中亚的阿姆河与锡尔河之间,属印欧人种东伊朗分支,很

---

① 今哈密市五堡乡四堡村,位于哈密市西部65公里处。

数钱的粟特商人

早就创立了源自阿拉米字母①系统的拼音文字——粟特文,是一个吸收了游牧民族和定居民族精髓的特殊族群,有着男子年满20岁就外出经商的传统,以全民经商、四海为家闻名于世,经营范围涉及丝绸、珍宝、皮货甚至奴隶,可以说只要有利润和美女的地方就有粟特人的身影,因此被后人称为"丝绸之路贸易的垄断者""中亚各游牧民族的老师""伟大的宗教传播者""更高级的城市文化的载体"。在生活方式上,他们与吉卜赛人②有些类似,但以算命为生的吉卜赛人一直名声不佳,而他们却是那个时代最令人羡慕的族群。

向历史走来的这位粟特人名叫康艳典,是康国③一支商旅的大首领,文武兼备,思想活跃,毕生以传播中亚城市文明为己任。他率领一伙全副武装的粟特商人,一经抵达鄯善国故地,便再也没有离开。按说,他们在丝路沿线停下来并不奇怪,因为粟特商人走到哪里,就落居在哪里,就在哪里娶一房侍妾。早在公元4世纪,长安、洛阳、武威、酒泉、敦煌就已有了粟特定居点和他们所信仰的祆教的火庙。唐代,康、安、米、石、曹、何氏粟特人更是遍布丝路沿线重镇,石万年、康拂耽延、何伏帝延都拥有城主称号,曹令忠官拜北庭大都护,康感官拜凉州刺史,就连发起"安史之乱"

---

① 又译作亚兰字母,流行于叙利亚。
② 自称Rom,原住在印度北部,现已遍布世界。
③ 原名康居,位于锡尔河、阿姆河之间的中亚古国。

的安禄山也拥有一半粟特血统。问题在于,在一般商旅眼里,这是一座连飞鸟也懒得栖息的废弃土地,一个已经不适宜于人类繁衍生息的地方,但在康艳典眼里,却是一个绘制宏伟蓝图,创造美好未来的梦想之地。

他先是按照中亚样式,主持修建了弩支城①,取名新城。随后,又带领粟特人修建了三座城池,一是整修了鄯善国都扜泥城,作为自己的管理中心,名字改为典合城(又称兴谷城);二是整修了典合城东部的伊循城,并改名为七屯城;三是在典合城北部2公里处新建了一座城池,因城中种有葡萄而得名蒲桃城。就这样,一度中断了的小河文明、楼兰文明、鄯善文明,在他的手上得到了神奇地延续。

总之,在鄯善人废弃的土地上,由粟特商人建起的城市群十分耐人寻味。令人惊叹的程度,恰如"让沙漠盛开鲜花"的以色列,在沙漠腹地建起"时尚迪拜"的阿拉伯联合酋长国,在酷寒之地创建"自由之邦"的冰岛。他又一次证明了,只要人类的聪明才智与恶劣的自然环境进行了不屈不挠的斗争,世界定会呈现出另一番天地。"有理想的地方就是天堂",绝非一句诳语。

而且,这个安身立命的城主并不自大。上元二年(675),康艳典上书,要求接受唐朝管辖。唐高宗李治对此表示赞赏,并很快颁下诏书,将典合城更名为石城镇,任命康艳典为石城镇守使,明确归沙州(今敦煌)刺史遥领。

不仅是康艳典,此后的康国镇守使也很懂事。

史载,周天授二年(691),石城镇仍由康国首领镇守。这个镇守使向女皇武曌禀报:"自八月以来,浊黑的蒲昌海突然清澈见底,水呈无色。听老人和天竺婆罗门说,中国有圣明的天子,海水才透明而无波。"

中原向来认为罗布泊是黄河的源头,源头水清历来是中原王朝的一大祥瑞,谁先奏报,谁就会得到奖赏。我想,这位拍马屁的镇守使一定得到了刚刚称帝的武曌的赏赐。

---

① 今若羌县西南90公里沙丘中的瓦石峡古城。

五、古城间的鬼影

> 嗜欲者,逐祸之马也。
>
> ——刘向

在武曌被软禁继而病逝的第七年——先天元年(712),与姑姑太平公主联手发兵诛杀韦后的李隆基,先是除掉了政敌太平公主,进而促使当了两年挂名皇帝的父亲——唐睿宗李旦将皇位禅让给了他。

如果四年后驾崩的李旦九泉之下有知,一定不会为自己的禅让决定后悔的,因为很快,李隆基就将大唐的艳阳托举到了中天,用自己一心政务的前半生开创了伟大的"开元盛世"。那时的大唐版图,不仅囊括了古楼兰所在的塔里木盆地,而且向西延伸到了怛罗斯西部,成为当时地球上疆域最为辽阔、经济最为发达、军事最为强大的超级帝国。

接着,一件微不足道的小事发生了。就是这件看似不起眼的小事,永远、彻底地改变了中国的走向。

开元二十五年(737),李隆基最宠爱的武惠妃病逝,尽管后宫佳丽如云,但没有一人能入他法眼。此时的他52岁,正值经验最为丰富的壮年,驾驭起群臣来得心应手,一般政务根本无需亲自过问,精力过剩得无处发泄,急需一位旷世佳人陪伴。一天傍晚,在一位小太监的安排下,李隆基单独召见了自己第18个儿子寿王李瑁的妃子——杨玉环。很快,老皇帝淹没在儿媳的美丽中,好像溺水窒息一样,根本不再顾忌什么伦理纲常。中国古代最为有名的一个年龄相差33岁的美丽而凄婉的爱情故事开始了。

他先是命令儿媳出家当了道士,而后又堂而皇之地召到身边册封为贵妃。为了讨好杨贵妃,他可谓费尽心机,先后将杨贵妃的大姐封为韩国夫人,三姐封为虢国夫人,八姐封为秦国夫人,就连杨贵妃的同曾祖兄杨国忠也被破格提拔为宰相。随后,他一头扎进杨贵妃温暖而肥腻的怀抱,"春宵苦短日高起,从此君王不早朝"。

天宝十四年(755)十一月,风云突变。趁李隆基忙着和杨贵妃调情,朝政被"不学无行"的杨国忠控制之机,两个胡人出身的唐将在蓟县独乐寺起兵,以"忧国之危""奉密诏讨伐杨国忠"为借口,发起了历时8年的"安史之乱"。

为首者名叫安禄山,粟特人,52岁,时任唐范阳、平卢、河东三镇节度使;助手名叫史思明,突厥人,与安禄山同龄,一起在营州柳城(今辽宁朝阳市)长大,时任大将军。此前,受到唐玄宗特别宠信的安禄山,身兼三大边镇节度使,手上掌握了15万战斗力超强的边兵,从而引起了试图掌控天下的宰相杨国忠的忌恨。将相交恶,唐玄宗又不加干预,最终导致手握重兵又久怀异志的安禄山举兵反唐。

叛军蓄势已久,官军毫无防备。战争初期,叛军势如破竹,仅一个月便攻陷洛阳。第二年六月,潼关失守,唐玄宗被迫带上杨贵妃、杨国忠偷偷溜出无险可守的长安。接下来,就是著名的"马嵬驿之变",读书人皆耳熟能详。

至德元年(756)七月,在危难之际即位的太子李亨,遥拜逃亡四川的李隆基为太上皇,向天下发出了紧急勤王的号令。

东北望,战火熏染大唐。
狼烟急,虏骑猖,人臣安可坐消亡?
西南方,胜兵铁骑雄壮。
天欲倾,国有殇,断头相见又何妨!

救援的烽火燃烧到西域,安西、北庭的唐军多半被调回内地:安西都知兵马使李嗣业、绥德府折冲都尉段秀实的5000安西精兵,北庭行军司马李栖筠的7000兵马,左右金吾卫将军马磷的3000精兵,共15000人返回凤翔,组建了镇西北庭行营,参加了收复长安的战争。

唐还传檄西域各国参与平叛,并"许以厚赏"。龟兹王派弟弟白孝德领兵入关,于阗王尉迟胜则亲率精兵入关助战。石城镇守使是否派兵入关,我没有找到记载。

但驻军与属国精锐内调,大大削弱了唐在西域的防御力量,军事实力早就与唐不相上下的吐蕃乘虚而入,占领了河西走廊,丝绸之路被斩断,安西、北庭与朝廷的联系彻底中断,安西、北庭都护府部队成为一支孤军。

面对吐蕃经年累月的围困,唐朝守军们没有放弃。他们一边厉兵备

米兰吐蕃古戍堡遗址

战,一边耕作自养。直到唐贞观五年(789),唐僧回国时,还分别见到了疏勒、于阗、龟兹、焉耆镇守使和安西大都护郭昕,安西四镇仍在唐军手中。只是,位于西域最南端的石城镇,恐怕早已落入吐蕃人之手。那些粟特商人,或者被杀,或者收拾起行囊,开始了新的游走。

仅仅过了一年,吐蕃再次进攻西域,北庭都护府沦陷,北庭的同盟军回鹘被击败。此后,安西四镇也悉数陷落,安西都护府彻底失去了消息。

在唐元和十五年(820)的中国地图上,吐蕃的辖区西至葱岭,北至北部天山,东至灵州(今宁夏吴忠市)西部,南至尼婆罗(今尼泊尔),囊括了整个塔里木盆地。

从此,出现在鄯善、伊循古城墙之间的,只有吐蕃军人。就连偶尔出现的鬼影,恐怕也是辫发、赭面、缠头。这也是美国气象学家亨廷顿和匈牙利探险家斯坦因在米兰遗址发现大量藏传佛教建筑、唐代吐蕃戍堡及吐蕃文献的原因。

剩下的故事,只能留给羌笛和杨柳了……

我们不得不遗憾地承认,一个地区可以对抗历史,却无法对抗自然。在失去记载的岁月里,楼兰—鄯善这个承载了上万人的绿洲城邦,逐渐被流沙湮没,成了完全废弃的遗址和人迹罕至的荒漠,除了枯死的胡杨林,奇特的雅丹地貌,连绵的沙丘,肆虐的沙尘暴,很少见到生命的踪迹。唐代之后的一千年间,全世界再也没有听到楼兰的消息,这个声名远播的古国有如阵风一般消失在塔克拉玛干沙漠之中。为此,我们不禁感叹:命运的磨盘转动得很慢,但是却磨得很细。

也许您会说,既然西汉时期楼兰就已更名,既然楼兰的替身鄯善在南北朝时期已降格为镇,既然降格后的鄯善镇在唐初就被风沙湮没,为什么楼兰还在唐诗宋词中频频出现？先是唐代军旅诗人王昌龄在《从军行》中信誓旦旦："青海长云暗雪山,孤城遥望玉门关。黄沙百战穿金甲,不破楼兰终不还。"继而,白面书生李白在《塞下曲》中高声宣告："五月天山雪,无花只有寒。笛中闻折柳,春色未曾看。晓战随金鼓,宵眠抱玉鞍。愿将腰下剑,直为斩楼兰！"就连南宋词人辛弃疾也嘱托友人："莫邪三尺照人寒,试与挑灯仔细看。且挂空斋作琴伴,未须携去斩楼兰。"

难道,楼兰还在？

如果楼兰还在,它在哪里？

我问天山,天山无语；我问南河,南河已逝；我问史册,史册默然；我问盐泽,盐泽扬我一脸沙尘。

六、威尼斯(Venice)商人

> 最有把握的希望,往往结果终于失望；最少希望的事情,反会出人意外地成功。
>
> ——威廉·莎士比亚(William Shakespeare)

至元八年(1271),一个乏善可陈的年份。在史学家眼里,能勉强载入地球史册的似乎只有三件事:一是蒙古大汗忽必烈将国号由"大蒙古"改为"大元",定都大都(今北京),建立了中国史上著名的元朝；二是格列高利十世(Pope Gregory X)成为新罗马教皇；三是两位强权人物的对话——一支小小的驼队受格列高利十世的委托回访忽必烈大汗(Kublai Khan)。

早在六年前,威尼斯商人尼柯罗·波罗(Nicolo Polo)和弟弟马菲奥·波罗(Moffeo Polo)就不远万里抵达蒙古国上都(内蒙古正蓝旗东),受到了忽必烈大汗的接见。为炫耀国威,忽必烈决定派使臣出使罗马天主教会(Roman Catholic Church),任命波罗兄弟担任副使随同前往。不幸的是,元朝使臣在途中病倒,只有两位副使回到罗马。更不幸的是,老教皇已逝,新教皇未立,两位副使的政治使命没法完成,他们只有珍藏起大蒙古国书,回家乡继续自己的商贸生涯。

直到格列高利十世上台,尼柯罗·波罗才带着弟弟马菲奥·波罗和17岁的儿子马可·波罗前往罗马天主教会觐见,呈上了忽必烈大汗的国书。

在震惊与欣喜之余,新教皇命他们回访遥远的中国。

就这样,三个威尼斯商人肩负着教皇的神圣使命,踏上了历时三年半的漫漫途程。鉴于蒙古人的伊利汗国(Ilkhanate)①、察合台汗国(Chagatai Khanate)②、大元已经连成一片,五代十国和宋代被阻断的欧亚商贸大道重新开通,暗淡已久的丝路城镇再次焕发出熠熠的光芒,因此他们毫不犹豫地选择了商旅们多年未走过的陆上丝绸之路。

他们经土库曼、亚美尼亚、伊拉克王国、伊利汗国都城桃里寺③、起尔曼④、塔里干(Taleghan)⑤、巴尔赫,越过帕米尔高原,于第三个年头进入察合台汗国控制的塔里木盆地。

之后的路线是,沿丝路南道,经喀什噶尔、叶尔羌、卡尔堪省(今莎车)、和阗、沙昌省(今且末),然后进入大元西部边城——罗布镇(今若羌)。

马可·波罗后来回忆说:"罗布镇位于东北方,靠近一个大荒原——罗布荒原——的入口处。此镇属于大汗的版图,居民信奉回教。所有要经过罗布荒原的旅客,通常都要在此处停留一段时间。一方面可以恢复体力,另一方面可以预备将来行程所需的物品……人们必须要准备能够支持一个月的食物,因为即使从荒原最窄处穿过也需要一个月时间……在这三十天的路程中,不是经过沙地,就是经过不毛的山峰。"

对于罗布镇有多少居民,是什么人种,城镇布局如何,他没有做任何交代。他交代最多的,是罗布荒原带给他的无限恐怖:"这个荒原是许多可恶的幽灵的住所,它们戏弄商旅,使他们产生可怕的幻觉,陷入毁灭的深渊……有些旅人如果在白天睡觉或被其他事情所困,落在后面,而骆驼商队却已经转过山脚,不见了踪迹,那时,他们就会突然听见有人在呼唤自己的名字,并且口音很熟。他们误以为是同伴的呼叫,就会跟着呼声走下去,而这恰恰误入了歧途,迷失了方向,最后只好坐以待毙。"

---

① 又译伊儿汗国或伊尔汗国,始建于1256年,成吉思汗第四子拖雷之子旭烈兀所建,蒙古四大汗国之一,位于伊朗高原。
② 始建于1222年,由成吉思汗的次子察合台所建,是蒙古帝国四大汗国之一,位于中亚和塔里木盆地西部。
③ 古波斯名城,位于今伊朗东阿塞拜疆省省会大不里士(Tabriz)。
④ 克尔曼(Kerman),伊朗东南部最大城市,今伊朗克尔曼省省会。
⑤ 伊朗首都德黑兰西北部的一座古城。

马可·波罗像

好在,他们顺利走出了罗布荒原,最终在至元十二年(1275)到达元朝大都。国书有了回应,忽必烈大汗自然喜出望外,三位波罗被破例任命为元朝官吏,马可·波罗还多次受大汗派遣巡视各省或出使外国。

至元二十六年(1289),伊利汗阿鲁浑(Arghun)的蒙古妃子卜鲁罕(Boigana)去世。临死前,卜鲁罕遗命非其族人不得为阿鲁浑之妃。于是,阿鲁浑派出三名使者来到大元,请求忽必烈大汗再赐一妃。鉴于西部蒙古汗之间的战争阻塞了陆上丝路,忽必烈大汗决定组织一个卫队护送卜鲁罕的族女——17岁的新公主阔阔真(Cogatra)从海上远嫁,并派刚刚从东印度航海归来的马可·波罗及他的父亲和叔叔护送,条件是完成护送任务方可回国。

至元二十八年(1291)初春,送亲队伍一行上千人,乘坐14艘帆船从泉州起航,过南海,穿马六甲海峡,越印度洋,在两年零两个月后到达忽里模子(今伊朗霍尔木兹岛)。这是一段什么样的航程呀,白浪滔天、暗礁密布,那些可怜的小帆船被喜怒无常的大海玩弄于股掌之中,随时都有倾覆的危险。可以说,在没有蒸汽机驱动的年代,海上丝绸之路简直就是一条通向地狱之路。经历了如此长时间的惊涛骇浪,600多名船员和乘客死去,而公主及其侍女却被安然送到了目的地,因为阿鲁浑已经病逝,她就嫁给了阿鲁浑的儿子合赞汗(Ghazan Khan Mahmud)。

相对于风浪无常、气象诡异的大海,没有战争危险的陆路显然更为安全。在休整了9个月后,三位波罗带上新伊利汗赐给的类似通行证的金牌,在沿线蒙古军人护卫下,弃船走陆路,经大不里士、特拉布宗

(Trabzon)①、君士坦丁堡,终于在元贞元年(1295)回到了阔别24年的威尼斯。据说因离家太久,他们曾经被远亲拒之门外。

很多人虽然认出了他们,但仍然看不起他们,认为他们是穷困潦倒的流浪汉。为了消除疑虑,他们在一次宴会上,扯开自己的旧外套,从里面掉出一堆晶莹夺目的宝石、红玉、翡翠和钻石。即使如此,马可·波罗仍然受到背地里的议论和嘲讽,一直生活在狭小城市里的邻居们对他的"无稽之谈"不屑一顾,还给他起了个类似于中国"牛皮大王"一般的绰号——马可百万,因为马可·波罗总对他们渲染忽必烈大汗是多么富有,他宣称朝廷的宫殿令人目眩,里面有个极大的餐厅,能同时容纳几千人用餐;他说诺亚方舟(Noah's Ark)仍然在亚拉腊山(Mount Ararat)上,只是山高而陡,终年积雪,没人能登上去看个究竟;他还提到中国的黑色石头可做燃料。特别是当他说起中国高大的城墙可以从波罗的海一直伸展到黑海时,当地人大笑不止。人们怎能相信这种天方夜谭呢?傻瓜才会相信世界上竟有可以燃烧的石头。至于城墙嘛,整个欧洲的城堡加起来也不及他说的三分之一。

祸兮福所倚。人们应该感谢公元1296年威尼斯与热那亚之间的那场战争。在古尔查拉海战中,带着自家战舰参战的"马可百万"和他的7000名威尼斯战友一起被热那亚人俘虏。战后,富有的马可家族企图用赎金赎回这个俘虏。按照常规,一般战俘会因此重获自由,但这一次,热那亚人不肯释放马可·波罗。在阴冷闭塞的牢房里,百无聊赖的马可·波罗向狱友们描述了一个遥远、神奇的中国:"在那里,我生活了17年,并当上了中国皇帝的官员。中国有富丽堂皇的宫殿,宫殿墙壁上镀着黄金……即便是普通人家,也像欧洲君主一样富足。"

故事引起了他的敌人——热那亚人的极大兴趣,他因此受到了优待。被故事所吸引的,另一个战俘——比萨②通俗小说家鲁思梯切诺(Rusticiano),决定记下马可·波罗东方之行所看到的一切。经马可·波罗口述,由鲁思梯切诺用法文笔录的《东方见闻录》(后改名《对世界的描绘》《马可·波罗游记》)于公元1298年问世。马可·波罗也因威尼斯和热那亚讲和获得释放,然后咧着大嘴回家娶妻生子。

---

① 位于黑海东南岸,土耳其东北部港市,特拉布宗省省会,以财富和美女著称。
② 意大利中部城市,比萨省首府,因比萨斜塔闻名于世。

《马可·波罗游记》一经问世,就被译成大多数欧洲文字,被誉为"第一奇书"。遗憾的是,原稿已经佚失,根据原稿传抄传译的有140多种版本,而且没有哪两个版本是完全相同的。

尽管译本五花八门,但这反而提升了书的影响力。他讲述的元朝丝绸、炼糖和城市盛况,令所有欧洲读者心向往之。就连他生吞活剥有关无头的人和三条腿的鸡的故事,也再没有几个人敢去怀疑。

它是人类史上西方人感知东方的第一部著作。自古至今,还没有哪一本书能给读者提供如此丰富奇妙的新闻,能如此激发自认无所不知的欧洲人对一个崭新大陆的无穷渴望,能在被战争与瘟疫肆虐的欧洲刮起如此强劲的新风。马可·波罗的回忆录,在欧洲直接引发了一场持续数百年的"东方寻金热",一批又一批胆大包天的职业航海家开始扬帆远航赶往遥远的东方,一个地理大发现的时代来到了。

陆上丝绸之路受到进一步冷落,他曾经光临过的罗布镇再也难以见到外国人的脚印。

七、突然现身

雾以为它遮蔽了山峰,其实它正点缀着山峰。

——无名氏

其实,马可·波罗路经罗布镇,并未在古楼兰大地掀起一丝尘土,因为他并未见到楼兰与鄯善古城,连他是否来过中国目前尚且成疑,况且这本书翻译到中国已是600年以后的事了。

绝大多数中国史书描述道:在失去记载的蹉跎岁月里,楼兰和鄯善这两个神秘而美丽的丝路明珠,逐渐葬身于流沙之下。唐代之后,人们再也听不到关于楼兰的消息,甚至已经不记得有个楼兰。

或许读者会问,楼兰人到底去哪里了?

其实,鄯善亡国后,罗布泊岸边一直居住着一伙固守家园的鄯善遗民,而楼兰故地也并非绝对意义上的死界绝域。遗憾的是,从吐蕃占领西域之后,罗布泊地区就进入了长达千年的晦暗难明的岁月。他们"不种五谷,不牧牲畜,唯划小舟捕鱼为食",没有武装,没有文字,讲着浑浊的罗布

新疆虎

语,过着与世隔绝的日子。

他们重见史册,还应该感谢一位文人出身的罪犯,他叫徐松,北京大兴人,清嘉庆十七年(1812)被流放到新疆伊犁。大凡被流放者,不是冤屈得无以复加,从此自暴自弃;就是期盼着被皇帝平反,从此天天对着东方的驿路发呆。而他,从踏进新疆的那一刻起,便认定这里才是自己人生的乐园,是最该留下印痕的地方。于是,他乐观地对待这次人生厄运,并自得其乐地深入天山南北,用10年左右的时间撰写了《西域水道记》这部伟大的地理著作。一如中国台北(TPE)的柏杨,在暗无天日的大牢里将自己修炼成了一位百毒不侵的通俗史学家。

徐松在书中介绍,康熙六十一年(1722),大清为了限制准噶尔汗国(Dzungar Khanate)①东扩,派兵赴吐鲁番筑城屯田。消息传入吐鲁番南部的罗布荒原,罗布人酋长古尔班立刻赶到大清吐鲁番兵营纳款"内附"。古尔班告诉清将,自己目前管辖着喀拉库顺、萨达克图、哈剌和卓3个村落的1000多罗布人。为了不让这些罗布人再次落入准噶尔的魔爪,大清计划于雍正元年(1723)将罗布人迁往河西走廊,但罗布人虽然急于摆脱准噶尔人的控制,但不愿离开世代居住的水域,因而这个动议只得搁浅。

乾隆四年(1739),考虑到内忧未除,乾隆决定与准噶尔汗噶尔丹策零

---

① 准噶尔,蒙古语意为"左翼",西部蒙古瓦剌的一支,1678年准噶尔部首领噶尔丹正式称汗,多次发起叛乱,1760年被大清所灭。

(Galdan Tseren)议和。在议定双方势力范围时,罗布荒原被重新划入了准噶尔汗国之内。

乾隆二十二年(1757),趁准噶尔汗国爆发内讧,大清重启了与准噶尔汗国的战事。大清参赞大臣阿尔衮奉命追剿叛军,意外闯入了罗布荒原,在本以为荒无人烟的区域,突然遇到了600多名"素习水居""渔猎为生""不知有汉无论魏晋"的罗布土著。而且发现,这里湖水荡漾,芦苇纵横,灌丛密布,胡杨如盖,小道同肠,土著们既可以打渔,也可以狩猎,猎物从美丽的马鹿、善良的鹅喉羚、成群的野骆驼,到狡猾的沙狐、莽撞的野猪、凶狠的豺狼、仰天长啸的新疆虎(又名罗布泊虎),不一而足。这里像外星球一般陌生,有着桃花源般的静谧,对于习惯惹是生非的灵魂来说,简直是一种灾荒。

当时,这些罗布人分为喀拉库勒、哈剌和卓两大部落。随后,再次宣布"内附"的两大部落首领,分别被清朝册封为五品伯克(Boke)[①],其品级相当于知府的副手。

就这样,消失千年的鄯善遗民重新披上了历史的霞光,这些"化外之民"也被正式纳入了中华民族携手迈向未来的队列中。

为此,我要替罗布人说:感谢您,罪犯徐松!

八、罗布首府

> 只有那些清楚地意识到自己的命运,并且为它牺牲的人,才会有坚实的内在生活。
>
> ——罗歇·马丁·杜伽尔(Roger Martin du Gard)

时隔50年,我们从一个外国人口中得知,罗布人的首府名叫阿不旦,位于喀拉库顺岸边。

这个偶然闯入罗布人领地的外国人,就是普尔热瓦尔斯基。他在《从伊犁经天山到罗布泊》中写到,光绪二年(1876)十一月至光绪三年(1877)三月,在阿古柏的亲信扎曼伯克"陪同"下,普尔热瓦尔斯基走遍了罗布人的每一个村庄。在阿不旦村,他见到了罗布人的领主、清朝册封的五品伯

[①] 突厥语音译,意为"首领""管理者"。

克昆其康。昆其康见了这伙外国人,既不意外,也不排斥,而是不卑不亢地略尽地主之谊。

昆其康告诉俄国人,原来定居在罗布泊岸边的罗布人有550户,分布在11个村落,其中三分之二以渔猎为生。长期的自我封闭,使得罗布人无法抵御外来的任何病毒的冲击。就在咸丰六年(1856),一场可怕的天花夺取了大多数罗布人的生命。如同西班牙远征军将天花带进南美洲与中美洲,使印第安人印加帝国、玛雅帝国和阿兹特克帝国人数锐减,走向崩溃一样,经过这场烈性传染病的浩劫,罗布人元气大伤,那11个村落有4个成了无人居住的荒村,如今固守在喀拉库顺岸边的只剩下300人。

罗布人的茅屋大概是世界上最简易的房子了,一概用芦苇把子扎成。半天工夫,就可以造出一座院落来,有正房、偏房、围墙、大门,遇风起响,隔墙听涛。如果是月白风清的夜晚,银色的月光就会透过苇墙的缝隙挤进来,把一抹银辉洒在男欢女爱的罗布夫妻身上。

普尔热瓦尔斯基发现,罗布人茅屋的四壁有的甚至不如茂密的苇丛遮风,房间内的地上铺满了芦苇,中间是一个圆形的火坑,烧饭与取暖,全靠芦苇。

一次,为了避风,他来到一户罗布人家滞留了一天,他记录了这家罗布人的全部家当:自制的胡杨木器——两条独木舟,两只木碗,一个木盆,一只木桶,几把木勺;从若羌县城买的铁器——一个生铁锅,一把斧头,男主人的小刀和剃刀,女主人的纺车和纺锤;每人一身罗布麻织的衣服;全家的积蓄就是几串鱼干。在这个家里,锅开的时候少,嘴开的时候多。他感慨道,大自然是罗布人的后娘,与贫穷、饥饿、严寒长期搏斗,在这些人的性格里留下了冷漠、忧郁的烙印!他所见过的罗布人从无笑意。

光绪十六年(1890),另一位俄国探险家米哈伊尔·瓦西里耶维奇·别夫佐夫(M.V.Pevtsov),沿着两年前病逝的普尔热瓦尔斯基的足迹,再次来到喀拉库顺岸边。很幸运,他也见到了昆其康伯克,伯克向他介绍了罗布泊周边的地理并为其提供了探险方便。

在塔里木河入湖处往上4公里的阿不旦村,他遇到了110岁的阿布都尔克力木老人。老人告诉他,罗布泊在自己年轻时代,也就是90年前,西南部看不见芦苇,只有一条平缓的岸,广阔的水面在东北方向一望无际。当年的塔里木河入湖口在今天的入湖口以西4公里,正好位于现在的阿不旦村对面。当年的湖水比现在深,岸边有不少村庄。由于湖水消退及芦苇

通向阿不旦的小木桥，斯文·赫定画

生长，这些村庄的居民不得不迁往车尔臣河流域，土尔库里、巴亚特、罗布、喀拉库顺等村庄就随之消失了。说到这里，老人发出一声含混但深长的叹息。

他还了解到，罗布泊逐年变浅，整个罗布泊盆地现在只剩160户近800人，其中300人居住在昆其康伯克所在的阿不旦村。当年那场天花，来势凶猛，死了约400人，大多为儿童和年轻人。

时光荏苒，一晃就是六年。光绪二十二年（1896）四月初，在两个罗布人向导的陪伴下，斯文·赫定乘坐独木舟，沿着20年前普尔热瓦尔斯基的路线，抵达了喀拉库顺岸边的一个无名渔村。

见到外来人，罗布人马上拿出最好的东西招待客人。有刚刚打捞出的鱼，野鸭蛋，芦根，甚至还有馒头。吃晚餐时，全村的男女老少围着斯文·赫定和他的向导，叽叽喳喳地交谈着。斯文·赫定精通突厥语，可以与罗布人结结巴巴地交谈，这一点让当地人十分开心。青春少女们一点儿也不怕羞，和家人一起参加了聚会，她们健康、活泼，尽管以欧洲人的标准算不上美丽。

随后，他又拜访了另两个罗布村庄——切尔盖恰普干、青格里克。4月9日，他们顺流而下，终于抵达了罗布人首府阿不旦。

获知有外国探险家抵达的阿不旦村民倾村出动。独木舟还未靠岸，斯文·赫定就发现人群中心有一个沉稳、威严的老人，尽管身材不高，只有

1米6多,穿着稍显陈旧的白蓝条纹相间的袷袢,但周身散发着一种无法令人俯视的气度。他马上根据普尔热瓦尔斯基著作的插图认出,这就是"末代楼兰王"——罗布酋长昆其康伯克了。

一上岸,斯文·赫定立刻向昆其康致敬。而昆其康也将对方视作自己的客人,并直接把客人领进了家中。在一次次的倾心交谈中了解到,昆其康的祖父怒买提伯克,生于康熙三十四年(1695)前后,阿不旦村就是他创建的。怒买提是从北方的古罗布泊迁居到西南方喀拉库顺岸边的第一代人,迁徙时间大概在康熙末年到乾隆初年(1720年—1750年之间)。而自己生于嘉庆十六年(1811),尽管年逾古稀仍每年亲自赴库尔勒向清朝办事大臣述职,并代表罗布人面呈象征性的"贡品",以示对朝廷的忠诚。昆其康还告诉客人,最贴近喀拉库顺的罗布村落是库姆恰普干,离这里有舟行一天的距离,在那里才可以看到罗布泊的真正湖岸,建议其去那里看看。

"好的!"斯文·赫定通过翻译回答,"我不会轻易放过任何一个罗布村庄。"

在罗布人最东部的村庄库姆恰普干,斯文·赫定不仅探知了古罗布泊的位置,还有一个说不出口的意外收获,就是药死了一只新疆虎,收获了一张五彩斑斓的虎皮。可能考虑到这是一次对珍贵野生动物的残忍杀戮,他在书中一直没有披露。但中国考古学家杨镰1990年前往斯德哥尔摩参观斯文·赫定故址时,看到他的办公椅上铺着一张新疆虎皮。工作人员介绍,他死于1952年,是坐在这张虎皮上离开人世的。

据罗布人回忆,斯文·赫定走后两年,阿不旦就废弃了。遗憾的是,他这样一个目光敏锐的观察家,居然没有预感到阿不旦面临的极端严峻的生态危机。更遗憾的是,在他离开罗布人两年后,昆其康伯克就以88岁的高龄辞世了。

老伯克的辞世,形同一个魔咒。阿不旦地下水位上升,许多房子被水泡塌,附近出现了盐碱沼泽,蚊蝇滋扰,冬季酷寒,已经成了不适宜人类居住的地方。新伯克只能忍痛下令放弃了这个坚守了150年的家园,集体迁往西南方向,据说新村庄距离老阿不旦有3天的路程……此后,那些外国探险家拜访的所谓阿不旦,已是新阿不旦。

老阿不旦废弃后,他们选择了一个新的定居地——奥特开提干乌依,可是刚搭起萨特玛(芦苇小屋),就在一次用火熏蚊蝇时,不慎把全村都点着了,红色的火焰烧透了罗布泊苍茫的夜空,全体村民只好扛起行囊,选择新的定居地。

由昆其康和尼牙孜两大家族世袭伯克的罗布人,如同突然散架的木屋,分居在了三个村落。由于尼牙孜的儿子——新伯克买买提·尼牙孜住在玉尔特恰普干,而昆其康的儿子托克塔阿洪做了"苏皮"(伊斯兰教神职人员),成了罗布人第一个麻扎的守护人,自动放弃了伯克继承权,所以玉尔特恰普干就占有了"阿不旦"这个名称,成为新阿不旦。

据说,"昆其康"在吐火罗语中是"日出"或"朝阳"的意思,而他的儿子托克塔阿洪是昆其康晚年所生,"托克塔"在突厥语中是"等待"的意思,在罗布方言里则有"最后"的意思,难道名字里含着这个罗布家族的玄机?

放弃伯克继承权的托克塔阿洪,除了守护麻扎,还担任过斯坦因的向导和驮夫。人们从他脸上,并没有看到多少失落与孤寂。

九、新阿不旦

> 根本不该为取悦别人而使自己失敬于人。
> ——让-雅克·卢梭(Jean-Jacques Rousseau)

光绪二十六年(1900)四月,因为罗布泊位置之争,斯文·赫定由奥尔

斯文·赫定拍摄的罗布人,右二是托克塔阿洪

得克做向导,再次来到喀拉库顺周边进行地理测绘。但仅仅4年,这里已面目全非,阿不旦不再存在,他尊敬的昆其康伯克也已离世,阿不旦以前的居民现在住在玉尔特恰普干(新阿不旦)。他发现,塔里木河尾闾仅有3个村庄,一是库姆恰普干,定居人口57人;二是吐逊恰普干,定居人口32人;三是玉尔特恰普干,定居人口84人。三个村另有近百名村民在米兰、卡尔克里克放牧、务农。稍感欣慰的是,在库姆恰普干,斯文·赫定见到了昆其康伯克的儿子托克塔阿洪,并让他做了自己的仆人。

光绪三十一年(1905)十二月,亨廷顿从米兰来到罗布人居住区。在此之前,他听新疆人说,罗布人不穿衣服,只披兽皮;不与人为敌,也不与人交往;非常擅长吃鱼,而且吃鱼时能把鱼刺吐出来。

当他来到阿不旦时,发现这个小村里住着许多外貌清秀的黑发罗布人,他们操一种与维吾尔语稍有区别的突厥语方言,身穿罗布麻织造的衣服。他们待人热情,并无传说中的冷漠。他们世代以打渔为生,划着胡杨独木舟穿梭在被芦苇丛包围的狭窄水道里,从一个鱼塘划向另一个鱼塘。他们赖以生存的食物是鱼、水禽和蛋。到了春天,他们才尝一些鲜嫩的芦笋和菖蒲,但从未吃过一口馕。他们说,如今和早前,罗布渔民一直都是250人左右。随着河流、湖泊逐渐干涸,湖里的鱼儿越来越少,一部分人离开了这里,另一部分人死于天花。他们非常惧怕天花,如果发现有人得了这种病,他们会把干粮堆放在病人旁边,抛弃简陋的家当与茅屋,逃往新的地方重建村庄。亨廷顿也亲自见证了罗布人吃鱼,发现他们只是比自己吃得快而已,并无自动吐出鱼刺的特异功能。

不知为什么,亨廷顿没有谈到罗布人的伯克。因此我推测,他到的地方应该不是老阿不旦和新阿不旦,只是名字一样而已。

光绪三十二年(1906)十二月,斯坦因在罗布人向导的引领下,走近了真正的罗布荒原首府——新阿不旦村。

当一眼望见式微之中的村落,他简直不敢相信自己的眼睛:当时正逢酷寒的冬季,除了伯克、头人的房内有火墙取暖,村民主要靠厚厚的墙壁来抵御刺骨的朔风,而那晴空的太阳,则成了老人、妇女和孩子度过漫长冬季的凭借。除了每天早晨的炊烟预报新一天的开始,村庄就像一个久瘫在床的危重病人,没有欢乐,也没有喧嚣。

离村还有一望之遥,斯坦因发现有两个身穿清朝官服的伯克,分立在村前的小路边迎候,并等待查验关防护照。在灿烂的阳光下,两位伯克的五品服饰过于陈旧了,也许已经传过几代人,可顶戴花翎上的宝石仍熠熠闪光,"马蹄袖"虽经补缀,但洁白整齐。

此时,斯坦因已经走遍了塔里木盆地,因为他是个"洋人"(Foreigner),所到之处,通行无阻,腐败的官府无不唯唯诺诺,无论他的要求是否合理,一律给予满足,从不敢提出半点异议,根本不用出示护照。对于大清官员的阿谀奉迎,他已从不甚习惯变得心安理得。但想不到,在这个荒凉、寂寞、破败的地方,却遇到了不畏强权、维护国体的罗布人。当斯坦因拿出护照递给伯克验看的那一刻,方才感到自己是个"外人",没有任何为所欲为的特权。于是,这个一直对中国人不够尊敬的西方学者感慨地写道:在罗布荒原这罕见人烟之处,大清的国体仍在,而罗布人则是荒原当之无愧的主人!

一门心思寻找文物,对罗布人不感兴趣的斯坦因,还是顺便记下了对阿不旦这个"最后的伊甸园(Paradise)"的观感:罗布人显然已经适应了恶劣的自然环境和气候条件,在罗布人看来,阿不旦似乎是上天赐给自己的。在阿不旦,到处可见80岁以上的老人。这些老人们虽然枯瘦干瘪,甚至弯腰驼背,但从不抱怨诉苦,只是悄悄坐在向阳的房根下,一坐一天,享受着人生最后的阳光。这里孩子很少,说明生育成活率极低。他认定,与气候相比,人口老龄化是罗布人口锐减的真正原因。

宣统二年(1910),橘瑞超第三次进入西域,来到一个名叫阿不旦的有饮用水的村子。这个所谓的村子,其实只有十二三户居民。他第一次探险时,就是从这里向北出发,横穿罗布荒漠的。这是他第三次造访这个村庄了,所以村里的头目很是欢迎他,并给他送来了一条冰冻的鱼。收到这件珍贵的礼物,他就生火煮熟吃了。

他没有谈到伯克。试想,一个十几户人家的村子,能有伯克吗?也许,它不是新阿不旦。

北洋政府财政部官员谢彬,是最后一个记述新阿不旦——玉尔特恰普干的路经者。1917年8月21日午夜,他顶风抵达了阿不旦附近的卡拉瓦尔——车尔臣河入湖口。他在《新疆游记》中记录道,自卡拉瓦尔"有支路,东行二程至阿不旦庄,居民二十七家。"

他并未造访阿不旦,他听说的27户居民,按一家4口计算,阿不旦罗

被遗弃的新阿不旦

布人总数应该在100人上下。

这就是新阿不旦——在废弃4年前的最后一瞥。

1921年,喀拉库顺干涸了,阿不旦河(即塔里木河下游的依列克河)断流了,罗布人才恋恋不舍地抛别新阿不旦,弃船上岸,沿米兰河溯河而上,由打渔人变成了放牧人,定居在罗布庄、卡拉、阿克苏甫、米兰等地。1954年,承担着戍边与屯垦双重任务的新疆军区生产建设兵团成立,最后的罗布人搬迁到米兰镇,成为建设兵团农二师36团场的民工。

罗布人最后聚居的阿不旦,如今已经成为苍凉的废墟。它坐落在依列克河古河道岸边一片高高的台地上,长约300米,宽40米,坐北朝南,屋顶和墙壁的上半部分已不存在了,但街市的格局尚存,罗布首领居住的主体建筑犹在。村子南侧有一片建筑遗迹,据说是一位将军驻扎过的营盘。

20年前,杨镰访问了几位落居米兰的罗布老人,问起他们20世纪20年代放弃新阿不旦时,为什么不与湖水一同北返呢?因为罗布泊交替游移于南北两个湖盆,西南的喀拉库顺干涸了,东北的古罗布泊就复苏了,你们不是世代逐水而居吗?

老人们回答:北边没水很久了,植被早就死绝了,哪里还能适宜居住?而米兰处于阿不旦河上游,民国十七年(1928)还重新来过水,所以他们宁愿留守在米兰等待。不承想,一等就是半个世纪,直到罗布泊滴水全无啊!

这就是在死守与离去之间徘徊,在希望与失望之中煎熬的罗布人!

十、乡关何处

故乡何处是,忘了除非醉。

——李清照《菩萨蛮》

那么,除了人数寥寥的罗布人,更多的鄯善遗民到哪里去了?有人替我回答,如今吐鲁番盆地中有个鄯善县,其中一些鄯善居民就是古楼兰人。

史载,这个鄯善县是光绪二十八年(1902)设立的。对于在辟展(清代地名,唐代蒲昌县治,位于吐鲁番盆地东侧,今维吾尔语仍称其为蒲昌)设置鄯善县治,时任新疆巡抚饶应祺在上奏光绪帝的《会奏新疆增改府厅州县各缺》中解释说:"此地为古鄯善国,所以取名鄯善县"。对此,近代史学家冯承钧毫不客气地指出:"鄯善国治在今卡克里克,乃误以其为婼羌县① 治,而设婼羌县,远在北距鄯善千里之辟展设置鄯善县治,殊不知其地为唐代之蒲昌县治。"在我的印象中,身为左宗棠部下的饶应祺乃举人出身,不是不学无术的昏官,但不知为什么会在历史问题上出现如此低级的错误?更令人看不懂的是,在被软禁期间天天研究新疆地图的光绪帝,为什么在接到奏折后没有指出这一明显的错误,难道是为了给这位大清名臣留点面子?尤其令人不解的是,史学家云集的新中国为什么延续了饶应祺的错误,仍旧没有为吐鲁番盆地东侧的鄯善县易名,难道也是为了给这位大清举人留点颜面?

2008年,鄯善县旅游文物局编写了一本名为《滨沙之城,楼兰故乡》的宣传册,并广为散发。我想,假如这是以吸引游客为目的的"形象包装"也就罢了,如果真的把自己当成"楼兰故乡",那就有点滑天下之大稽了。也难怪楼兰古城所在的若羌县委、县政府听到这个消息后,表现得那样义愤填膺了。

撇开这个地理笑话不说,我必须负责地告诉您,今鄯善县20多万居民,百分之九十是维吾尔族,其次是哈萨克族、回族、蒙古族、柯尔克孜族,压根就没有什么罗布族。

---

① 婼羌,若羌,不同时期的不同写法。

然而,大量历史资料表明,鄯善灭国后,的确有大批鄯善遗民迁入了商旅云集、日渐繁盛的吐鲁番盆地。

《旧唐书·地理志》记载,后魏、后周时期,有大量鄯善戎迁徙伊吾。隋朝设立的伊吾郡,隋末就被鄯善戎占据了。贞观十四年(640),唐朝在鄯善胡所修筑的城池设置了纳职县。据法国东方学家伯希和考证,"纳职"一词来源于鄯善河流域的弩支城,由于鄯善人不断向高昌移民,吐鲁番盆地才出现了许多鄯善城镇、乡村名称,如蒲昌城、迪坎乡、米兰村等。

鄯善人向吐鲁番盆地移民,已经被近年来不断出土的文物所证实。吐鲁番阿斯塔纳墓地出土的唐代文书,就记录了许多以国为姓的"鄯""善"氏居民。如《高昌谦佑等名籍》中的"善护""善庆";《高昌善舒等名籍》中的"善舒""善好";《高昌张武顺等葡萄亩数及租酒账》中的"善愿";《高昌西南坊作人名籍一》中的"善熹"等。

公元1972年罗布泊完全干涸后,其中一批楼兰遗民迁到了今鄯善县境内。也就是说,楼兰人的迁移跨越了1500年的漫漫时空。如果你有兴趣追根求源,请从楼兰古城沿着史上著名的"大海道"一路北去——踏过库姆塔格漫天飞舞的黄沙,便可以进入被誉为"大漠绿宝石"的鄯善绿洲。绿洲中的第一抹绿色,就是你要找的楼兰后裔聚居区——迪坎尔村。由于迪坎尔南部,就是渺无人烟的罗布荒漠,所以它被称为"最后的村庄";又因为这个小村坐落在洼地间,海拔高度为零,所以它也被称为"零的村庄"。这里的女人头包丝巾,身材娇小玲珑,高鼻梁,深眼窝,眉目间透出一种精致、优雅的美,恰似千年前孔雀河边汲水的楼兰新娘。

还有许多鄯善贵族与平民早在魏晋南北朝和隋唐时期就迁入了中原。如被北魏押往平城的鄯善王真达,如内附西魏后率众迁徙长安的鄯米,如北魏洛阳城东天皇岭出土的车师前部王妻子鄯月光的墓铭,如北魏洛阳附近发现的征虏将军鄯使君墓铭。

人类学研究还表明,杂居日久,你婚我嫁,这些楼兰人多被当地人数众多的维吾尔人、蒙古人所融合。新中国成立时,政府实在找不出多少纯正的罗布人,因此也就没有甄别出所谓的"罗布族"或者名称更为绚烂的"楼兰族"。

罗布人的消失固然有些遗憾,如同一条美丽的溪水消失在了旅游者的视线里。但当你站在历史的入海口,回望那滔滔不绝、澎湃汹涌的万古长河,你定会感悟——任何一条涓涓细流的融入未尝不是一件幸事。

一个民族的融合,就是一次明智的转身,绮丽的涅槃,作别的是羸弱的自我,拥抱的是壮阔的未来。

十一、罗布麻

有了坚定的意志,就等于给双脚添了一双翅膀。

——乔·贝利(Joe Bailey)

在当今世界,随着人们生活水准的上升与体力劳动强度的下降,高血压已成为常见慢性疾病。几乎每一名高血压病人,都知道一种名叫罗布麻(kendyr)的降压药,大家对罗布麻的知晓率已经接近了阿司匹林与PPA,但却很少有人知道罗布麻产自哪里。

其实,罗布麻是一种草,俗称野麻,又名夹竹桃麻、茶花麻、茶棵子,因产于罗布泊而得名。尽管这是一种稀松平常的草,但却有着不平凡的身世。

传说很久以前,塔里木河下游生活着一对夫妇,妻子叫罗布麻,像野花一样野性而美丽;丈夫勇敢勤劳,以乐于助人著称乡里。有一年,塔里木河突然断流,失去水源的乡亲们陷入了绝望。罗布麻的丈夫自告奋勇前去远方寻找水源,最终渴死在荒滩上。他死后,身体变成了一条波涛汹涌的大河,挽救了家乡无数的生灵。面对滔滔的河水,罗布麻一声接一声地呼唤丈夫归来,夜以继日,风雨不辍,像雕塑一样矗立在河边。天长日久,她变成了一丛蓬蓬勃勃的罗布麻。盛夏季节,罗布麻那晶莹的五瓣花,有的呈紫红色,是为红麻;有的呈玉白色,是为白麻;那紫罗兰色的花茎,托举着密匝匝的花朵迎风摇曳,像少妇在河畔呼唤亲人时窈窕的倩影,也像少妇灵魂出窍后的一杆长梦。

注入了美丽少妇灵魂的罗布麻,是尉犁人民的最爱,也是塔里木盆地特有的植物。罗布麻中的红麻因为稀少,被称为"麻中极品"。其细而长的纤维,是一种天然的纺织原料。远古时期孔雀河畔的人类,就身着罗布麻编织的衣服。营盘遗址出土的一件米色与黄色相间的百褶裙,就是用罗布麻织成的。

当医学界发现它的叶片含有罗布麻苷,具有强心、降压、止咳、平喘的药用价值之后,它的身价一升再升。罗布麻降压片的疗效已经无可辩驳,就连喝罗布茶也成为当地人的一大爱好。据说,长寿之乡——尉犁县之所以有那么多年过百岁的罗布老人,他们的长寿秘诀之一,就是因为常年饮罗布茶。

与罗布麻同属罗布家族的,就是前面所说的罗布人。

这是一个腰杆挺直的族群,死后也不能倒下。死者身穿罗布麻做的五件寿衣,躺在生前使用的卡盆(胡杨舟)里,用另一只卡盆合上、盖好,再将它绑起来,直立于芦苇荡中。直到今天,它们仍屹立于茫茫风沙中,成为一道苍凉的景观。这恐怕也是罗布泊消失了,罗布人仍生生不息的一大原因吧?

如今,与维吾尔族杂居的罗布人已逐渐维吾尔化。如果您想听罗布麻和罗布人的故事,最好到尉犁县拜访那几位腰杆挺拔、步履轻松的罗布老人,他们的皱纹里可是夹满了几天几夜也说不完的历史故事噢。别看他们已经一百多岁了,但讲起故事来脑子是不会短路的。

十二、罗布泊之死

不要过分陶醉于我们对自然界的胜利,要警惕大自然因人类的盲目行动而做出的报复。

——弗里德里希·冯·恩格斯

我们的故事并未结束。尽管楼兰、鄯善先后死去了,但哺育他们成长的罗布泊还顽强地活着。

地质学告诉我们,处于塔里木盆地东部的罗布泊诞生于第三纪(Tertiary Period)①末、第四纪(Quaternary Period)②初,已有200万年以上的湖龄,10万年前浓缩成一方30000平方公里的水面。自先秦以来,罗布泊被人类起了许多五花八门的名称,有的因它的特点而得名,如泑泽、盐泽、涸海等;有的因它的位置而得名,如蒲昌海、辅昌海、牢兰海、孔雀海、洛普池等;从元代开始称罗布淖尔;直到大清刊行了《大清一统舆图》,它

---

① 新生代最老的一个纪,从生物大灭绝事件开始,距今6500万年至260万年。
② 新生代最新的一个纪,从260万年前至今,全球气候出现冰期与间冰期交替模式。

才有了罗布泊的名称。它的水源共有四条：一是西北方向的孔雀河，发源于博斯腾湖①，直接注入罗布泊，被称为罗布泊的母亲河；二是西部的塔里木河，全长超过2000公里，流域面积达19.8万平方公里，是中国最大的内流河，由发源于天山的阿克苏河、发源于喀喇昆仑山的叶尔羌河以及和田河汇流而成，曾经于民国十年（1921）因为人为的原因在尉犁县穷买里村突然改道，使得本来向东南汇入喀拉库顺湖的河流，东移进入拉依河②，然后汇入孔雀河，进而注入罗布泊，成为罗布泊的主要水源；三是东南部的车尔臣河，发源于昆仑山，曾经是罗布泊的一大水源；四是东部的疏勒河，发源于祁连山，曾在远古时期注入罗布泊。因为有这四大水源，罗布泊在公元4世纪时，水面超过20000平方公里；1941年时，还是一个水波荡漾、百鸟翔集的去处，有3100平方公里水面，是中国仅次于青海湖的第二大咸水湖，面积与中国第一大淡水湖鄱阳湖相当。

可惜的是，由于地球处于间冰期，气候逐渐变暖，冰山持续退缩，目前地球上13亿立方千米水，百分之九十七左右是海水，百分之三左右是淡水，就连这百分之三的淡水主要也是以冰原的形式存在的，湖河水库中的淡水仅有万分之三点六，从而造成孔雀河、车尔臣河渐渐成为季节河，疏勒河下游早已断流。1952年，尉犁县封堵了拉依河河口，迫使塔里木河重回故道转向东南，最后流入台特玛湖，导致罗布泊失去了最主要的水源。20世纪50年代，从笔者的老家山东走来的渤海军区教导旅组建的新疆建设兵团农二师，在孔雀河流域进行了大规模农垦，不仅扩大了18团的干渠垦区，而且开发了塔里木新垦区。为灌溉新垦的土地，勤劳的兵团

20世纪初罗布人在罗布泊渔猎

---
① 博斯腾，维吾尔语意为"绿洲"，湖泊位于焉耆盆地东南面的博湖县境内。
② 轮台县与尉犁县的界河。

如今的罗布泊湖心

战士们于1958年在尉犁县城西部的孔雀河上修建了惠普大坝与水库,又于1962年在尉犁县城东部的孔雀河上修建了阿克苏甫大坝与水库。大坝与水库落成之日,受惠的万千民众载歌载舞,颂声歌唱。

事实上,这两片惠及万民的米粮川,是以牺牲罗布泊地区的生态为成本的。应当说,在以填饱肚皮为最高原则的时代,国家和百姓的选择无可厚非。但仅仅过去50年,让已经接受了科学发展观的人们再来评判这两大工程的得失,也许结论会截然不同。这就是时间的残酷,这就是历史的代价。

至此,孔雀河的水量几乎全部消耗在灌区,再也无水下泄罗布泊。"断奶的婴儿"罗布泊所能做的,只剩下在沙漠的干风中"哇哇大哭"。

令罗布泊欲哭无泪的,还有此地的气候。在这块宿命的区域内,年蒸发量高达3600毫米,年降雨量却只有可怜的16毫米左右。罗布泊空中如同有一台巨大的抽风机,将地表水和地层下的水一层层吸走。

就这样,这片"水鸟翻飞,鱼跃兽奔"的大泽,沦落为风沙的王国、可怕的鬼蜮、生命的禁区。从地质学上讲,已经没有什么能让它复活,除非到万年之后的下一个冰期。

罗布泊,这座蒸发殆尽的海洋标本,水的痕迹随处可见,可是沙土上却没有了一滴水。最终干涸的罗布泊古湖盆,其实是由一层13米至18米盐翘板结成的硬壳,硬壳下面是数百米深的卤水。那盐壳如同一个个的坟堆,拥挤着直铺天际,远看犹如连续的巨浪。偌大的湖盆从此波不兴,浪不作,像月球表面一样死寂、凄凉,天上没有飞鸟,地上没有苔藓,甚至见不到蚊子、蚂蚁,唯一尚在存活的生物,是一种花翅膀的小苍蝇。一位生物学家介绍,它是靠汲取盐翘上的露水而存活的。

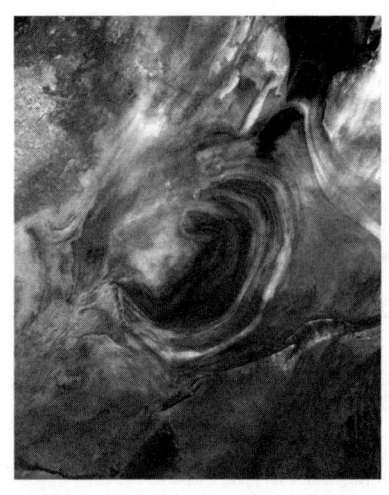

从卫星上看罗布泊

　　这片曾经万顷一碧、波光粼粼、舟影点点、渔歌袅袅的水域,从此黄沙漫漫,盐翘高耸,残阳如血,冷月似钩,形同一个巨大而恐怖的时间空洞。

　　1972年2月,一个令国人特别是地质人悲痛的时刻。美国第37任总统理查德·米尔豪斯·尼克松访华,在座谈闲暇,他送给周恩来总理一张人造地球卫星拍摄的罗布泊地貌图。图片显示,中国的罗布泊刚刚干涸,活像一只风干了的人的"黑色大耳朵",耳朵的每一圈轮廓线都记载着它逐年干涸的过程。这一令人震惊的消息,不是由中国地质部门,而是由外国人首先告诉中国领导人的,这也成为中国地质人永远的耻辱。

十三、壮哉,彭加木

　　信仰是可以创造奇迹的。

——马克·吐温(Mark Twain)

　　洗刷这一耻辱,当然要靠富有使命感和责任心的一代代中国科学家、探险家,其中一个人我们必须提及。

　　他叫彭加木,广东番禺人,在兄弟五人中排行小五,生得清雅如竹,文气如水,戴着银边眼镜,头发与着装一丝不苟。我想,每一个当母亲的人,看到这张面孔,都不免想保护他,照顾他。

　　他出生于1925年,22岁毕业于南京国立中央大学农学院。新中国成立后,他从北京大学农学院教师岗位来到中国科学院上海生物化学研究所工作。1956年,中国科学院拟组织综合科学考察委员会赴边疆调查。为了能到边疆工作,他不但放弃了出国学习的机会,甚至给中国科学院院长郭沫若写了一封自荐信,表达了不达目的誓不罢休的决心。要知道,一个平时不善言谈、身体相对瘦弱的人,能做出如此出人意料的抉择和举动,可见他对自己所向往的事业是多么地执着啊。用当时一句时髦的话来说,就是他的血管里沸腾着理想的热血!

到边疆调查,风餐露宿,马不停蹄,连壮如牛犊的猎人都吃不消,况且是这位从象牙塔里走出来的文弱书生。果然,他在1957年得病了,而且是不治之症——癌症。无奈之下,他只有回到上海治疗。更悲戚的是,在上海中山医院治疗过程中,又发现他患有淋巴网状细胞肉瘤,病情一次次无情地宣布了他的生命限度。

如果换作别人,或许再也离不开上海,甚至离不开病榻了。但小小的癌细胞,怎么会击倒一位意志坚硬得如同金刚石般的强者呢?边疆有那么多的事情等着他去做,他怎么会轻易撒手人寰呢?就在知情者多认为他会不久于人世时,医院的高超医术和他的坚定意志神奇地融合在一起,哭丧着脸的死神被赶走,他的身体居然奇迹般地好起来。之后,在人们惊异的目光里,他不但走出了医院,而且坐上西去的列车,重新回到了边疆一线。

我在中学时代就被老师逼着读《钢铁是怎样炼成的》,其实,不用读这本苏联小说,彭加木就是一本现实版的《钢铁是怎样炼成的》,他的经历十分明确地告诉我们:钢铁是用理想炼成的,事业是用精神铸就的。除此,别无他法。

此后,这个奇迹般战胜了癌症的"工作狂",踏遍了云南、福建、甘肃、陕西、广东、新疆等十多个省区,十五次进入新疆考察,三次进入罗布泊地区调查自然资源,为中国的植物病毒研究做出了卓越贡献。中共上海市委、中国科学院先后号召党员和科技工作者向彭加木学习。1965年1月,他当选为第三届全国人大代表,受到了毛泽东、刘少奇等党和国家领导人的亲切接见。

他还参与改建了中国科学院新疆分院,后任该院副院长。1979年,中日《丝绸之路》摄制组到罗布泊实地拍摄时,彭加木被聘为顾问。

1980年6月5日,一个永远值得纪念的日子。这一天,考察队在彭加木的带领下,由北向南穿越了罗布泊全长450公里的干涸湖底,在湖盆中采集了众多的生物、土壤标本和矿物化石,为我国综合开发罗布泊做了前瞻性准备,并按计划到达了本次考察的终点——米兰。史无前例的纵贯罗布泊湖底的任务,终于首先被中国考察队完成了。一起完成这一壮举的,是中国科学院新疆分院的汪文先、马仁文、阎鸿建、沈观星、陈百泉、司机陈大华、司机王万轩、司机包纪才和驻军某部队的无线电发报员肖万能。

6月11日,完成罗布泊考察任务的彭加木,在米兰农场小憩片刻,便准备沿古丝绸之路南线再次横贯罗布泊,然后取道敦煌返回乌鲁木齐。

6月16日下午2时许,考察队来到"黑色大耳朵"神秘的耳垂——库木库都克以西8公里处。此时,车上所带的汽油和水都几乎耗尽,按计划,还有400公里路程。经讨论,他们决定就地找水。当天下午没找到。晚上,开会决定,向当地驻军发电求援。彭加木亲自起草了电报稿:"我们缺水和油,剩下的水和油只能维持到明天。"起先,彭加木并不同意发电报求援,只希望自己找水。因为当时向当地驻军求援送水要用去大约7000元资金,这在当时是一笔巨款。最后,他是在大家的压力下才同意发出电报的。

6月17日上午9时,部队回电同意给予物资援助,并要求提供营地坐标。按照科考队提供的说法,下午1时,司机王万轩到车里取衣服时,在一本地图册里发现了一张纸条,看后不由大吃一惊:"我往东去找水井。彭。六月十七日十时三十。"立刻,一股不祥的预感袭上王万轩心头,因为他清楚,彭院长冒着50℃以上的高温单独到沙漠里找水,是极其危险的。

随即,队员们循着彭加木的脚印集体东去寻找,脚印消失处,大漠茫茫,雅丹处处,哪里还有什么痕迹。

天黑了,考察队把三部吉普车全部开到高处,每半小时发动一次,打开车灯,同时燃起篝火,期待彭院长循着亮光返回宿营地。这一夜,罗布泊的漠风如泣如诉地吟唱着不祥,恐怖的长风舔舐得火苗呼啦啦直冲天际,黑色的柴屑如黑蝴蝶一般狂飞乱舞。

次日,罗布泊刮起11级的"妖风",彭加木遇难前捕捉到的一峰小骆驼干渴倒毙,继而被风沙掩埋。此后5天,又有两次大风暴来袭。风暴中心,黄龙一般的沙柱扶摇着直升天穹,如一架架巨大无比的抽风机,将地

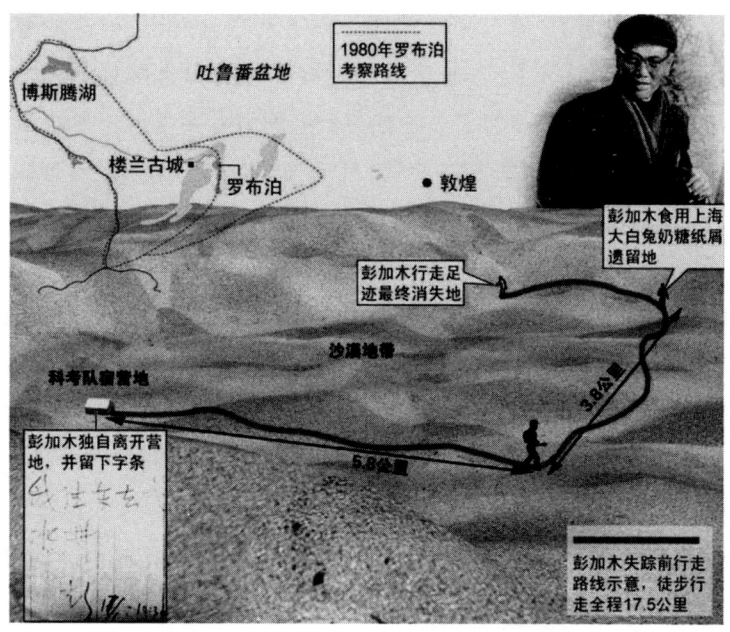

彭加木失踪路线示意图

面上的浮物与残迹席卷一空。

就这样,在这个中外探险家谈之色变的陆地"百慕大",在这片世人公认的"死亡之海",彭加木从此永远失踪了,失踪得没有一点蛛丝马迹,失踪得令人匪夷所思。

6月24日,中央人民广播电台在《新闻联播》节目中,突然中断正常播音,以低沉的语气播出了"著名科学家彭加木在罗布泊考察时失踪"的消息。这年夏天和秋天,彭加木与罗布泊同时成为人们议论的中心。几乎所有的中国人都在迷惑不解:在这个人满为患的地球上,居然还有一个地方能让人失踪?

国家先后四次派出十几架飞机、几十辆汽车、几千人拉网式搜寻,他的妻子夏叔芳、儿子彭海也亲临失踪现场寻找,但面对亲人与战友的深情呼唤,那些黑风暴刮起的沙包、沙梁、沙山却没有任何回应,彭加木活不见人,死不见尸。

为此,有人猜测,他被UFO(不明飞行物)接到外星去了。有人杜撰出一条小道消息,说彭加木失踪那天,库尔勒停着两架苏联直升机,当人们

267

赶到时,一架飞走了,另一架被截获。小道消息进而说,列昂尼德·伊里奇·勃列日涅夫(Leonid Ilyich Brezhnev)在克里姆林宫接见了彭加木,接见时彭加木用的是俄文名字。还有一个海外学者在报纸上发表消息,说他在纽约一家餐馆曾同彭加木相遇,只是对方对他的问候没有理睬,可见是由于政治原因而不得不保持沉默。更有一个姓邓的老法医留下一本日记,日记里讲,彭加木是被科考队员们集体杀害的,因为他们不愿跟着彭加木在罗布泊中冒险,其根据就是2005年在库姆塔格沙漠西北部发现的一具被证明是彭加木的干尸上有多处钝器伤,这个老邓甚至自称参加了这具神秘干尸的DNA鉴定。但这些异想天开、玄而又玄乃至不怀好意的"说法"都经不起推敲,一切终归化入无形,归于沉寂。

  人们终于知道了,这位科学家化作了"罗布魂"。

  其实,魂归罗布泊的有志者何止一人,如1976年在罗布泊北部作业因失联而牺牲的新疆地矿局3名地质队员,如1980年在罗布泊进行野外踏勘时遇险殉难的新疆石油管理局3名勘探队员,如1996年在徒步穿越罗布泊时脱水身亡的青年探险家余纯顺……

  斯人已去,碑刻永在。如今仍有无数仁人志士义无反顾,前赴后继……

  多少年过去了,彭加木仍旧和地质科学家李四光、石油铁人王进喜一起,矗立在一代代地质人的心中。

  伟人之所以伟大,大概是因为我们坐着而伟人站着吧。

十四、三张红牌

  人无远虑,必有近忧。

——孔子

  如今的楼兰、鄯善与罗布泊,如同大自然向人类出示的三张红牌。在那里,江河湖海的绿色标志,无;州县城镇的圆点标志,无;山峦沟壑的等高标志,无。它们的消失,带给我们的是深长的遗憾。

  遗憾何止于此?

  就在这个升起过48个灿烂古国的地方,已经有14个绿洲城邦葬身于茫茫沙海和洪水淤泥,更有无数个丝路重镇沉埋于漫漫黄沙,如丝路南道的楼兰遗址（楼兰国古城）、米兰遗址（鄯善国古城）、扜泥城遗址（鄯善国古城）、且末古城、安迪尔古城（安迪尔河下游古城）、安得悦古城（安迪尔河下游古城）、阿克阔其卡古城（安迪尔河下游古城）、夏央塔克古城（安迪尔河下游古城）、尼雅遗址（精绝国古城，位于尼雅河下游）、喀拉墩遗址（有可能是拘弥国古城、位于克里雅河下游）、圆沙古城（克里雅河下游汉代古城）、卡拉当格古城（克里雅河下游古城）、丹丹乌里克古城（克里雅河下游西部古城）、乌宗塔提遗址（有可能是渠勒国古城，位于策勒县东北部的沙漠中）、约特干遗址（于阗国古城，位于于阗河中游）、皮山国古城……如丝路北道的营盘古城（墨山国古城）、柯尤克沁古城（仓头国古城）、卓尔库特古城（汉屯田校尉城）、协海尔科台克古城（乌垒国古城）、皮朗遗址（龟兹国古城）、通古孜巴西古城、托库孜萨来古城……

就在这个曾经拥有近200个美丽湖泊的地方，近50年来就有62个湖泊哭干了眼泪，成为生命的禁区。紧跟着罗布泊消失的脚步，台特玛湖消失于1974年，玛纳斯湖（Manasi Lake）消失于1974年，艾丁湖（Aydingkol Lake）消失于1987年……听上去，这简直像是在宣布阵亡名单。

历史上6条给塔里木河输水的源流，其中的3条——喀什噶尔河、渭干河、开都河—孔雀河，已流向他处、渗入地下；即使仍旧供养母亲河的孝子——阿克苏河、和田河，水量也大不如前；而可怜的叶尔羌河已基本断流，只是在洪水季节才能流下0.37亿立方米的辛酸泪。如今，全长1321公里的塔里木河干流，只剩下1001公里，仅能流到台特玛湖，距离自己的归宿——罗布泊尚有320公里的路程。

亚里士多德在《动物学》一书里说，人类是唯一能笑的动物。但面对楼兰、鄯善、罗布泊以及纷纷消失的古城、湖泊、河流，人类还会笑吗？

太多的历史遗憾给后人留下了太多沉重的思考，使得我们在遥望未来之前，每每先要回过头去叹息。

是啊，人类是大地母亲最强有力和最不可思议的孩子。其不可思议之处在于，在生物圈的所有居民中，只有人类同时又是另一个领域——非物质的、无形的精神领域的居民，人类获得意识以来的目的就一直是使自己成为环境的主人。但是，人是自然之子，自然是我们的来源，人对自然应该有敬畏之心、感恩之心，怎么能随便提出"征服自然"这样的荒唐口号呢？

人们一度认为,人是地球的主人,地球上的万事万物都是为人服务的,都是人类可以任意消费的资源。现在看来,人只能算是大河的客人,森林的客人,整个地球的客人。因为与漫长的地球史和生命史相比,人类在地球上的存在只是短暂的一瞬。作为拥有45亿年历史的地球,5.7亿年前开始的寒武纪,才出现三叶虫、红藻门和绿藻门;2.5亿年前开始的三叠纪,才有了爬行动物(爬行纲);6500万年前的白垩纪末期,那次生物大灭绝之后,哺乳动物方才乘隙登场;300万年前,才从埃塞俄比亚走来了既不美丽也不高大、外观类似黑猩猩但能用后脚走路的"南方古猿"——人类老祖母"露西";250万年前,非洲东部才出现能制作简单石质工具的"能人";180万年前,地球上才有了不再驼背的"直立人";25万年前,才在东非出现脑容量达到1400毫升的人类的真正祖先——早期智人;10万年前,人类的祖先才离开环境持续恶化的非洲,走遍世界。假如您能以每秒一年的速度飞回过去,那么花半小时才能抵达耶稣时代,3个多星期才能返回人类起始时刻,20年才能抵达三叶虫主宰的寒武纪初期。想象一下将两条手臂伸开,那个宽度是整个地球史,一只手的指尖到另一只手的手腕之间代表寒武纪以前的年代,全部复杂的生命都在一只手里。您只要拿起一把小小的指甲锉,一下子就可以锉掉人类历史。

从古新世①在树丛中抓虫的生物,到能够躺进航天器遨游太空的高智能动物,可以说,人类已经从自然状态进入了文化状态,从裸猿、嗜杀猿变成了文化猿。人类的文化程度确实与日俱增,但人类的文明程度却未必与时俱进。因为人类创造的一切均可称之为文化,包括战争与垃圾,而文化中只有一部分——符合人类理想、面向世界与未来的部分方可称之为文明。让-雅克·卢梭早已雄辩地证明过,科学技术的发展未必促进人类道德伦理的进步,甚至可能导致人类的堕落与退化。不是吗,人类事业规模扩张的程度,已经足以毁灭所有生命所依赖的生态系统,使亚特兰蒂斯、复活节岛、两河流域、玛雅、印加、阿兹特克、阿纳萨齐(Anasazi)等文明的悲剧在全球舞台上演。工业化时代的技术进步与滞后的人性社会演化,已造成人口严重过剩、能源过度消耗、贫富分化加剧、有害环境技术的大量使用,使得地球对于人类来说越来越不宜居住,未来很可能看到人类

---

① 第三纪5个世中的第一个世,距今6500万年至5300万年,蹄类哺乳动物出现。

必须与自己引发的自然灾害不断较劲。有大量数据显示,人类纵情消费而不知节制,正在摧毁人类赖以繁荣的根基,无情地耗尽维持文明的自然资本。而随着人类试图用自己的力量和智慧来对抗自然,压制整个生态系统来满足自己的需求和冲动,就可能引发越来越多无法预期的危险副作用。届时,可能需要用更激烈更超常的手法才能操控生态系统,但也会引发更大的自然灾害。

6500万年前,一场陨石雨让恐龙灭绝,却为哺乳动物的登场提供了旷古不遇的机会。今天,哺乳动物中的智人正让许多其他物种消失,甚至可能包括他自己。如果把地球上的70亿智人放上一个大磅秤,总重量约3亿吨;把所有家禽家畜放上另一个大磅秤,总重量达7亿吨;但把所有幸存的大型野生动物也放上磅秤,总重量已不到1亿吨。据估计,地球上的灰狼只剩20万只,但狗有4亿只;长颈鹿只剩8万只,而牛却有15亿头。我要试问,一旦与人类共生的生物链断裂了,人类能独立存续吗?可以预想,如果由人为的自然灾害引发的世界末日降临,智人和所有家禽家畜将毫无例外地在地球上彻底消失,只有个别生命顽强的动物如老鼠、蟑螂有可能从废墟中钻出来,继续将自己的基因传给后代。或许,6500万年后,会有一群高智商的老鼠,心怀感激地回顾人类造成的这场灾难,就像如今我们感谢那场杀死恐龙的陨石雨一样。

自上一个冰河时代末期算起,全新世已经持续了大约11700年,这是气候异常稳定的时期。荷兰气候学家保罗·约瑟夫·克鲁岑(Paul Jozef Crutzen)认为,全新世已经结束,我们进入了一个全新的时代——人类世①,这是第一次由单个物种——人类在塑造生物圈中扮演关键性作用的时代,也是一个充满不可预知的急剧变化的混乱时代。

人类有记载的文明史仅有5000年,当时全球人口估计在1000万左右,公元元年增加到2.5亿,公元1600年5亿,公元1830年10亿,公元1930年20亿,公元1975年40亿,公元1999年60亿,公元2012年突破70亿,人口一直以几何数增长,很快会达到全球养活人口的极限——100亿。

世界森林面积是随着人口的增长而递减的,5000年前为76亿公顷,

---

① 指人类活动对整个地球产生深刻影响的时代,从18世纪晚期英国工业革命至今。

公元1860年减少到55亿公顷,公元1990年为41.28亿公顷,2015年下降到39.99亿公顷,目前正以每分钟38公顷的速度消失。如果任由这一趋势发展,不久的将来,森林将被伐光,地球将失去"肺"的功能。

有关资料显示,全球有水138亿亿吨,其中海水占百分之九十六点五,陆地水储量只占百分之三点五,其中地表与地下各占二分之一。在陆地可用淡水中,有百分之六十八点七被固定在两极冰盖和高山冰川中,有百分之三十点九蓄存在地下含水层和永久冻土层中,而湖泊、河流、土壤中所容纳的淡水只占百分之零点三二。陆地年降水量119万亿吨,占全球年降水量的百分之二十一。陆地河水年径流量为44.5万亿吨,其中1万亿吨流入内陆湖,其余全部注入了海洋。能供给人类生存用水的上限为50万亿吨,即目前每人年平均7000吨水。若按科学的饮食水平,每人每天消耗半斤粮食、半斤水果、一斤蔬菜、一斤肉蛋鱼奶,则年需水量每人每年6000吨,而用于工业和个人饮用及卫生用水只剩1000吨,这是个多么可怜和可怕的数字呀。

据联合国粮农组织(FAO)统计,人类费尽九牛二虎之力,2015年世界粮食总产量为25.33亿吨,仅能维持人类的基本温饱。人类要想得到更多的粮食,就需要毁林开荒、围湖造田,破坏人类赖以存续的生态平衡。向海洋要蛋白质吧,然而如今年海洋捕捞量已达1.5亿吨,超过了海洋生物的承受能力,多种鲸类濒临灭绝的境地。

现代科技革命是否会催生一个能够维持生态、经济和政治相对稳定的新型全球系统？我们不得而知。我们已知的是,科技革命的悖论已经出现:科学能使人类的生活变得十分便捷,却加剧了自然环境的持续恶化;科学能使人类变得无比强大,却未能使世界变得更加安全;科学虽然破译了某些生命的密码,却至今不能创造出鲜活的生命;人类能造出翱翔宇宙的航天飞机,却造不出一只蹁跹的蝴蝶;人类能造出日行万里的高速动车,却造不出一只蹒跚的蜗牛;人类能造出富丽堂皇的摩天大楼,却造不出草木上晶莹的露珠。当睿智的人类茫然四顾便会发现,"超音速"(速度大于340米每秒)已使得人类缺少"采菊东篱下"的情致,"核裂变"已使得人类难觅"清泉石上流"的幽境。我们真正的不幸,在于不懂得在珍惜自身的同时也应珍惜自身所处的自然环境,不懂得自身生命的彩练原本与身外生命的虹霓连成一片。我们真正的悲哀,在于应该珍惜的年代不懂得珍惜,而在懂得珍惜的时候却失去了珍惜的机会。即便是在懂得珍惜的今天,许多人仍然一边美化着自己的生活,一边挖铲着生活的地基,仍然以建设的名义在破坏,以破坏的手段在建设。就连躺在轮椅上的物理学家斯蒂芬·威廉·霍金(Stephen William Hawking)也担心,贪婪可能会造成整个人类的毁灭。

不客气地说,楼兰之死、鄯善之死、罗布泊之死不是开始,也不会是结束。弄不好,也许就在未来的某一天夜晚,当人们沉入甜蜜的梦乡,一场"妖风"伴着"沙暴"来袭,大漠边缘的某个美丽城镇就再也不能从沉睡中醒来,从而成为当代文明长埋于茫茫沙海的一个最新范例。随之,我想到了一部恐怖片中最后一个幸存者一转身时惊恐的眼神。

毋庸置疑的是,地球这个小得可怜的星球已无人类迁徙的空间,迄今我们尚未发现可供人类居住的其他星球,更无法合力造出一座《圣经·创世纪》中通往理想天国的"巴别塔"。

最乐观的莫过于,假如你我再活9000年,我们将看到地球上第五纪冰河期的美丽景象——到那时,气候将持续变冷,夏天将阴雨连绵,河水充盈;冬日将大雪纷飞,满目雪原;海平面将平均下降150米,冰川将覆盖所有海拔1000米以上的山岭,沙海茫茫的塔里木盆地将河汉密布,雅丹处处的罗布荒原将变成水波潋滟的湖泊,一串新的绿洲城市将拔地而起,风华绝代的楼兰姑娘将头顶陶罐从河边走来,陶罐里溅出的水花打湿了美丽的梦幻……

我们只能梦想,只能以梦取暖,并期待在梦中牵手那个花明雪艳、千娇百媚的楼兰姑娘。

重点参考书目

1.司马迁《史记》,中国古籍出版社1994年版。
2.班固《汉书》,中华书局2007年版。
3.范晔《后汉书》,中华书局2007年版。
4.陈寿《三国志》,中华书局1982年版。
5.房玄龄《晋书》,中华书局1974年版。
6.李延寿《北史》,中华书局2013年版。
7.魏收《魏书》,中华书局2003年版。
8.李百药《北齐书》,中华书局1972年版。
9.令狐德棻《周书》,中华书局1971年版。
10.沈约《宋书》,中华书局2008年版。
11.萧子显《南齐书》,中华书局1972年版。
12.姚思廉《梁书》,中华书局1973年版。
13.姚思廉《陈书》,中华书局1974年版。
14.释慧皎《高僧传》,陕西人民出版社2010年版。
15.法显《佛国记》,重庆出版社2008年版。
16.郦道元《水经注》,华夏出版社2006年版。
17.杨守敬注、熊会贞疏《水经注疏》,江苏古籍出版社1989年版。
18.魏征《隋书》,中华书局1973年版。
19.玄奘《大唐西域记》,时代文艺出版社2008年版。
20.慧立、彦悰《大慈恩寺三藏法师传》,中华书局2000年版。
21.义静《大唐西域求法高僧传》,中华书局1988年版。
22.刘昫等《旧唐书》,中华书局1975年版。
23.欧阳修《新唐书》,中华书局1975年版。
24.司马光《资治通鉴》,中华书局1976年版。

25.宋濂《元史》,中华书局1976年版。

26.周致中《异域志》,中华书局2000年版。

27.吴承恩《西游记》,人民文学出版社1980年版。

28.赵尔巽《清史稿》,中华书局1977年版。

29.徐珂《清稗类钞》,中华书局2010年版。

30.王锺翰《清史列传》,中华书局1987年版。

31.陈序经《匈奴史稿》,中国人民大学出版社2007年版。

32.段连勤《丁零、高车和铁勒》,上海人民出版社1988年版。

33.周伟洲《敕勒与柔然》,广西师范大学出版社2006年版。

34.罗三洋《柔然帝国传奇》,中国国际广播出版社2009年版。

35.周伟洲《吐谷浑史》,广西师范大学出版社2006年版。

36.杨铭《唐代吐蕃与西域诸族关系研究》,黑龙江教育出版社2014年版。

37.汤用彤《汉魏两晋南北朝佛教史》,中华书局1983年版。

38.任继愈《中国佛教史》,中国社会科学出版社1985年版。

39.霍旭初《西域佛教考论》,宗教文化出版社2009年版。

40.许理和《佛教征服中国》,江苏人民出版社2003年版。

41.《佛教十三经》,中华书局2010年版。

42.马坚译《古兰经》,中国社会科学出版社2013年版。

43.希罗多德(Herodotus)《历史》,商务印书馆2005年版。

44.马可·波罗(Marco Polo)《马可·波罗游记》,中国文史出版社1998年版。

45.萨维·汉丁(Savi Hanuddin)《新疆古城探险记》,中华书局1941年版。

46.赫德逊(G.F.Hudson)《欧洲与中国》,中华书局1995年版。

47.尼科莱·米哈伊洛维奇·普尔热瓦尔斯基(Nikolai Mikhaylovich Przhevalsky)《走向罗布泊》,新疆人民出版社1999年版。

48.尼科莱·米哈伊洛维奇·普尔热瓦尔斯基《荒原的召唤》,新疆人民出版社2000年版。

49.康拉第(August Conrady)《斯文·赫定在楼兰所得的中国文书与其他发现》,1920年德文版。

50.斯文·赫定(Sven Hedin)《斯文·赫定与楼兰王国展》,日本朝日新闻社1998年版。

51.斯文·赫定《我的探险生涯》,中国青年出版社2002年版。

52.斯文·赫定《游移的湖》,新疆人民出版社2010年版。

53.斯文·赫定、沃尔克·贝格曼(Warlock Bergman)《横渡戈壁大漠》,新疆人民出版社2010年版。

54.斯文·赫定《亚洲腹地旅行记》,江苏文艺出版社2011年版。

55.斯文·赫定《从紫禁城到楼兰》,吉林出版集团2012年版。

56.斯文·赫定《穿过亚洲》,新疆人民出版社2013年版。

57.斯文·赫定《罗布泊探秘》(上、下),新疆人民出版社2013年版。

58.斯文·赫定《丝绸之路》,新疆人民出版社2013年版。

59.李军、邓淼《斯文·赫定》,中国民族摄影艺术出版社2002年版。

60.橘瑞超(Tachibana Zuicho)《橘瑞超西行记》,新疆人民出版社2010年版。

61.凯瑟琳·马卡尔特尼(Catherine Macartney)《外交官夫人的回忆》,新疆人民出版社2010年版。

62.保罗·伯希和(Paul Pelliot)《吐火罗语考》,中华书局1957年版。

63.伯希和《伯希和西域探险记》,云南人民出版社2011年版。

64.鲁保罗(Roux J.P.)《西域的历史与文明》,人民出版社2012年版。

65.埃尔斯沃思·亨廷顿(Ellsworth Huntington)《亚洲的脉搏》,新疆人民出版社2013年版。

66.马尔克·奥莱尔·斯坦因(Marc Aurel Stein)《踏勘尼雅遗址》,广西师范大学出版社2000年版。

67.斯坦因《路经楼兰》,广西师范大学出版社2000年版。

68.斯坦因《从罗布沙漠到敦煌》,广西师范大学出版社2000年版。

69.斯坦因《穿越塔克拉玛干》,广西师范大学出版社2000年版。

70.斯坦因《斯坦因中国探险手记》,春风文艺出版社2004年版。

71.斯坦因《西域考古记》,商务印书馆2013年版。

72.巫新华《斯坦因》,中国民族摄影艺术出版社2002年版。

73.沃尔克·贝格曼《新疆考古记》,新疆人民出版社2013年版。

74.尼尔斯·安博特(Nils Ambote)《驼队》,新疆人民出版社2013年版。

75.阿尔伯特·赫尔曼(Alber Herrmann)《楼兰》,新疆人民出版社2013年版。

76. 米哈伊尔·瓦西里耶维奇·别夫佐夫(M.V.Pevtsov)《别夫佐夫探险记》,新疆人民出版社2013年版。

77. 兰登·华尔纳(Landon Warner)《在中国漫长的古道上》,新疆人民出版社2013年版。

78. 克林凯特(Hans-J. Klimkeit)《丝路古道上的文化》,新疆美术摄影出版社1994年版。

79. 麦高文(W.M.Mcgovern)《中亚古国史》,中华书局2004年版。

80. 尼尔·麦格雷戈(Neil Mac Gregor)《大英博物馆世界简史》,新星出版社2014年版。

81. 彼得·霍普科克(Peter Hopekirk)《丝绸之路上的外国魔鬼》,甘肃人民出版社1986年版。

82. 布尔努瓦(Lucette Boulnois)《丝绸之路》,山东画报出版社2001年版。

83. 苏珊·惠特菲尔德(Susan Whitfield)《丝路岁月》,海南出版社2006年版。

84. 吴芳思(Frances Wood)《丝绸之路2000年》,山东画报出版社2008年版。

85. 比尔·波特(Bill Porter)《丝绸之路》,四川文艺出版社2013年版。

86. 阿里·玛扎海里(Mazalleri A.)《丝绸之路:中国——波斯文化交流史》,藏学出版社2014年版。

87. 芮乐伟·韩森(Valerie Hansen)《丝绸之路新史》,北京联合出版公司2015年版。

88. 彼得·弗兰科潘(Peter Frankopan)《丝绸之路——一部全新的世界史》,浙江大学出版社2016年版。

89. 桑原骘藏(Kuwabara Jituzo)《张骞西征考》,商务印书馆1934年版。

90. 羽田亨(Haneda Toru)《西域文明史概论》,商务印书馆1934年版。

91. 藤田丰八(Fujita Toyohachi)《西北古地研究》,商务印书馆1935年版。

92. 藤田丰八《西域研究》,商务印书馆1937年版。

93. 白鸟库吉(Shiratori Kurakichi)《西域史研究》,日本岩波书店1944年版。

94. 长泽和俊(Nagasawa Kazutoshi)《楼兰王国》,日本第三文明社1976年版。

95.羽田亨《西域文化史》,新疆人民出版社1981年版。

96.前岛信次(Maejima Sinji)《丝绸之路的99个谜》,天津人民出版社1981年版。

97.大谷光瑞(Otani Kozui)等《丝路探险记》,新疆人民出版社1998年版。

98.羽溪了谛(Hatani Ryotai)《西域之佛教》,商务印书馆1999年版。

99.香川默识(Kagawa Mokusiki)《西域考古图谱》,学苑出版社1999年版。

100.陈舜臣《西域余闻》,广西师范大学出版社2009年版。

101.长泽和俊《丝绸之路史研究》,天津古籍出版社1990年版。

102.泽田勋(Sawaba Isao)《匈奴——古代游牧国家的兴亡》,内蒙古人民出版社2010年版。

103.井上靖(yasushi Inoue)《楼兰》,北京十月文艺出版社2013年版。

104.大村一郎(Omura lchiro)《丝绸之路:重新开始的旅程》,北京联合出版公司2016年版。

105.小谷仲男(Odani Nakao)《大月氏——寻找中亚谜一样的民族》,商务印书馆2017年版。

106.葛剑雄《西汉人口地理》,人民出版社1986年版。

107.李孝聪《中国区域历史地理》,北京大学出版社2004年版。

108.谭其骧主编《中国历史地图集》,中国地图出版社1982年版。

109.张芝连、刘学荣主编《世界历史地图集》,中国地图出版社2002年版。

110.《新疆维吾尔自治区地图集》,星球地图出版社2009年版。

111.《中国文物地图集(新疆分册)》,文物出版社2012年版。

112.许盘清《史记地图集》,地震出版社2010年版。

113.林竞《亲历西北》,新疆人民出版社2010年版。

114.谢彬《新疆游记》,新疆人民出版社2010年版。

115.黄文弼《塔里木盆地考古记》,科学出版社1958年版。

116.黄文弼《西北史地论丛》,上海人民出版社1981年版。

117.黄文弼《新疆考古发掘报告》,文物出版社1983年版。

118.季羡林《吐火罗语研究导论》,中国台湾新文丰出版社1993年版。

119.徐炳昶《西游日记》,甘肃人民出版社2002年版。

120.徐文堪《吐火罗人起源研究》,昆仑出版社2005年版。

121.袁疆、袁刚、袁扬、袁方、袁鼎编著《西北科学考察的先行者——地学家袁复礼的足迹》,新华出版社2007年版。

122.岑仲勉《汉代西域传地理校释》,中华书局1981年版。

123.林梅村《楼兰尼雅出土文书》,文物出版社1985年版。

124.林梅村《沙海古卷》,文物出版社1988年版。

125.孟凡人《楼兰新史》,光明日报出版社1990年版。

126.孟凡人《楼兰鄯善简牍年代学研究》,新疆人民出版社1995年版。

127.穆舜英、张平主编《楼兰文化研究论集》,新疆人民出版社1995年版。

128.丛德新《消失的古城——楼兰王国之谜》,四川教育出版社1996年版。

129.侯灿、杨代欣编著《楼兰汉文简纸文书集成》,天地出版社1999年版。

130.林梅村《楼兰——一个世纪之谜的解析》,中共中央党校出版社1999年版。

131.李广智《楼兰之谜》,解放军出版社2000年版。

132.杜培华《去楼兰》,光明日报出版社2001年版。

133.王炳华《沧桑楼兰》,浙江文艺出版社2002年版。

134.何德修主编《缤纷楼兰》,新疆大学出版社2004年版。

135.丁晓仑《楼兰故城》,新疆美术摄影出版社2004年版。

136.穆舜英编著、刘玉生摄影《寻找楼兰——一个世纪的发现》,新疆人民出版社2006年版。

137.陈修飞《楼兰王国》,作家出版社2006年版。

138.庞天舒《与楼兰同在》,新华出版社2007年版。

139.骆娟《库尔勒·楼兰》,新疆人民出版社2007年版。

140.韩子勇《鄯善之书》,新疆人民出版社2008年版。

141.林梅村《寻找楼兰王国》,北京大学出版社2009年版。

142.穆顺英、梁越《楼兰——千年的传奇千年的谜》,外文出版社2010年版。

143.杨镰《最后的罗布人》,北京航空航天大学出版社2010年版。

144.邱天宇《楼兰古国》,吉林出版集团2010年版。

145.毕然《楼兰密码》,花城出版社2011年版。

146.南子《西域长歌·楼兰》,中国国际广播出版社2011年版。

147. 楼晓勉编《楼兰残纸墨迹选》，吉林文史出版社 2011 年版。

148. 王炳华《悬念楼兰——精绝》，浙江文艺出版社 2012 年版。

149. 马大正主编《塔克拉玛干考察纪实》，新疆人民出版社 2013 年版。

150.《瀚海沉舟——新疆小河墓地出土毛织物的整理与研究》，中国丝绸博物馆 2013 年版。

151. 毕然《生死楼兰》，中国对外翻译出版公司 2014 年版。

152. 王炳华《新疆通史研究丛书——古墓沟》，新疆人民出版社 2014 年版。

153. 滕捷《楼兰》，国际文化出版公司 2015 年版。

154.《罗布泊科学考察与研究》，科学出版社 1987 年版。

155. 李江风《罗布泊和古楼兰之谜》，中国气象出版社 1991 年版。

156. 柴火主编《走进死亡之海——罗布泊》，商务印书馆 1999 年版。

157. 奚国金《罗布泊之谜》，中央党校出版社 1999 年版。

158. 王炳华、胡文康《罗布泊——一个正在解开的谜》，新疆人民出版社 2000 年版。

159. 唐守业《惊吻罗布泊》，人民日报出版社 2001 年版。

160. 杨军岭、孔志良《罗布泊的回声》，新疆人民出版社 2002 年版。

161. 杨新安《流火的罗布泊》，大众文艺出版社 2003 年版。

162. 林伟生编著《罗布泊探险之旅》，广西旅游出版社 2004 年版。

163. 曹家骧《罗布泊笔记》，广西人民出版社 2005 年版。

164. 陈雅丹《走向有水的罗布泊》，昆仑出版社 2005 年版。

165. 庞天舒《与楼兰同在——寻找消失的罗布泊》，新华出版社 2007 年版。

166. 夏训诚《中国罗布泊》，科学出版社 2007 年版。

167. 张彬彬《罗布泊印象》，江苏人民出版社 2008 年版。

168. 完颜玺《罗布泊风云》，中国文联出版社 2009 年版。

169. 樊自立《塔里木河与罗布泊研究》，新疆科技出版社 2011 年版。

170. 袁国映、张宇主编《罗布泊自然保护区》，科学出版社 2012 年版。

171. 雷殿生《31 天穿越罗布泊》，中国地图出版社 2013 年版。

172. 叶永烈《罗布泊归来》，东方出版社 2014 年版。

173. 高建群《罗布泊档案》，陕西师范大学出版社 2014 年版。

174. 陈振江《丝绸之路》，中华书局 1980 年版。

175. 成一《丝绸之路漫记》，新华出版社1981年版。
176. 常任侠《丝绸之路与西域文化艺术》，上海文艺出版社1981年版。
177. 丝绸之路考察队《丝路访古》，甘肃人民出版社1983年版。
178. 卢燕《丝路文物被盗记》，新华出版社1984年版。
179. 杨建新《丝绸之路》，甘肃人民出版社1988年版。
180. 胡世宗编写《丝绸之路》，辽宁教育出版社1994年版。
181. 苏北海《丝绸之路与龟兹历史文化》，新疆人民出版社1996年版。
182. 王宗维《汉代丝绸之路的咽喉——河西路》，昆仑出版社2001年版。
183. 陈良伟《丝绸之路河南道》，中国社会科学出版社2002年版。
184. 黄剑华《丝路上的文明古国》，四川人民出版社2002年版。
185. 林梅村《丝绸之路散记——西域文明探秘》，人民美术出版社2004年版。
186. 张一平《丝绸之路》，五洲传播出版社2005年版。
187. 《丝绸之路——尼雅遗址之谜》，天津人民美术出版社2005年版。
188. 林梅村《丝绸之路考古十五讲》，北京大学出版社2006年版。
189. 苗普生《历史上的新疆》，新疆人民出版社2006年版。
190. 殷晴《丝绸之路与西域经济》，中华书局2007年版。
191. 石云涛《三至六世纪丝绸之路的变迁》，文化艺术出版社2007年版。
192. 瓦兰主编《丝绸之路深度之旅》，蓝天出版社2007年版。
193. 芮传明《丝绸之路研究入门》，复旦大学出版社2009年版。
194. 沈济时《丝绸之路》，中华书局2010年版。
195. 韩康信《丝绸之路古代种族研究》，新疆人民出版社2010年版。
196. 臧笑飞编著《丝绸之路》，吉林文史出版社2010年版。
197. 孟凡人《丝绸之路史话》，社会科学文献出版社2011年版。
198. 杨共乐《早期丝绸之路探微》，北京师范大学出版社2011年版。
199. 余太山《早期丝绸之路文献研究》，商务印书馆2013年版。
200. 方明编著《丝绸之路》，黄山书社2013年版。
201. 刘迎胜《丝绸之路》，江苏人民出版社2014年版。
202. 澳大利亚Lonely planet公司编《丝绸之路》，中国地图出版社2014年版。
203. 国家文物局编《丝绸之路》，文物出版社2014年版。

204.李刚、崔峰《丝绸之路与中西文化交流》,陕西人民出版社2015年版。

205.郑彭年《丝绸之路全史》,天津人民出版社2016年版。

206.高亚芳、王力《一张图表看懂丝绸之路》,中华书局2016年版。

207.赵丰《锦程——中古丝绸与丝绸之路》,黄山书社2016年版。

208.探秘天下编写组《穿越古丝路:丝绸之路上的千古传奇》,时事出版社2016年版。

209.雪漠《深夜的蚕豆声——丝绸之路上的神秘采访》,人民文学出版社2016年版。

210.徐兆寿、金西源《丝绸之路上的使者》,清华大学出版社2016年版。

211.袁大化、王树楠《新疆图志》,新疆印书馆1911年版。

212.祁韵士《西陲要略》,商务印书馆1936年版。

213.曾问吾《中国经营西域史》,商务印书馆1936年版。

214.张希曼《西域史族新考》,中国边疆学术研究会1947年版。

215.吴景敖《西陲史研究》,中华书局1948年版。

216.刘伯骥《中西文化交通小考》,中国台湾正中书局1953年版。

217.安作璋《西汉与西域关系史》,山东人民出版社1959年版。

218.西域行创作组《西域行》,中国戏曲出版社1962年版。

219.《新疆出土文物》,文物出版社1975年版。

220.张维华《中国长城建置考》,中华书局1979年版。

221.陈梦家《汉武边塞考略》,中华书局1980年版。

222.冯承钧原编、陆峻岭增订《西域地名》,中华书局1980年版。

223.刘维钧《西域史话》,新疆青年出版社1982年版。

224.周廷儒《古地理学》,北京师范大学出版社1982年版。

225.黄盛璋《历史地理论集》,人民出版社1982年版。

226.林干《匈奴历史年表》,中华书局1984年版。

227.钱伯泉、王炳华《新疆通俗史》,新疆人民出版社1986年版。

228.于维诚《新疆建制沿革与地名研究》,新疆人民出版社1986年版。

229.刘光华《汉代西北屯田研究》,兰州大学出版社1988年版。

230.林战青《新疆漫游记》,新疆青少年出版社1988年版。

231.马雍《西域史地文物丛考》,文物出版社1990年版。

232.《高昌楼兰研究论集》,新疆人民出版社1990年版。

233.《若羌县志》,新疆大学出版社1992年版。

234.余太山《塞种史研究》,中国社会科学出版社1992年版。

235.《新疆地方史》,新疆大学出版社1992年版。

236.罗振玉、王国维《流沙坠简》,中华书局1993年版。

237.林梅村《西域文明》,东方出版社1995年版。

238.王野苹《新疆杂考》,新疆大学出版社1996年版。

239.林梅村《汉唐西域与中国文明》,文物出版社1998年版。

240.苏北海《西域历史地理》(第1卷),新疆大学出版社1998年版。

241.高庆衍《漫漫天山路》,陕西旅游出版社1998年版。

242.尚衍斌《西域文化》,辽宁教育出版社1998年版。

243.王国维《观堂集林·西胡考》,中华书局1999年版。

244.夏训诚、胡文康《与彭加木同行》,中央党校出版社1999年版。

245.苏北海《西域历史地理》(第2卷),新疆大学出版社2000年版。

246.耿世民等《新疆文史论集》,中央民族大学出版社2001年版。

247.徐小斌《西域神话》,云南人民出版社2001年版。

248.田卫疆主编《大漠无声——西域古城兴衰之谜》,江苏古籍出版社2002年版。

249.苗普生、田卫疆《新疆史纲》,新疆人民出版社2004年版。

250.李青《古楼兰鄯善艺术综论》,中华书局2005年版。

251.李现国《新疆风土记》,新疆人民出版社2005年版。

252.余太山《西域通史》,中州古籍出版社2006年版。

253.张平《草原民族文化的灵魂》,新疆人民出版社2006年版。

254.王炳华《新疆访古散记》,中华书局2007年版。

255.薛克翘《中国印度文化交流史》,昆仑出版社2008年版。

256.何芳川主编《中外文化交流史》,国际文化出版公司2008年版。

257.《新疆历史研究论文选编》,新疆人民出版社2008年版。

258.钟兴麒编著《西域地名考录》,国家图书馆出版社2008年版。

259.储安平、浦熙修《新疆新观察》,新疆人民出版社2010年版。

260.杨镰《寻找失落的西域文明》,北京航空航天大学出版社2010年版。

261.王治来《中亚史》,人民出版社2010年版。

262.胡孝文、徐波主编《永远的西域》,时代出版传媒2011年版。

263. 王族《行走的西域》,中国国际广播出版社2011年版。
264. 南香红《众神栖落新疆》,九州出版社2011年版。
265. 李永康《轮台屯田史话》,新疆人民出版社2011年版。
266. 向达《中西交通史》,岳麓书社2012年版。
267. 厉声《中国新疆历史与现状》,五洲传播出版社2013年版。
268. 《冯承钧西北史地论文集》,中国国际广播出版社2013年版。
269. 姜正成主编《投笔从戎——班超》,海潮出版社2014年版。
270. 沈苇《新疆词典》,上海文艺出版社2014年版。

跋

希腊神话中说，众神之父宙斯(Zeus)在地球两端分别放出一只鹰，令它们朝对方飞去。当初看到这个故事时，我特意打开世界地图，想弄清楚这两只鹰究竟从哪里起飞，在哪里相会。

查阅了大量史料，我才惊奇地发现，这则故事其实是一个神谕，因为两只鹰应该分别从地中海沿岸和黄河下游朝内陆飞行，其飞行的路线就是丝绸之路，其相会的地点就是亚洲的心脏——西域。说得更准确一点，是丝绸之路的枢纽楼兰。如果这两只鹰分别代表东、西方文明，西域包括楼兰就是东西方文明汇聚的地方。

问题是，楼兰早已被埋入了漫漫黄沙。

沙埋楼兰，是一个千古之谜。

正所谓，有一千条虫子，就有一千种尾巴。我不是一个数学老师，不想用"答案"限制读者的想象；我也不是一个私家侦探，不想用"推理"对待未知的事物；我更不是一个自封的大师，不想用"预言"哗众取宠。我只是真实地记下楼兰的历史片段、考古发现、地理信息以及各种疑点，至于读者会从中读出什么、感悟什么、得到什么，那就要看您有什么样的阅读偏好、审美取向与思维方式了。

我动笔创作本书的2012年1月，"一带一路"倡议尚未提出。如果它恰巧赶上了丝绸之路热，只能说明本书生逢其时，也说明丝绸之路——这条沉寂已久的欧亚文化长廊、经济动脉被赋予了新的生命力，更说明提出这一倡议的中国领导人眼光独具。

我必须申明，为完成这本20余万字的纪实文学读物，我参阅了几乎所有涉及楼兰、罗布泊、丝绸之路的书籍。可以说，我是站在前人和同行的肩膀上重塑楼兰的。《楼兰啊，楼兰》能有今天的模样，我分外感谢这些睿智而宽宏的作者，尽管他们中的许多人早已告别人世。

关于楼兰的参考书籍数以千计,所涉及的内容也纷繁复杂,我只想帮助读者了解最不朽的那一部分,因此没有把本书写得很长。设想一下,如果我呈现给读者的是洋洋几十万言的鸿篇巨制,那就如同给自己的孩子买宠物,结果却将一头笨重的犀牛拉回了家。

五年多来,是我所加入的中国人类学民族学研究会(CUAES)给了我研究的动力,是我所从事的地质事业给了我踏勘的方便,特别是许多老师、学者、同事、朋友给了我无私的支持。对此,我除了庆幸,也只有感动。

搁笔时,是一个可以填一阕好词的午后,也应该是最轻松惬意的时刻。但久久眺望着南部葱郁的泰山,我的眼眶里似乎有泪珠在打转。山的南麓尽管不是我的出生地,但我在那里整整生活了二十年,那里沉淀并存储了我整个的中年时代。正是在那里,我完成了从浮躁到沉静的蜕变,远离了尘世喧嚣与灯红酒绿,义无反顾地踏上了苦乐交织的文学之旅。而今,我却出于无法抗拒的原因,在一个月前不辞而别,辜负了这个带给我几多惊喜几多荣光的城市,如同亲手抹去了心中珍贵的楼兰。

也许,人生注定要与遗憾相伴。

2017年7月19日于济南历城